权威·前沿·原创

皮书系列为
“十二五”“十三五”国家重点图书出版规划项目

北京市顺义区社会建设发展报告（2018）

ANNUAL REPORT ON THE DEVELOPMENT OF SOCIETY CONSTRUCTION OF SHUNYI IN BEIJING CITY (2018)

主　编 / 马朝龙

图书在版编目(CIP)数据

北京市顺义区社会建设发展报告 . 2018 / 马朝龙主编 . -- 北京：社会科学文献出版社，2018. 12
（顺义社会建设蓝皮书）
ISBN 978 - 7 - 5201 - 3927 - 4

Ⅰ. ①北… Ⅱ. ①马… Ⅲ. ①社会发展 - 研究报告 - 顺义区 - 2018 Ⅳ. ①D671. 3

中国版本图书馆 CIP 数据核字（2018）第 264985 号

顺义社会建设蓝皮书
北京市顺义区社会建设发展报告（2018）

主　　编 / 马朝龙

出 版 人 / 谢寿光
项目统筹 / 曹义恒　吕霞云
责任编辑 / 吕霞云　王京美　赵慧英

出　　版 / 社会科学文献出版社 · 社会政法分社（010）59367156
地址：北京市北三环中路甲 29 号院华龙大厦　邮编：100029
网址：www. ssap. com. cn
发　　行 / 市场营销中心（010）59367081　59367083
印　　装 / 三河市东方印刷有限公司

规　　格 / 开　本：787mm × 1092mm　1/16
印　张：20. 25　插　页：0. 75　字　数：290 千字
版　　次 / 2018 年 12 月第 1 版　2018 年 12 月第 1 次印刷
书　　号 / ISBN 978 - 7 - 5201 - 3927 - 4
定　　价 / 89. 00 元

皮书序列号 / PSN B - 2017 - 658 - 1/1

编 委 会

前　言

党的十九大报告提出了“打造共建共治共享的社会治理格局”的要求，提出要“加强社会治理制度建设，完善党委领导、政府负责、社会协同、公众参与、法治保障的社会治理体制，提高社会治理社会化、法治化、智能化、专业化水平”。随着中国特色社会主义进入新时代，社会建设面临许多新机遇、新挑战。

2008 年 10 月 23 日，顺义区委社会工委、区社会办成立，2018 年正值十周年，顺义区社会建设站在了新时代新的起点上。为全面反映顺义区委社会工委、区社会办成立以来开展社会建设的各项工作，顺义区社会建设工作领导小组办公室组织相关专家编写了《北京市顺义区社会建设发展报告（2018）》，全书分为总报告、分报告、专题篇、附录四个部分。总报告对顺义区委社会工委、区社会办成立十年来顺义区社会建设的历程做了概括，分报告从社会治理体制机制、社区治理、社会组织、社会领域党建四个方面对全区十年来的社会建设做了较为详细的介绍，比较全面地反映了顺义区十年来社会建设的情况。专题篇收录了近年来关于顺义区社会建设的一些调研报告，附录一收录了顺义区社会建设大事记（2008～2017），附录二为顺义区委社会工委、区社会办历任领导一览表，附录三收录了 2017 年顺义区下发的部分与社会建设相关的文件，供读者参考。

由于编写区级社会建设蓝皮书可供借鉴的经验不多，编者水平有限，难免会有不妥之处，请读者不吝批评指正。

2018 年 8 月

• 2008 年 6 月 20 日，召开顺义区规范管理公寓及写字楼专项行动动员部署会

• 2008 年 10 月 23 日，顺义区委社会工作委员会和区社会建设工作办公室揭牌成立

• 2010 年 8 月 27 日，召开顺义区社会服务管理创新大会

• 2012 年 5 月 19 日，顺义区“爱心互传递 公益大家行”社会组织公益展示活动

• 2013 年 10 月 18 日，召开顺义区社会服务管理创新指标体系试点工作部署会

• 2015 年 11 月 16 日，市网格化工作联席会议办公室联合检查组检查我区网格化工作

• 2016 年 6 月 3 日，区委社会工委与北京城市学院签署战略合作协议

• 2018 年 5 月 17 日，区委社会工委领导带队检查老旧小区治理电力工程施工现场

摘　要

本书由总报告、分报告、专题篇、附录四个部分组成。

总报告对顺义区委社会工委、区社会办推进社会建设十年历程（2008～2018）做了概括，分为起步阶段、发展阶段、深化阶段，对各个阶段社会建设取得的成果进行了分析，并提出了进一步深化顺义区社会建设的思考。

分报告收录了社会治理体制机制、社区治理、社会组织、社会领域党建四篇发展报告。在社会治理体制机制方面，顺义区注重顶层设计；在社区治理方面，重视规范化建设；在社会组织方面，构建了较为完善的“枢纽型”社会组织工作体系；在社会领域党建方面，重视发挥基层党组织的战斗堡垒作用。这些发展报告，从不同的方面对全区社会建设做了较为详细的介绍，比较全面地反映了顺义区2008～2018年社会建设的情况。

专题篇收录了近年来与顺义区社会治理相关的调研报告。这些调研报告，从不同角度反映了顺义区近年来开展社会治理的丰富实践及创新探索。社区物业管理、城市社区分类治理、城市社区社规民约、社会服务管理创新指标体系、依法治理、以德治理、依学治理都体现了顺义区在社会治理方面的创新。

附录一收录了2008～2017年顺义区社会建设的大事记，附录二为顺义区委社会工委、区社会办历任领导一览表，附录三收录了2017年顺义区下发的部分与社会建设相关文件，包括《顺义区“枢纽型”社会组织业务工作规范》《顺义区“枢纽型”社会组织业务工作考核评价办法（试行）》《顺义区政府购买社会组织服务项目实施意见（试行）》《顺义区社区社会组织专项支持资金使用规定》《顺义区统筹协同推进“两新”组织党建工作暂行办法》《顺义区社会领域党建阵地规范化建设的实施意见》6个文件。

Abstract

This book consists of four parts: general report, sub report, special topic and appendix.

The general report generalizes the ten years of the Social Work Committee of the Shunyi District Committee and the Social Office of the district. It is divided into three stages: the initial stage, the development stage and the deepening stage. The achievements of social construction in each stage are analyzed and put forward the further deepening of social construction in Shunyi District.

The sub report contains four development reports: social governance system and mechanism, community governance, social organizations and Party building in the social field. In the aspect of social governance system and mechanism, Shunyi District pays attention to top-level design; In the aspect of community governance, it pays attention to standardization construction and top-level design; In the aspect of social organization, it builds a relatively perfect "hub" social organization working system; In the field of Party building in the social field, we should give full play to the role of fighting fortress at the grass-roots party organizations. These development reports give a detailed introduction to the social construction of Shunyi District from different aspects, which comprehensively reflects the social construction of Shunyi District from 2008 to 2018.

The special topic contains research reports related to social governance in Shunyi District in recent years. These reports reflect the rich practice and innovative exploration of social governance in Shunyi District in recent years from different perspectives. Community property management, Classified Governance of urban communities, social rules and regulations of urban communities, innovative index system of social service management, governance by law, governance by virtue and governance by learning all embody the innovation of social governance in Shunyi District.

Appendix 1 contains the major events of social construction in Shunyi District from 2008 to 2017. Appendix 2 is a list of successive leaders of the Social Work Committee of the Shunyi District Committee and the District Social Office. Appendix 3 contains some documents related to Social Construction issued by Shunyi District in 2017. Including *Shunyi District "hub" social organization business practices specification Assessment and evaluation of business activities of "hub type" social organizations in Shunyi District (Trial Implementation) Opinions on the implementation of the Shunyi District government's purchase of social organization services (Trial Implementation) Provisions on the use of special support funds for community social organizations in Shunyi District Shunyi District's overall plan to promote the work of Party building in the "two new" organizations Opinions on the implementation of standardized construction of Party building positions in the social field of Shunyi District*. There are six documents.

目 录

Ⅰ 总报告

Ⅱ 分报告

Ⅲ 专题篇

Ⅳ 附录

皮书数据库阅读**使用指南**

CONTENTS

I General Report

II Subject Reports

Ⅲ Special Reports

Ⅳ Appendix

总　报　告

General Report

B.1
加强社会治理　推进共建共治共享
——顺义区委社会工委、区社会办推进社会建设十年历程（2008~2018）

马仲良　马朝龙　赵亚楠*

摘　要： 本文回顾了顺义区委社会工委、区社会办自2008年10月成立以来顺义区开展社会建设的历程，分为起步、发展、深化三个阶段，总结归纳了各个阶段顺义区社会建设的重大事件及相应阶段的特点，梳理了顺义区十年来加强社会治理、推进共建共治共享的做法，并就如何进一步深化全区社会建设提出了思考。

关键词： 顺义　社会建设　社会治理

* 马仲良，北京市社会科学院原副院长、研究员，现任中关村长策产业发展战略研究院首席专家；马朝龙，顺义区委社会工委书记、区社会办主任；赵亚楠，顺义区委社会工委、区社会办综合科干部。

2008年10月23日顺义区委社会工委、区社会办成立后，全区社会建设迈上新台阶。十年来，顺义区委社会工委、区社会办推进社会建设经历了起步、发展、深化三个阶段。

一　顺义区委社会工委、区社会办推进社会建设的起步阶段（2008～2009年）

自2000年以来，顺义区GDP年均增长20.8%，财政收入年均增长35%，地方财政收入年均增长37.9%，工业总产值年均增长33.7%，经济的跨越式、高速度、可持续发展，为社会建设奠定了雄厚的物质基础。随着经济的发展、改革的深入，社会经济成分、分配方式、就业状况等日趋多样化，社会价值、观念日趋多元化，各种利益关系日趋复杂化，容易引发一些社会矛盾和问题，解决这些矛盾和问题要求必须加强社会建设。

2007年10月召开的党的十七大明确提出“加快推进以改善民生为重点的社会建设”。在党的十七大闭幕后不久，2007年12月2日，北京市委社会工委、市社会办宣布成立。2008年9月25日，北京市社会建设大会召开，出台《北京市加强社会建设实施纲要》、《关于进一步加强和改进社会领域党建工作的意见》、《关于加快推进社会组织改革与发展的意见》、《北京市社区管理办法（试行）》、《北京市社区工作者管理办法（试行）》（简称“1+4”文件），要求力争用3～5年的时间，初步建立起具有时代特征、中国特色、首都特点的社会建设新格局的基本框架。

2008年10月23日，顺义区委社会工委、区社会办成立大会暨揭牌仪式在顺义宾馆举行。市委常委梁伟，市委副秘书长王翔，市委社会工委书记、市社会办主任宋贵伦，市政府副秘书长侯玉兰，市委社会工委副主任赵小卫，市编办副主任周凯，顺义区区委书记夏占义出席。梁伟常委代表市委、市政府对顺义区社会工作机构的成立表示热烈祝贺并做了重要讲话。区委、区政府各部、委、办、局、公司、中心、人民团体行政正职，各镇、街道办事处党委书记，区城市社区党支部书记，区内规模以上非公企业独立党组织负责人，新社会组织负责人共400人参加了成立大会。

北京市顺义区社会建设工作办公室（简称区社会办），与中共北京市顺义区委社会工作委员会（简称区委社会工委）一个机构两块牌子。区委社会工委是负责本区社会建设工作的区委派出机构，区社会办是负责本区社会建设工作的区政府工作部门。区委社会工委、区社会办的职能主要是研究提出全区社会建设和管理的总体规划、重大方案和政策措施，为区委、区政府社会建设决策服务；宏观指导、统筹协调和督促检查全区社会建设重点任务的落实；组织实施全区社会管理体制改革和社会领域社会动员体制机制建设的规划和政策措施；负责全区社会公共服务体系建设的宏观规划、监督指导、统筹协调；完成区委、区政府及区社会建设工作领导小组交办的其他工作。在编制上，内设综合科、党建科、社区建设科、社会组织工作科和社会组织服务管理中心四个职能科室和一个事业单位。

区委社会工委、区社会办成立后，按照社会建设的职责要求，初步确定了“统筹、协调、督导、服务”的工作方式和开展工作的思路。统筹就是建立统筹协调机制，统筹全区与社会建设有关的职能部门，调动各方面力量和资源，有计划、有步骤地推进社会建设；协调就是明确职责、理顺关系，协调有关职能部门整体推进工作；督导就是监督指导各有关职能部门各项政策的贯彻落实，推进各项工作的全面实施；服务就是为职能部门、街道社区、社会组织、非公企业、社会志愿者队伍和社会工作者提供相关服务，更好地满足社会需求。

2009年，顺义区委、区政府提出了“社会管理精细化”的社会建设目标，加快推进城乡一体化发展。在此形势下，区委社会工委、区社会办一面抓自身建设，一面抓作用发挥，社会建设各项工作得到大力推进。

2009年6月10日，全区社会建设大会召开，北京市市委常委、市总工会主席梁伟，市委副秘书长王翔，市委社会工委书记、市社会办主任宋贵伦，以及顺义区领导张延昆、马庚良、陶宝金、胡尚云、雷显武、陈光浩参加。会上，顺义区副区长陈光浩传达了北京市社会建设大会会议精神；区委常委、组织部部长雷显武作了《加快推进以改善民生为重点的社会建设为构建和谐顺义而奋斗》的报告，部署了顺义区社会建设工作；顺义区劳动和社会保障局、卫生局、综治办、胜利街道分别作了典型发言。顺义区委书记张延昆从全面把握社会建设内涵，明确“什么是社会建设”和“为什么要抓社会建设”两个角度，就如何开展社会建设工作进行了强调。市委常委梁伟作重要讲话，充分肯定了顺义区在社会建设工作中取得的成绩，并就进一步加强社会建设工作提出四点要求：一是充分认识社会建设的重要性和紧迫性，站在全局和战略高度自觉做好此项工作，为顺义区的全面协调可持续发展创造良好的社会环境；二是加大体制机制创新力度，建设好社会公共服务体系、社会工作运行体系、社会领域党建体系，推动社会建设工作深入开展；三是坚持以人为本，进一步完善和扩大公共服务，使人民群众生活得更方便、更舒心、更幸福；四是加强统筹规划、综合协调、指导监督，各部门密切合作、形成整体合力，不断把社会建设推向深入。会上印发了《中共北京市顺义区委、北京市顺义区人民政府关于加强社会建设的意见》，成立了顺义区社会建设工作领导小组，由36家成员单位组成，并明确了成员单位职责分工，部署了2009年全区社会建设的目标任务和工作重点。制定了顺义区社会建设工作考核评价体系，强化对领导小组成员单位和基层单位社会建设工作的考核，社会建设的领导体制和工作机制更加健全。

2009年10月，区委社会工委、区社会办将办公场所迁至顺建大厦，以此为契机，加强了机关制度建设和文化建设，各项工作进一步规范，进一步明确了职能定位，厘清了工作思路，同时依据区委、区政府“三定方案”规定理顺了与相关部门的关系。

2009年全区社区规范化建设试点工作启动，按照市十委办局《关于开展社区规范化建设试点工作的实施方案》文件要求，全区有13个社区参加全市规范化建设试点工作，重点围绕社区服务站建设、社区工作职能、社区运行机制、社区志愿服务、社区工作者管理、社区基础设施配置、社区经费投入7个方面26项内容开展规范化建设试点工作。此外，为推动和谐社区建设，根据《顺义区社区建设和城市管理体制改革领导小组关于全面推进和谐社区建设工作的指导意见》精神，2009年全区21个社区开展了

“自治、安全、便捷、优美、和谐”的“五型”社区达标创建活动，截至2009年，全区共有63个社区被评为“顺义区和谐社区建设达标单位”。在社会组织建设方面，对全区社会组织的发展情况进行了调查摸底。在社会领域党建方面，2009年在石园、旺泉两个街道进行先期试点，成立社会工作党委，主要负责社会领域党建工作；在9个新建社区及时成立了党组织；在全区12个商务楼宇采取依托产权单位、依托物业公司、依托属地社区的“三依托”形式，建立楼宇党组织；依托区教委民办教育科成立了民办学校联合党支部，覆盖民办学校76所。2009年，全区作为“全国新社会组织深入学习实践科学发展观活动”试点区，全面完成了开展学习实践活动的工作，被评为“全国社会组织深入学习实践科学发展观活动指导工作先进单位”。

二　顺义区委社会工委、区社会办推进社会建设的发展阶段（2010～2015年）

2010年7月21日，北京市社会服务管理创新推进大会召开，公布了《北京市社会服务管理创新行动方案》，确定了全市三个社会服务管理创新综合试点区，顺义区是其中之一。8月27日，顺义区委、区政府召开了顺义区社会服务管理创新推进大会。以2010年顺义区社会服务管理创新推进大会为标志，顺义区社会建设进入了新的发展阶段。市委副秘书长王翔同志，市委社会工委书记、市社会办主任宋贵伦同志，市委社会工委副书记、市社会办副主任赵小卫同志出席了会议。全区各部、委、办、局、公司、中心、人民团体，各镇街道党政“一把手”参会。会上印发了《中共北京市顺义区委　北京市顺义区人民政府关于推进社会服务管理创新的意见》和11个配套实施方案。顺义区委书记张延昆同志在会上强调，一要深化对社会服务管理创新的认识，社会服务管理创新根本目的是实现人的全面发展、构建和谐社会，核心是创造良好的法制环境、政务环境和社会环境，具体体现是构建“五大”秩序、实现“六无”目标。二要明确社会服务管理创新的原则要求，在思路创新上，坚持协调发展、继承创新；在机制创新上，坚持以我为主、部门联动；在方式方法创新上，坚持全面实施、分类推进。三要突出社会服务管理创新的四个抓手，抓好“1 + X”系列文件的制订和完善；抓好折子工程的落实；抓好社会服务管理的基础性建设；抓好典型经验的总结和推广。市委副秘书长王翔同志做了重要讲话，对顺义区的社会管理服务创新试点工作提出三点希望：一是要坚持以人为本，在提高社会公共服务水平上取得新突破；二是要坚持统筹兼顾，在推进城乡一体化上作出新业绩；三是要坚持整体推进，在创新工作机制上创造新经验。

这一阶段，社会组织管理体制逐步完善。为加强对全区社会组织建设的总体指导和统筹协调，2010 年，顺义区建立了社会组织建设管理联席会议制度，该制度明确了人员组成、工作职责和工作规程，为加强社会组织之间的工作联系和信息沟通，就研究、商讨社会组织的服务、管理、发展等有关事项建立了有效的机制，搭建了良好的平台，促进了社会组织健康、有序发展。为进一步规范社会组织的管理，区委社会工委、区社会办起草了《顺义区关于加强社会组织管理的实施意见》，在 2010 年 6 月 28 日的区委第 21 次常委（扩大）会议上获得通过，并于 8 月 27 日在顺义区社会服务管理创新推进大会上作为《关于推进社会服务管理创新的意见》的配套文件之一下发。《顺义区关于加强社会组织管理的实施意见》对社会组织的体制建设、培育发展、服务管理、监督机制等方面提出了具体要求，并配套了社会组织培育发展专项资金，对重点发展领域社会组织进行扶持。该意见的出台，使顺义区社会组织监督管理和培育发展机制得到进一步完善，标志着顺义区社会组织培育发展和监督管理新的体系框架基本形成。2015 年进一步出台《顺义区社区社会组织孵化中心建设指导意见》，推动各街道建立孵化中心，打造社区社会组织可持续发展的专业支撑体系。在对社区社会组织分类摸底调查的基础上，加强规范引导、设立扶持资金、实施项目运作、培训团队骨干，有效促进了社区社会组织的发展，积极发挥了它们在整合社区资源、维护社区稳定、活跃社区文化、推进社区和谐中的作用。

这一阶段，“枢纽型”社会组织管理体系开始建立。顺义区在积极支持和鼓励社会组织发展的同时，重点加强对“枢纽型”社会组织的监督和管理，发挥其推动经济社会发展的作用。2010年4月28日，在区委第13次常委（扩大）会上，顺义区认定了第一批9家区级“枢纽型”社会组织，分别是：团区委、区科协、区文联、区民办教育联合会、区职业培训学校联合会、区福利慈善协会、区体育总会、区商业联合会、区农村专业合作组织服务中心。根据区委第13次常委（扩大）会精神，2010年9月19日，召开了第一批“枢纽型”社会组织工作会，会议下发了顺义区《关于认定第一批“枢纽型”社会组织的决定》。第一批9家区级“枢纽型”社会组织共联系社会组织151家，再按照分类管理原则，初步明确由这9家“枢纽型”社会组织再进行业务联系的社会组织有32家，划转后所联系的社会组织总数达183家，占顺义区社会组织总数的82.5%。在2010年认定第一批9家区级“枢纽型”社会组织基础上，2011年5月30日又认定区总工会、区妇联、区工商联、区残联、区律师协会、区道路运输协会6家单位为第二批“枢纽型”社会组织，15家“枢纽型”社会组织联系管理社会组织206家，占全区社会组织总数的近90%。2015年继续推进“枢纽型”社会组织工作体系建设，推动全区19个镇成立镇级社会组织联合会，持续扩大“枢纽型”社会组织覆盖面，将全区310家社会组织纳入服务管理范围，占比达到90%。

这一阶段，社会服务管理创新指标体系开始推进。社会服务管理创新指标体系以需求为导向，以不同权重为杠杆，重在收集基础信息、反映群众诉求、发现报告问题、排查化解矛盾、协助解决问题，动员公众参与社会服务管理。从2012年起，顺义区开始推动构建社会服务管理创新指标体系，召开多个层面的专题会议研究核心指标体系建设，在全区范围内达成共识。在构建社会服务管理创新指标体系的过程中，向72家社会建设工作领导小组成员单位和6个街道、19个镇、14家功能区征集核心指标1060条，划分为“推进社会服务”“深化社会管理”“扩大社会动员（含社会领域党建）”“构建社会和谐”“促进社会文明”五大领域，并将每一领域指标划分为结果层面、过程层面和保障层面指标，梳理形成指标工作台账。制定核心指标

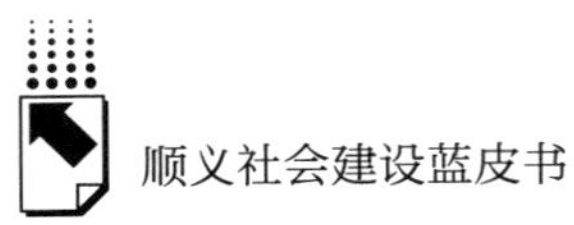

的考核办法、实施方案，形成从指标征集、确认、发布、实施、考评，到结果运用的工作流程，切实解决群众最关心、最直接、最迫切的热点、难点问题，把矛盾化解在基层，满足居民服务需求。2015 年指标体系试点工作扎实开展，在部分村、社区、镇、街、职能部门进行试点，共征集确定主责、配合指标 1724 条。

这一阶段，社区建设取得新的进展。2011 年圆满完成首批 13 个社区用房规范化建设，有序推进第二批 55 个社区用房规范化建设项目，到 2015 年完成两批 68 个社区办公和活动用房购买工作。社区工作者全部纳入编制化管理，2011 年再次提高全区社区工作者待遇至 6400 元，实现社区工作者待遇与本区事业单位工作人员待遇同步增长。从 2011 年起，在完善社区服务硬件设施建设的基础上，区委社会工委、区社会办在全区逐步推进“一刻钟社区服务圈”的建设，按照人口密度、社区规模和区域实际，区委社会工委、区社会办将全区符合建设条件的社区划分为 45 个“一刻钟社区服务圈”，对照 60 项基本服务本着“缺什么补什么”的原则，对社区居民需要但尚未开展或仍需完善的服务项目进行补充，2015 年 45 个“一刻钟社区服务圈”全部建成，覆盖全区 85% 以上社区，服务居民 30 万人，实现了社区居民从居住地步行出发在一刻钟之内可享受日常政务服务、快捷的公益服务和基本的商业、生活、文体娱乐等便民服务。

这一阶段，社会领域党建覆盖面不断扩大。在 2010 年 6 个街道成立社会工作党委的基础上，2011 年在 19 个镇成立了社会工作党委，至此顺义区实现了社会工作党委的全覆盖，有力推进了社会领域党建工作。制定了《关于深入开展创先争优活动的工作方案》，对“领航工程”“聚力工程”“先锋工程”明确了具体目标和工作内容，加强了对活动开展情况的督查，并以“创先争优”活动简报的形式对活动开展情况进行宣传。进一步组织举办形式多样的党建活动，推动了各单位党建工作与业务工作的统筹开展，增强了党建工作的实效，社会领域形成了一批“五个好”党组织。在规模以上非公企业单独建立党组织 133 个，联合建立党组织 69 个，覆盖规模以上非公企业 400 家，覆盖率达 100%；新社会组织单独建立党组织 14 个，联合建立党组织 1 个，覆盖面达 91.5%；在具备条件的商务楼宇联合建立党组织 8 个，覆盖面达 100%，实现商务楼宇“五站合一”全覆盖。

这一阶段，逐步推行网格化社会管理模式。以市政市容模块为试点的顺义区网格化社会服务管理体系建设已初见成效：城区 39 平方公里的网格划分已经完成，共划分 130 个管理网格；通过数据普查共确定 7 大类 164 小类城市管理部件和 12 大项 358 项城市管理事件；指挥平台建设有序推进，平台设在城管监察大队，确定了运行机制，并不断完善信息采集维护机制、问题源头发现机制、任务协调处置机制、分层处理解决机制和综合管理执法机制。网格化管理的考评监督体系得到健全，调动公众参与并定期公开考评结果，将结果纳入党政领导班子考核范围，形成强有力的工作导向。

三　顺义区委社会工委、区社会办推进社会建设的深化阶段（2016年至今）

2016 年是“十三五”的开局之年，顺义区社会建设也进入了深化阶段，顺义区委社会工委、区社会办认真履行“统筹、协调、督导、服务”的职责，自觉服从服务新时期首都城市战略定位和京津冀协同发展大局，深入落实“把握发展的阶段性特征、推动经济社会转型升级”工作总要求，统筹规划全区社会建设工作，不断提升社会治理水平。

一是深化社区建设。以居民需求为导向，启动老旧小区治理一期工程，2016 年在 6 个街道的 8 个老旧小区实施综合治理，惠及居民约 8.3 万人，居民满意率达 95%。2017 年一期工程进入长效治理阶段，并逐步推进二期工程。继续推动“一刻钟社区服务圈”建设，2016 年在 6 个镇新建 7 个“一刻钟社区服务圈”，服务 5.78 万人，全区建成“一刻钟社区服务圈”52 个，覆盖 84 个社区。不断推进社区规范化建设常态化，2016 年投入 120 万元社区规范化建设资金，完善 12 个社区服务站标志标识和服务项目，规范服务制度和办理流程，将社区服务站打造成为规范、便捷、高效的服务窗口。

2017 年，通过分类制定创建标准，指导各街道完成 18 个市级社区建设示范点、19 个社区建设试点的申报和创建工作。在 2017 年的基础上，2018 年开展市级社区示范点（试点）项目申报工作，指导各街道完成 18 个市级社区建设示范点、12 个社区建设试点的申报和创建工作，各示范点（试点）创建工作正在稳步推进。2018 年，通过社区申报、现场查验、择优认定、上报备案等规定步骤，在全区现有 101 个智慧社区的基础上，着重推进 10 个新建智慧社区和 34 个“升星”智慧社区建设，不断提升社区的服务管理智慧化水平。在社区工作者队伍建设方面，2016 年出台了《顺义区社区工作者管理办法》《顺义区关于调整社区工作者待遇保障实施方案（试行）》，明确了社区工作者职能定位，完善待遇保障机制，细化日常管理规范，实现“加强管理”与“完善保障”并行。2015 年底，顺义区发布了关于开展“八型社区”建设工作的意见，积极推动“八型社区”建设，“十三五”时期，力争每年有 20～30 个社区达到“八型社区”建设标准，到 2020 年底全区 80% 左右的社区达到“八型社区”建设标准。

二是深化社会组织建设。培育发展社会组织，社会组织数量进一步增加，截至 2018 年 8 月，在区民政局登记注册的社会组织达 387 家（其中：社会团体 168 家，民非企业 219 家），相比“十一五”末增长近 70%，在街道备案的社区社会组织已达 1269 家，逐步形成了门类丰富、层次分明、覆盖广泛的社会组织体系框架。6 个街道社区社会组织服务（孵化）中心 2016 年全部实现挂牌运行，并投入 220 万元购买“管理服务”及岗位，投入 214.8 万元购买 24 个市、区级项目。完善“枢纽型”社会组织业务规范，加快社区社会组织培育发展，推动政府购买服务，开展专业社会工作，广泛开展“公益行”，社会组织服务管理能力不断增强。不断推进“枢纽型”社会组织业务规范建设，2017 年制定《顺义区“枢纽型”社会组织业务工作规范》，探索建立“枢纽型”社会组织业务工作考核指标，并纳入社会服务管理创新指标体系。加大社区社会组织培育发展力度。制定出台《顺义区社区社会组织专项支持资金使用规定》，充分发挥社区社会组织专项资金引导作用。制定《关于 2018 年使用社区社会组织专项支持资金开展社区服务工作的实施方案》，组织召开“2018 年社区社会组织相关工作商洽会”，加大对社区社会组织专项资金统筹监管力度。不断引导推动社区社会组织服务（孵化）中心通过政府购买服务方式，引入第三方专业机构，规范社区社会组织服务（孵化）中心有序运行。2018 年，建立了“顺义社会建设资金购买社会组织服务项目管理系统”，依托政府购买社会组织服务项目管理系统，共征集 44 家社会组织的 80 个政府购买服务项目。

三是深化社会领域党建工作。2016 年，实施非公企业和社会组织“百日推进工程”，全面摸排底数，共统计非公企业 2527 家，社会组织 346 家，全面推进党的工作覆盖和组织覆盖。在社会领域广泛开展“两学一做”学习教育活动，制定下发《关于在全区非公有制企业和社会组织党员中深入开展“两学一做”学习教育的通知》，明确总体要求和重点解决的问题等。开展基层服务型党组织星级创建活动，按照《关于开展基层服务型党组织星级创建活动的实施方案》，在社区、非公企业、社会组织党组织中，扎实开展“六星”基层服务型党组织创建活动，推动了全区社会领域党建工作常态化、规范化，进一步提高社会领域党建工作整体水平。这一阶段，还出台《关于进一步加强全区非公有制企业和社会组织党的建设工作方案》《顺义区非公有制经济组织和社会组织党建工作联席会议制度》《顺义区统筹协同推进“两新”组织党建工作暂行办法》《顺义区委社会工委领导班子成员联系基层制度》《顺义区“两新”组织党建工作指导员选聘管理办法》《顺义区社会领域党建阵地规范化建设的实施意见》等文件，不断完善社会领域制度体系。整合了 5 个镇街及功能区区域级党群活动中心和 30 个社区服务活动场地，分别给予 20 万元和 3 万元的资金支持。党的十九大召开以来，顺义区“枢纽型”社会组织认真组织所属社会组织，积极开展学习宣传贯彻党的十九大精神活动：其一是原原本本学，组织各类社会组织收看十九大开幕会，认真聆听习近平总书记的报告；其二是逐字逐句学，组织本领域社会组织党支部充分利用报纸等载体开展集中学习认真研读十九大报告活动；其三是专家辅导学，通过请专家解读，深刻领会十九大精神实质和丰富内涵；其四是广泛交流学，大家结合行业特点和开展志愿服务、公益活动的实际，畅谈学习体会，普遍增强对未来的信心。2018 年，根据社会领域党建工作基础和党组织数量等情况，结合各镇街、园区的需求，通过科学选聘、择优选用，选聘了 186 名业务能力过硬、作风扎实、素质优良的党建工作指导员，覆盖 19 个镇 6 个街道 3 个经济功能区。

四是推动网格化体系建设。协同区编办制定《关于调整顺义区城市管理体制推进执法重心下移的工作实施方案》。组织各街道、镇、相关委办局召开全区网格化体系建设推进会，就推动、规范区、镇街网格化信息平台建设进行研究探讨，规范网格划分，明确网格员职责，充分发挥网格作用。举办网格化体系建设专题培训，进一步提高全区各单位对网格化体系建设的认识。以聘请第三方公司招录形式为每个街道、镇配备一名专职的网格化工作人员，负责网格化各项工作的推动落实。积极协同区气象局、环保局、消防中心等部门制定各自领域的网格化实施方案，让气象服务、环境监管、消防安全等进网格。协调推进网格化，“多网”融合发展，按照“街道吹哨、部门报到”实施方案，以顺义区网格化体系建设实施方案为抓手，2018 年制定了《顺义区推进网格化体系建设“多网”融合重点任务分工方案》，着眼指挥体系、信息系统、办理流程等九大方面融合，细化了 27 项重点任务，明确了工作目标、主责单位、协办单位和完成时限。选定天竺镇作为试点，积极推进镇级平台与相关部门业务的融合。在总结前期试点经验的基础上，在社区推广“微网格”微信公众号，通过提供“随手拍”等功能，引导社区居民广泛参与网格化服务管理，拓宽城市服务管理问题的发现渠道。

五是社会服务管理创新指标体系不断完善。进一步验证指标体系运行流程，完成第二批试点项目终验，扩大指标体系试点范围。2016 年完成对 2015 年 11 家单位 133 条指标的群众评价工作，并生成得分排名情况，至此，社会服务管理创新指标信息系统从指标录入、审批、确认到评价、绩效排名操作全部完整运行，充分地验证了指标信息系统的可操作性和可实施性。2016 年 11 家试点单位共确定主责指标 101 个，涉及配合单位 41 家、配合指标 333 个，2017 年征集指标 69 个，并根据实际工作需要进一步完善系统功能。针对11家试点单位，分别出具《2017年度社会服务管理创新指标社会评价报告》，并将排名情况向试点单位进行了通报。完成2018年度指标征集工作，召开试点会议，部署2018年指标征集要求，共征集指标51条，较2017年相比，指标领域涉及数量相对平均，指标内容更贴近群众需求，指标受益群体比较明确，均能够开展群众满意度调查。

十年来，顺义区社会建设，坚持把民生作为第一要义，以解决群众关心的民生问题为重点，着力解决好关系群众切身利益的问题，不断推进在共建共治共享中改善民生、增进福祉，民生保障工作水平不断提高。

四　进一步深化顺义区社会建设的思考

（一）深入学习贯彻党的十九大精神

“坚持以人民为中心”“把人民对美好生活的向往作为奋斗目标，依靠人民创造历史伟业”“必须始终把人民利益摆在至高无上的地位，让改革发展成果更多更公平惠及全体人民，朝着实现全体人民共同富裕不断迈进……”党的十九大报告关于民生的论述，充分体现了习近平总书记“民惟邦本，本固邦宁”的思想，体现了我们党为中国人民谋幸福、为中华民族谋复兴的初心和使命。这就要求我们在社会建设工作中，深入学习贯彻习近平新时代中国特色社会主义思想，坚持以人民为中心的发展理念，以居民需求和期望为导向，加强和创新社会治理，不断满足人民日益增长的美好生活需要，不断增强人民的获得感、幸福感和安全感。

随着中国特色社会主义进入新时代，社会建设面临新要求、新挑战、新机遇。党的十九大报告提出，要“打造共建共治共享的社会治理格局”“提高社会治理社会化、法治化、智能化、专业化水平”“加强社区治理体系建设，推动社会治理重心向基层下移，发挥社会组织作用，实现政府治理和社会调节、居民自治良性互动”，这为我们社会建设工作提出了新的遵循、新的要求。虽然顺义区委社会工委、区社会办在加强和创新社会治理方面取得了一定的成效，但全区社会建设工作仍存在不少薄弱环节，比如，网格化体系建设体制机制需要进一步完善，社会组织服务管理能力需要进一步增强，社区治理能力与居民需求和期望存在一定差距，社会领域党建统筹协调能力需要进一步提高等。这些都需要在今后的工作中高度重视并不断加强和改进。

（二）进一步加强社区治理体系建设

如前所述，党的十九大报告指出："加强社区治理体系建设，推动社会治理重心向基层下移，发挥社会组织作用，实现政府治理和社会调节、居民自治良性互动。"在下一步社区治理体系建设中，要深入开展老旧小区治理工作，着力做好"顺义区老旧小区治理二期工程（电力工程）"施工监管工作，确保与各街道的工程项目在工期、工序上的紧密衔接。牵头做好老旧小区治理"为官不为、为官乱为"专项治理工作，确保老旧小区治理项目在实施过程中，不出现执行不力、缺乏担当、监管缺位、推诿扯皮、行为失范等问题，真正将老旧小区治理项目打造成民心工程、实事工程。进一步推进社区示范点创建，树立一批具有示范引领效应的社区。推进社区"一区一品"建设，继续引导各社区以"需求"为导向、因地制宜地开展社区服务工作，培育社区社会组织，不断增强社区党组织、社区居委会的向心力和凝聚力，提升社区服务品牌。总结街道改革经验，进一步完善街道体制机制，推进拆迁村集体资产处置方案制订实施，完善拆迁社区管理体制，全面提升全区城市管理精细化水平，形成与和谐宜居城市相匹配的城市治理体制。

（三）进一步激发社会组织创造活力和作用发挥

党的十九大报告五次提及社会组织工作，对社会组织参与协商民主、社区治理、环境治理，在社会组织中发展党员，加强社会组织基层党组织建设，充分发挥社会组织作用提出了非常具体的要求，对社会组织的重视程度前所未有。党的十九大报告赋予了社会组织新的历史使命，为社会组织更好地发挥作用、履行职责指明了方向，提供了舞台。下一步要继续做好"枢纽型”社会组织业务规范建设，进一步健全完善“枢纽型”社会组织工作网络，有效推动“枢纽型”社会组织规范化有效落实。不断加大社区社会组织培育发展力度，进一步引导各街道联合会积极探索创新扶持社区社会组织发展方式，加大社区社会组织资金监管力度，探索建立社区社会组织服务（孵化）中心绩效考评机制，提高资金使用效益。

（四）全面加强社会领域党的建设

党的十九大报告提出了新时代党的建设要以党的政治建设为统领，以坚定理想信念宗旨为根基，以调动全党积极性、主动性、创造性为着力点，全面推进党的政治建设、思想建设、组织建设、作风建设、纪律建设，把制度建设贯穿其中，深入推进反腐败斗争，不断提高党的建设质量。党的十九大报告还提出加强基层组织建设，要以提升组织力为重点，突出政治功能，把社区、企业、社会组织等基层党组织建设成为宣传党的主张、贯彻党的决定、领导基层治理、团结动员群众、推动改革发展的坚强战斗堡垒。提升组织力，要求把党员组织起来，把群众组织起来，发挥广大党员的先锋模范作用，发挥基层党组织的战斗堡垒作用。对两新组织党建，党的十九大报告特别提出要“注重从产业工人、青年农民、高知识群体中和在非公有制经济组织、社会组织中发展党员”。相对于传统党建领域，社会领域党建工作开展较晚，基础较为薄弱，必须深入贯彻新时代党的建设总要求，进一步加强社会领域党建工作，提高党组织的组织力，实现社会领域党建工作的新提升。

分 报 告

Subject Reports

B.2

顺义区社会治理体制机制发展报告（2008~2018）

马仲良　郑建阳　仇凤荣　樊廷卉*

摘　要： 本文阐述了顺义区十年来完善社会治理体制机制的历程，构建了社会公共服务体系、社区管理体系、社会组织管理体系、社会工作运行体系、社会领域党建工作体系等五大体系，并在实践中不断完善，同时创新性地构建了社会服务管理创新指标体系，通过指标征集、指标确认、指标发布、指标实施、指标考评和考评运用六个环节，努力实现社会管理精细化。

关键词： 顺义　社会治理　体制机制　指标体系

* 马仲良，北京市社会科学院原副院长、研究员，现任中关村长策产业发展战略研究院首席专家；郑建阳，顺义区委社会工委委员、区社会办副主任；仇凤荣，顺义区社会组织服务管理中心主任；樊廷卉：顺义区委社会工委、区社会办综合科科长。

十年来，顺义区不断完善社会治理体制机制，确立“五个体系”建设框架，建立了顺义区社会建设领导小组领导体制，并抓住综合试点区的有利契机，全面推进社会服务管理创新，构建社会服务管理创新指标体系，努力实现社会管理精细化，着力推进社会领域专项改革，推行网格化管理，完善城乡网格化管理机制。

一　注重顶层设计，确立“五个体系”建设框架

顺义区在区委社会工委、区社会办成立之初就确立了“五个体系”建设框架，注重顶层设计，不断完善社会建设体系。

第一，构建社会公共服务体系，着力保障和改善民生。

加强社会建设，就是要按照学有所教、劳有所得、病有所医、老有所养、住有所居的“五有”要求，建立健全覆盖城乡、功能完备、分布合理、运转高效的公共服务体系，努力实现基本公共服务均等化。加强公共服务体系建设，必须坚持从人民群众最关心、最直接、最现实的利益问题入手，切实解决教育、医疗、就业、社会保障、住房、交通、环境等问题。加快推进服务型政府建设步伐，加强公共服务和社会管理职能，健全公共财政体系，把更多的财力投向公共服务领域，加快社会事业的发展，不断扩大服务范围，提高服务质量。加强城乡统筹，加快农村基础设施和公共服务项目建设，提高农民收入，改善农民生活，特别是加大农村富余劳动力转移的力度，进一步缩小城乡差距。加强对城乡困难群众的救助，进一步完善社会保险、社会救助、社会福利、慈善事业相衔接的覆盖城乡的社会保障体系。同时进一步创新公共服务提供方式，加快政府购买公共服务的步伐，发挥公益类事业单位提供公共服务的重要作用，支持社会组织参与公共服务，形成政府、市场、社会的互联互动，实现公共服务有效整合。不断完善社会服务网络，进一步加强社区服务、社会志愿服务、信息咨询服务、基本医疗服务和残疾人健康服务等网络建设，努力为广大群众提供更多更好的服务。

第二，构建社区管理体系，夯实社会建设基础。

不断深化社区体制改革，建立规范的社区管理模式，以建设新型社区服务站为切入点，推动社区建设深入发展。社区服务站是政府在社区层面设立的公共服务平台，主要职能是代理代办政府在社区的公共服务，协助居委会办理社区公共事务和公益事业，开展便民利民服务。通过建设社区服务站，进一步推进政府职能转变，改进工作方式，贴近社区居民生活，提供更多更好的公共服务。社区服务站的建设，也可以进一步加强社区民主自治建设，减轻社区居委会的行政负担，扩大基层群众自治，完善基层民主制度，更好地维护居民的合法权益和社区的共同利益。通过社区服务站建设，还可以进一步完善社区服务，培育和壮大社区公益性服务组织，推动社会工作者队伍发展，加快社区服务社会化、专业化的进程。建设社区服务站，要整体规划，明确职能，分步实施，务求实效。与此同时，进一步完善社区组织运行机制、社区资源共享机制、民意表达机制，建立健全以社区党组织为核心、社区自治组织为基础、社区服务站为依托、社区社会组织为补充，进驻社区单位密切配合、社区居民广泛参与的新型社区治理结构，努力将社区建设成为管理有序、服务完善、文明祥和的社会生活共同体，更好地发挥社区在社会建设中的基础作用。

第三，构建社会组织管理体系，充分发挥社会组织在社会建设中的作用。

社会组织以非营利性、民间性、公益性和自愿性为特征，在现代社会中发挥着反映利益诉求、扩大公众参与、提供公共服务的重要作用，是社会建设的重要力量，也是现代社会管理的重要渠道。举办奥运会和汶川抗震救灾的实践证明，政府转变职能，扩大公共服务和加强社会管理，都离不开社会组织的发育壮大。当前社会组织还不能满足社会发展的需要，加强社会组织建设，关键就是创新社会组织管理模式，制定必要的扶持政策，促进社会组织的健康发展，使之成为把“社会人”组织起来的有效载体和提供公共服务的重要力量。创新社会组织管理模式，关键是要加快政社分开、管办分离的步伐。要根据有关法律、法规，在坚持双重管理体制的同时，逐步把业务主管职能从行政部门分离出来。在这个基础上，充分发挥人民团体等“枢纽型”社会组织在社会组织管理、发展、服务中的重要作用，构建“枢纽型”社会组织工作体系，努力探索中国特色的社会组织管理模式。要充分发挥其枢纽作用，使之成为党和政府与社会组织和各界群众广泛联系的桥梁和纽带；要充分发挥其龙头作用，将性质相同、业务相近的社会组织联合起来，进一步形成合力、促进共同发展。与此同时，要从政策上支持鼓励社会组织加快发展，完善政府购买公共服务的政策，把一些可由社会承担的技术性、服务性、事务性工作，通过招投标，交由具备条件的社会公益性组织承担。一方面，可以创新政府提供公共服务方式，降低成本，提高效率；另一方面，也为社会组织提供更加广阔的发展空间，创造更好的发展条件。

第四，构建社会工作运行体系，推动社会建设深入发展。

完善社会工作体系，是推进社会建设的根本保证。着力建设在党的领导和政府主导下，以社区为基础，以社会组织为载体，以社会工作者和社会志愿者为骨干，以社区和“两新”组织党建为保障，组织动员社会各界广泛参与的社会工作格局。一是要建立统筹协调机制，充分发挥区社会建设工作领导小组的作用，研究制定相关政策，明确责任分工，加强工作的组织协调和督促检查，实现资源的有效整合，形成社会建设的整体合力。二是要完善社会工作队伍管理机制。一方面，要加强专业化队伍建设，规范岗位设置、待遇标准、考核机制和权益保护机制，坚持职业培训和专业教育并重，努力提升队伍的专业素质和职业水平。另一方面，要健全社会志愿者队伍的管理机制，总结举办奥运会和汶川抗震救灾中社会志愿活动的经验，做好成果转化工作，并建立健全志愿服务工作协调机制，研究制定志愿者激励机制和管理制度，加强志愿服务项目开发，形成社会志愿活动的长效机制，把志愿服务活动扩展到各项工作中去。三是完善利益诉求和矛盾调处机制，畅通意愿表达、利益诉求渠道，加强矛盾纠纷的排查调处，及时化解各类社会矛盾，积极促进社会和谐，努力维护社会稳定。

第五，构建社会领域党建工作体系，充分发挥党组织的凝聚力和战斗力。

社区、社会组织、新经济组织中的党组织，直接面对群众，处在社会建设工作的第一线。只有切实把社会领域党组织建设好，充分发挥党组织推动发展、服务群众、凝聚人心、促进和谐的作用，才能把党和政府的工作落到实处，才能把矛盾和问题化解在基层，打牢社会和谐的基础。因此，社会领域的党建工作只能加强，不能削弱。加强社会领域党的建设，要进一步明确各级党组织的任务、职责和工作要求，优化组织设置，充分发挥作用，不断扩大党的组织和党的工作的覆盖面。要加快推进党组织建立步伐，社会组织和新经济组织中有条件的，都要尽快把党组织建立起来，要把公寓、写字楼的党组织都建立起来。要按照分类管理、分级负责的原则，逐步构建社会领域党建网格化管理体系。要努力创新党组织的活动方式，总结在创建平安奥运过程中组织发动广大党员争当“平安奥运”志愿者活动的经验，推进党的工作不断创新。

顺义区社会工委成立之初确立的“五个体系”社会建设框架，包括了社会建设的各个方面，各个体系不是独立的，而是相互联系、相互作用的，共同描绘了顺义区社会建设的蓝图，为将来顺义区社会建设提供了指南。

二　召开社会建设大会，明确领导机制

2009 年 6 月，顺义区召开全区社会建设大会，社会建设迈出新步伐。全区社会建设大会研究部署贯彻落实全市社会建设大会精神、加强全区社会建设工作，时任市委常委梁伟出席会议并讲话。会上下发了《中共北京市顺义区委北京市顺义区人民政府关于加强社会建设的意见》，提出了社会管理水平进一步提高、社会事业进一步发展、社会建设体系进一步完善、社会工作运行机制进一步健全的工作目标，并提出构建公共服务体系，进一步保障和改善民生；强化社会管理，努力维护社会稳定；加强城乡社区建设，夯实社会建设基础；推进社会组织建设，充分发挥社会组织在社会建设中的作用；抓好社会工作人才队伍建设，为社会建设提供人才支持；深化社会领域党建，为加强社会建设提供组织保证；加强对社会建设工作的领导等七大任务。以区委、区政府名义出台《顺义区加强社会建设的意见》和召开全区

社会建设大会为标志，顺义区社会建设站到了新的起点上，顺义区今后一个时期社会建设发展思路、建设目标和工作任务清晰明确。

在召开顺义区社会建设大会的基础上建立了顺义区社会建设领导小组领导体制，成立了区社会建设工作领导小组，并明确了36家领导小组成员单位各自的职责任务。在深入调研的基础上，研究起草了顺义区社会建设工作考核评价体系，强化对领导小组成员单位和基层单位社会建设工作的考核，狠抓各项工作的落实，全面提升社会建设整体水平。2010年，为加快推进顺义区社会服务管理创新工作，落实《顺义区社会服务管理创新意见》提出的各项任务，区委、区政府决定在原成立的顺义区社会建设工作领导小组的基础上对成员及单位进行调整，将全区72家相关委办局纳入成员单位。

三　抓住综合试点区契机，全面推进社会服务管理创新

2010年，社会服务管理创新工作全面开展，作为全市3个综合试点区之一，积极贯彻落实北京市社会服务管理创新推进大会和《行动方案》精神，2010年8月27日制定出台了《关于推进社会服务管理创新的意见》和11个实施方案，并召开全区社会服务管理创新推进大会进行了动员部署。

《关于推进社会服务管理创新的意见》提出了稳步提升社会服务水平、探索创新社会管理模式、全面强化社会秩序管理、加强对社会服务管理创新的组织领导等重点任务。在稳步提升社会服务水平方面，提出了推进基本公共服务均等化、推进医疗保障制度城乡一体化、推进养老保险制度城乡一体化、推进社会保障制度城乡一体化、推进劳动力就业保障全覆盖。在探索创新社会管理模式方面，提出要构建网格化社会管理体系、创新互联网服务与管理、推进城乡社区建设、探索社区物业服务管理、强化社会组织服务管理、加强社会工作人才队伍建设、深化社会领域党建工作。在全面强化社会秩序管理方面，提出要完善社会矛盾多元调处机制、加强劳动争议调解联动机制建设、深化流动人口服务与管理、加强社会软环境建设、健全民族宗教工作服务管理机制、完善社区矫正和帮教安置工作体系、加强社会心理服务

工作、构建“五大”环境秩序等。在加强对社会服务管理创新的组织领导方面，提出要坚持一把手负总责、亲自抓，要把各项任务认真分解，责任落实到具体人，确保各项工作有人抓、有人管，不折不扣完成，并进一步整合资源，建立起任务明确、责任到位、协调有效、运转顺畅的工作机制，在全面实现具体化、精细化的基础上，重点围绕难点工作、重点项目、规定动作，认真推进各项工作的开展。《关于推进社会服务管理创新的意见》把11个实施文件作为附件：

一是顺义区关于加强社会管理创新维护社会稳定综合试点工作实施意见（试行）；

二是顺义区关于村庄社区化管理平安建设实施方案（试行）；

三是顺义区关于加强互联网等新媒体服务管理实施方案（试行）；

四是顺义区关于推进劳动争议调解体系建设和职工法律服务体系建设实施方案（试行）；

五是顺义区关于进一步扩大社会领域党组织和党的工作覆盖面实施方案（试行）；

六是顺义区关于进一步推进社区规范化建设工作实施方案（试行）；

七是顺义区关于加强社会组织管理的实施意见（试行）；

八是顺义区关于志愿者工作创新实施方案（试行）；

九是顺义区关于开展农村社区达标创建活动考评工作实施方案（试行）；

十是顺义区关于完善社会保障体系一体化实施方案（试行）；

十一是顺义区关于流动人口服务管理实施方案。

《关于推进社会服务管理创新的意见》及其11个实施方案，内容全面，涵盖了社会服务管理创新的方方面面。文件发布后，顺义区4个综合试点镇、街率先行动，各单位、各部门积极落实，确保社会服务管理创新工作在全区迅速展开，收到明显成效，在流动人口管理、劳动争议调解五方联动机制建设、加强“五大秩序”综合整治等方面形成不少亮点，并总结推广试点镇、街经验，进一步调动基层社会服务管理创新的积极性，推动工作深入开展。

在开展社会建设的实践中，充分发挥区委社会工委、区社会办的统筹协调作用，进一步完善社会建设领导小组的运行机制，不断健全领导小组联席会议制度，每两个月召开一次街道例会、每季度召开一次领导小组成员单位例会、每年召开一次全区社会建设大会，加强对社会建设和管理工作的研究与调度，并将社会服务管理创新纳入全区考核体系之中，进一步形成“党委领导、政府负责、社会协同、公众参与”的社会建设工作格局。

四　构建社会服务管理创新指标体系，努力实现社会服务管理精细化

网格化社会服务管理创新指标体系是深化顺义区社会服务管理创新工作的探索和尝试，以实现人的全面发展、构建和谐社会为目标，以解决关系人民群众切身利益与影响社会和谐的突出问题为重点，积极探索加强社会服务管理的新模式、新途径和新方法，建立健全社会服务管理体系，完善社会治理结构，全面提升社会服务管理的精细化水平，最大限度地激发社会活力、增加和谐因素、减少不和谐因素。网格化社会服务管理创新指标体系着力从解决当前社会服务管理中存在的主要问题入手，抓住关键环节，解决主要矛盾，按照定性、定量、定时的原则，实现资源向基层倾斜。

从2012年起，以实现精细化为目标，积极构建社会服务管理创新指标体系，召开不同层面的会议专题研究核心指标体系建设，在全区范围内达成共识。确定核心指标体系的理论框架，制定核心指标的考核办法、实施方案，形成从指标征集、确认、发布、实施、考评到结果运用的工作流程，切实解决群众最关心、最直接、最迫切的热点、难点问题，把问题解决在基层，把矛盾化解在基层，满足居民服务需求。指标征集、确认、发布、实施、考评和结果运用六个环节通过实践来不断查找不足、逐步完善，着力做好试运行的相关工作，努力形成高效率的运行机制，使之成为服务民生、构

筑和谐的新手段。

社会服务管理创新指标信息系统于2013年10月~2014年6月开展首批试点，通过动员培训和指标征集、确认、发布、实施等工作环节，试点镇、街道、职能部门等11家单位共确定主责单位指标245个，各配合单位指标991个，其中涉及相关配合单位60家。在试点过程中进一步发现问题、总结经验，努力实现指标体系从指标征集、确认、发布、实施、考评直到结果运用各环节的实时动态管理。以指标体系为依托，与空港街道裕祥花园社区共同探索出包括走访入户、座谈交流、社区微博、微信公众平台、网上居委会博客、QQ业主群、心桥信箱、热线电话等在内的征集群众需求八大途径，搭建起五色管理工作平台，建立了五色公益协会，开展了社区公仆等十大评选活动，同时梳理社区实事54项，录入社会服务管理创新指标信息系统，明确了职责任务，为推进顺义区基层社区自治实现工作标准化、规范化、信息化、精细化打下了基础。通过系统试运行，试点单位对指标体系的认识有了新的提高，进一步统一了思想、凝聚了共识；指标体系工作流程得到完善，指标信息系统得到全面检验，解决了系统中存在的一些技术方面的问题；通过在基层社区试点，加强了社区自治与指标体系的有机结合，拓展了指标体系的应用范围；建立起一支260余人的指标体系工作人员队伍，为指标体系顺利试行提供了人员保障；一批群众最关心、最直接、最现实的民生问题纳入指标体系，加快了解决进程，指标体系与民沟通、反映民声、解民之忧的作用得到体现。

随着指标体系试点的不断深入，进一步统一思想、凝聚共识、完善机制、规范运行，为指标体系全面实施做好准备。在2015年，完成了第一批试点2015年指标征集、录入工作，组织各试点单位围绕自身核心任务、单位职责和群众需求征集、筛选2015年指标，并确定区教委作为社会服务管理创新指标体系第二批试点，协调区教委完成了《顺义区教育系统社会服务管理创新指标体系试点工作实施方案》，召开了教育系统社会服务管理创新指标体系试点工作启动会，完成了指标信息系统及试点流程培训工作，各项工作按照试点方案有序推进。依托指标信息系统搭建政府绩效考核工作平台。进一步完善指标信息系统，完成指标信息系统科室个人及社区模块项目终验工作，聘请第三方专家参与终验，保证终验的科学、公正。聘请具有专业资质的安全评估公司对社会服务管理创新指标信息系统进行了渗透测试，确保社会服务管理创新指标信息系统运行安全、稳定。2016 年第三批 11 家试点单位共确定主责指标 101 个，涉及配合单位 41 家、配合指标 333 个。

在深入推进指标体系试点工作过程中，通过协助各试点单位完成全年工作数据确认并开展自评工作，聘请专业机构完成第三方群众评价，利用系统绩效排名功能计算各试点单位最终得分并进行排序，生成年度分析报告，为各试点及全区提供多项数据分析，进一步反映上一年度各单位指标的征集、确认、实施等情况。完善指标征集标准和群众评价方式，调整相关时间节点，确保指标征集与财政预算、为民实事、折子工程的时间相匹配，逐步扩大指标信息系统的应用范围，进一步优化指标体系的运行流程和服务效能。委托第三方机构对群众满意度进行打分，并向试点单位反馈结果，实现群众评价的推动作用。

五　着力推进社会领域专项改革，适应城市化发展和管理要求

一是加速推进街道体制改革试点。以空港街道办事处改革试点为基础，厘清各街道与相邻镇、功能区的行政区划，完善街道工作职能、规范机构编制、健全财政体制，综合推进街道管理体制改革，以适应城市化发展和管理要求。通过抓好空港街道管理体制改革试点，充分发挥街道在社会服务和城市管理中的作用，为统筹推进全区街道体制改革积累经验。通过认真总结空港街道改革实践所取得的经验，深入探索各职能部门资源在街道进行充分整合和合理配置的有效方式，为向其他街道推广打下了坚实基础。2016 年出台《顺义区街道管理体制改革工作方案》，全面启动顺义区街道体制改革工作，并根据方案要求，出台《顺义区街道机构改革方

案》《顺义区街道经费保障和管理机制实施意见》《顺义区社区工作者管理办法》《顺义区关于调整社区工作者待遇保障实施方案（试行）》，全面提升街道、社区服务管理水平。加快落实街道管理体制改革，区财政扩大了专项经费的保障范围，同时为每个街道安排800万元的机动经费，增强街道资金支配的自主性，落实街道经费保障和管理机制。5个参改街道在区编办指导下于2017年9月底完成街道机关党政内设机构、科室人员调整。

二是深化社区物业管理体制改革。在全面调研的基础上，研究符合顺义区实际的加强社区物业管理的实施办法，形成了《关于顺义区街道管理社区物业管理现状及存在问题》的调研文章，与区住建委共同制定了《顺义区关于加强社区物业管理工作的实施办法》（简称《实施办法》）。《实施办法》进一步明确了有关部门、街（镇）、社区、物业服务企业以及社区居民的权利与义务，规范了物业服务、物业收费相关内容和标准，强化了对物业管理的统筹和监督，将进一步推进物业管理的市场化。

三是推进社会事业专项改革。贯彻落实《中共北京市顺义区委关于认真学习贯彻中央市委全会精神全面深化改革的意见》，按照“深化教育领域综合改革、深化医药卫生体制改革、健全现代公共文化体育服务体系、健全促进就业创业体制机制、健全更加公平可持续的社会保障制度”的工作要求，2015年，确定了社会事业改革专项小组9家成员单位，完善了专项小组的运行机制和工作制度，认真履行专项小组办公室职责，积极做好信息报送、情况通报、协调督导等工作，确保了社会事业改革的顺利推进。充分发挥社会事业改革领导专项小组牵头单位的统筹协调作用，积极协调区住建委、卫计委、教委等政府部门在住房保障、医疗卫生、教育领域等方面深化改革，促进全区社会事业均衡优质发展。按照改革要“触及问题、触及体制、触及利益”的原则，专项小组共确定引进高校资源提升职业教育发展水平、构建市区镇村一体化的中医医疗服务体系和探索实施新型社区医疗卫生体系改革三项改革要点，并纳入《区委全面深化改革领导小组2015年改革工作要点折子工程》。

六　推行网格化管理，完善城乡网格化管理机制

根据北京市网格化“1＋3”系列文件精神相关要求，积极推进城市服务管理网格化体系建设，着力在网格化体系建设的规范化、融合化、一体化方面加大工作力度，通过整合资源，形成合力，建立健全“互联网＋城市服务管理”的体制机制，提高全区城市服务管理的精细化水平。2016年制定出台《顺义区加强城市服务管理网格化体系建设实施方案》，并将网格化体系建设纳入全区战略，深入落实市“1＋3”系列文件精神。选定三个“三网”融合建设示范点和一个标准化建设示范点，以点带面，加快推进城市服务管理网格化体系建设。

统筹城乡一体化发展，建立城乡网格化管理运行机制，明确区级城乡网格化管理平台职责，对于区级平台接收到反映问题的信息，属于镇（街）处置的直接转到镇（街），属于区属专业部门处置的及时转到责任单位，并要求在规定时限内解决。同时引入GBC管理模式，理顺公共服务体系，由区政府统一协调，将水、电、热、气等公共服务企业与区级城乡网格化管理平台对接，在同一平台上直接接收由指挥机构发出的处置指令，减少流程和环节，提高处理效率，在政府（G）、企业（B）、市民（C）之间形成责权利挂钩的公共服务体系（GBC）。属地的镇（街）负责监督公共服务企业和专业部门的办理情况，同时建立与政府部门绩效挂钩的闭环式监督评价机制。进一步深化城乡运行管理体系改革，建立城乡运行长效机制，采用单元网格管理模式和城乡整体管理办法相结合的方式，实现全区城乡运行的信息化、标准化、精细化、动态化，保证城乡运行中出现的问题能够及时发现、及时处理、及时解决，逐步建立沟通快捷、分工明确、责任到位、反应快速、处置及时、运转高效的城乡运行和监督长效机制。通过推行城乡网格化管理，明确条块责任，对政府部门提供公共产品和公共服务的绩效进行科学评价。

加大信息技术的应用力度，搭建城乡运行信息平台。依托顺义区电子政

务外网和顺义区政务资源共享交换平台，整合顺义区现有的网络图像采集资源，搭建全区城乡网格化管理平台，实现各职能部门、专业部门和镇（街）间的信息传递、共享和业务的全程在线办理。利用现有的顺义区非紧急救助服务中心和政法民生热线构建城乡运行监督中心的呼叫平台，建成展示顺义风采的一个重要窗口。依托顺义区空间地理信息平台，建设顺义区城乡网格化管理 GIS 平台。新建一批并整合原有的公安、交通、流管、镇（街）、行政村（社区）等电子监控设施，引入城乡运行指挥机构，城乡运行指挥机构与各职能部门、专业部门共享整合后的全区视频监控资源。对重点部位、重点区域进行全方位、全时段的监控，以技术手段弥补人力不足、夜间监控不力问题，最大限度地降低管理成本。全面整合协调区内现有的安全、劳动、民政、城管、土地监察员等协管员队伍，统一纳入城乡运行监督员队伍中，共同参与城乡运行监控工作。将城乡网格化管理延伸到农村地区，全区实行网格化管理。以村（居）行政区划为基础，细化管理网格，科学配置群防群治力量；构建多元化社会矛盾化解工作体系，强化治安重点地区排查整治，加强流动人口服务管理，健全各类重点人员电子数据库，实施重点掌控；加强社会面防控，落实人防和管控力量，完善物防设施，健全技防设施，加快图像监控系统建设和“综治维稳工作中心”建设，推进村庄社区化管理平安建设，为“打造临空经济区、建设世界空港城”营造文明和谐、安全稳定的社会环境。

基层网格化社会服务管理工作亮点突出。各镇街道在网格化社会服务管理工作中，结合实际探索创造了一批经验和做法。例如，北小营镇“1+1+15”工作模式，充分发挥党员和村民代表的先锋模范作用，从政策宣讲、矛盾排查化解、流动人口服务等十个方面，为村民做好各项服务，搭建起了党员、村民代表“全天候”联系服务群众的工作体系。牛栏山镇探索出了“七抓七探索”的服务管理模式，即“服务管理体系抓合力，探索多方联动模式；回迁社区抓创新，探索过渡管理模式；商品房社区抓服务，探索品质管理模式；老旧社区抓基础，探索规范管理模式；村庄管理抓示范，探索农村社区管理模式；流动人口管理抓调控，探索情管并重模式；环境治理抓源头，探索长效管理模式”，实现了镇域经济社会更加和谐稳定、人民群众生活更幸福的目标。胜利街道建立“街道－管片－社区－楼院”四级网格管理模式，按照地域相邻、警务相连、管理相接的辖区特点，划分了建南、建北等6个二级网格，以社区为单位划分16个三级网格，每个社会单位、每个楼门为四级终端网格。社区网格化管理推行后，辖区内治安巡逻志愿者大幅上升，治安、刑事案件发生率同比下降，成功化解矛盾纠纷。空港街道建立物业服务管理联合监管考核机制，经区住建委授权，街道对物业服务企业进行日常考核监督，将考核结果与区住建委对物业公司的年度审核、资质评定挂钩；同时建立“社区党支部、居委会、服务站、业委会、物业公司”五位一体工作格局，通过五方联席会议制度，推动物业服务管理纳入社区建设工作体系，有效地提升了社区物业服务管理水平。另外，空港街道还开通了“网上居委会”，及时发布便民服务信息，接受居民咨询，收集居民建议、处理居民事务，调动起了居民参与社区建设的积极性和主动性，促进了社区居民之间的互动交流和社区的和谐稳定，增强了社区党组织的战斗力和凝聚力。

下一步，全区网格化体系建设将按照《顺义区新型智慧城市建设暨智慧顺义优化顶层设计实施方案》统一部署、开展。在落实北京市智慧社区建设及顺义区“八型”社区创建工作安排的基础上，结合《顺义区新型智慧城市建设暨智慧顺义优化顶层设计实施方案》，统筹推进街道智慧社区建设，优化公共服务资源，打造社区公共服务资源管理应用平台。

B.3
顺义区社区治理发展报告（2008 ~2018）

李兴存　王 伟*

摘　要： 顺义区全面推进社区规范化建设，着力解决社区服务用房问题，把社区服务站建成“一站式”加“一网式”的便民利民综合服务窗口。同时，深入推进“一刻钟社区服务圈”的建设，让广大居民得到更多更好的实惠和便利。通过建立社区动员机制，推动有关方面参与社区建设，实现共驻共建、共建共享。推进全区智慧社区建设，提高社区信息化水平。在社区治理中，创新性地完善制定村（居）规民约，创新基层协同共治模式。在完善社区治理机制的同时，推进老旧小区综合整治，改善群众生活环境。

关键词： 顺义　社区治理　社区建设　社区动员　村（居）规民约

顺义区高度重视社区治理在社会治理中的基础性作用，以社区服务站建设为重点持续推进社区规范化建设，完善“一刻钟社区服务圈”的建设，并探索建立社区动员机制，努力实现社区资源共享，同时积极推进老旧小区综合治理，提升群众获得满足感。

---

* 李兴存，顺义区委社会工委副书记；王伟，顺义区委社会工委、区社会办社区建设科科长。

一　推进社区规范化建设，探索管理新模式

2009 年，全市按照市委、市政府关于社区建设“一分、三定、两目标”的总体思路和《北京市加强社会建设实施纲要》《北京市社区管理办法（试行）》《北京市社区工作者管理办法（试行）》等文件精神，启动了社区规范化建设试点工作，全区首批有 13 个社区参加全市规范化建设试点。重点围绕社区服务站建设、社区工作职能、社区运行机制、社区志愿服务、社区工作者管理、社区基础设施配置、社区经费投入等 7 方面、26 项内容开展规范化建设试点。区委、区政府高度重视，主管领导先后多次主持召开协调会，专题研究综合立项及具体建设方案。

规范化建设的重点是服务站建设，通过规范服务项目、服务流程和制度建设，将与居民群众切身利益密切相关的各类公共服务实实在在地落实到社区。在首批试点中，软件建设进一步规范，修改完善了社区党组织、居委会和服务站各项工作制度，统一为社区印制了“四簿一编”规范化手册，即两委班子联席会议、党员大会、居民代表会和居民需求记录簿及社区建设文件汇编，下发到社区和两委班子成员手中，使大家能够做到知政策、懂政策、会用政策，严格依法依规开展社区工作，服务居民。2010 年，经过一年的试点，社区规范化建设试点工作取得明显成效。

顺义区把社区服务站建成“一站式”加“一网式”的便民利民综合服务窗口，走在服务群众的前沿。依据市级有关精神，联合区属各相关部门，制定并试行顺义区《社区基本公共服务指导目录》，充分发挥社区服务站的公共服务平台作用，围绕社区治安、社区文化、社区就业、社区卫生、社区环境美化、社区便民利民服务等 10 个方面，按照集成政策、集中资金、集聚资源、集合力量和“缺什么补什么”的原则，整体扩充民政、卫生、文化、体育、科技、综治、商务、环保、绿化等部门为社区提供的服务，力争使服务项目达到 100 项，扩大社区公共服务的覆盖面。

2011 年，首批 13 个社区办公和活动用房高标准完成，推动第二批 55

个社区通过新建、改扩建、购买等方式加以解决；制定街道全程参与社区规划和建设制度，从根本上保障新建社区的办公服务设施；加大对老旧社区基础设施的改造升级，社区“一刻钟服务圈”逐步形成；扎实推进社区“共驻共建”活动，驻区单位为社区建设注入了新的活力。充分利用市级政策资金支持，加强社区用房达标建设，采取改扩建、购买等方式，加大投入力度，重点推进已立项的57个社区用房建设，努力使社区办公和服务用房全部达到450～600平方米的标准。按照社区办公空间最小化、居民活动空间最大化、使用效率最优化的要求，充分发挥社区用房作用，使之成为居民群众共同活动的场所。2013年，第二批社区用房通过市级验收，55个社区得到市区财政资金支持34223.58万元，购买房屋面积23600.9平方米，能够满足社区办公和活动需求。

2013年，进一步推进社区规范化建设示范点工作。投入265万元统一了75个城市社区的“社区服务站标识”，包括门楣和楼体、导引牌、形象墙、管理制度、工作职责、户外宣传栏、桌牌等，社区服务站的面貌焕然一新。同时，全面梳理社区服务站服务项目，规范服务制度和办理流程，设置专职岗位对接在职党员回社区活动，将社区服务站打造成为规范、便捷、高效的服务窗口。

在推进社区规范化建设中，通过建立社区用房档案、固定资产备案等措施，加强对政府购买社区用房的监管。同时，规范新建小区联合验收，区社会办、各街道直接参与新建小区联合验收，确保社区办公服务用房严格按照市、区标准建设，并同步投入使用。加大区级财政资金投入力度，每年投入120万元用于新建小区“社区服务站”建设，通过统一标志标识、完善办公服务设施、规范办事流程等，打造规范、高效的社区服务平台。推进社区规范化建设常态化，完善社区服务站标志标识和服务项目，规范服务制度和办理流程，将社区服务站打造成为规范、便捷、高效的服务窗口。对所有新建小区，坚持全程参与前期规划、项目验收各项工作，确保社区按照规划指标定期移交。指导街道（镇）按照“社区用房规范化”建设要求进行装修和设计，确保社区用房面积达标、布局合理、便民利民。

“十二五”期间，区委社会工委、区社会建设办与区发改委、住建委、属地街道（镇）通力配合，采用新建、改造、购买等形式，为45个社区解决社区服务用房14312.46平方米，总投资2.755亿元，其中市级投资7313.7万元，区级投资2.023亿元，极大地改善了全区社区服务用房条件。在全区110个社区中除了4个拆迁社区外，有48个社区的社区服务用房面积达到350平方米，22个社区达到450平方米，29个社区达到600平方米，7个社区在1000平方米以上。社区服务用房条件的改善使社区居民活动、娱乐、办事有了“固定的家”，满足了日常服务需求。

2016年，顺义区全面启动了“八型社区”建设，“八型社区”是围绕“环境整洁、管理规范、服务完善、安全稳定、健康幸福、文明祥和、诚实守信、智能高效”的要求，建立“干净、规范、服务、安全、健康、文化、诚信、智慧”8个类型的社区。在推动“八型社区”建设的进程中，与社区协商紧密结合，不断健全社区居民议事会相关制度，把居民最关心、最直接、最现实的问题纳入议事范畴；实现了“社区事、居民议”，逐步形成了共建共享的民主自治氛围。截至2018年5月，全区共有60家“八型社区”，占全区社区总数的46%。

二　推进“一刻钟社区服务圈”建设，扩充社区公共服务内容

从2012年起，在完善社区服务硬件设施建设的基础上，区委社会工委、区社会办在全区逐步推进“一刻钟社区服务圈”建设。按照人口密度、社区规模和区域实际，区委社会工委、区社会办将全区符合建设条件的社区划分为45个“一刻钟社区服务圈”。采取问卷调查、对照查找等方式，对规范化建设已达标社区的180项基本公共服务全覆盖情况进行了摸底统计和汇总分析，合理配置公共服务资源，并制作、发放“一图一册”方便居民查看。“一刻钟社区服务圈”平面示意图和便民服务手册，让居民清楚地看到去哪里办事、去哪里享受服务，知道“一刻钟社区服务圈”内都能办什么

事、怎么办事，极大地提升了社区居民的生活便捷指数。通过“一刻钟社区服务圈”建设，实现了社区居民从居住地出发步行一刻钟之内可办理日常政务服务，享受到快捷的公益服务和基本的商业、生活、文体娱乐等便民服务，居民幸福指数全面提升。在“一刻钟社区服务圈”建设过程中，努力调动政府、市场和社会资源，以便民利民为指针，合理规划和设立菜市场、便利店、储蓄所、理发店、医疗站、餐馆等社区服务设施，使社区居民在步行15分钟行程内，基本满足日常生活需求，让广大居民得到更多更好的实惠和便利。将“一刻钟社区服务圈”建设与社区基本公共服务全覆盖工作相整合，并将“一刻钟社区服务圈”建设向镇属社区延伸，在6个镇建设7个“一刻钟社区服务圈”，覆盖11个社区，服务人口5.78万人，推进了镇属社区服务设施进一步完善。截至2018年8月底，全区已建成“一刻钟社区服务圈”64个，覆盖社区116个，覆盖率达到87.8%。

积极推进农村社区化建设，将城市社区服务理念和服务方法向农村延伸。根据《顺义区镇（街道）绩效管理考核办法（2014年修订）》，研究制订农村社区服务考评细则，加大对农村社区社会服务工作的考评力度，开展村级社会服务试点创建工作。

三　探索建立社区动员机制，努力实现社区资源共享

探索建立社区动员机制，努力实现社区资源共享。采取“一助一”帮扶等形式，激发调动社区内各类机关单位、社会组织和经济组织的积极性，动员引导有关各方参与社区建设和服务，共同解决社区重点、难点问题，为社区发展提供人力、物力、财力支持，推动形成“共驻共建、共建共享”的社区建设工作格局。加强党员社区服务岗建设，为各类党员在社区发挥作用创造条件，逐步形成“工作在单位、活动在社区、奉献双岗位”的党员管理新机制。加强社区文化活动场所阵地建设，以发挥社区党员模范带头作用为引导，以为社区居民提供周到服务为重点，组织开展居民广泛参与、丰富多彩的社区文化活动，增强社区居民对社区的认同感和

归属感。

2015 年，在旺泉街道和胜利街道开展社会动员试点创建工作，探索创新工作模式，在为老服务、丰富社区活动等方面进行了大胆尝试，社区居民、驻区单位的参与热情明显提高。

通过区域共建、协调联动、资源共享、互帮互助四种方式，推进社会动员试点工作，初步实现社会力量联合、党建工作联抓、社区“五化”联创、文体活动联搞、社区治安联防、社会服务联动、思想工作联做，有效调动了党政机关、企事业单位、社会组织和广大党员群众在社区建设中的参与热情。

四　加强智慧社区建设，提高社区信息化水平

智慧社区作为社区管理的一种新理念，顺义区积极推进智慧社区创建工作。2016 年度，结合“八型社区”建设要求和试点社区申报情况，着重推进了 16 个新建智慧社区和 46 个“升星”智慧社区建设。2017 年全区在现有 96 个智慧社区的基础上，着重推进 5 个新建智慧社区和 38 个“升星”智慧社区建设，2017 年底，全区智慧社区总数达到 101 个，创建比例达到全区社区总数的 79.5%，其中四星、五星级智慧社区总计 77 个。在网络方面，当前社区网站群、顺义学习网实现了社区全覆盖，网上居委会、智能社区管理系统得到进一步推广，“电子健康档案”“公交信息实时查询”等信息技术应用为居民提供了便捷服务。

顺义区还采取项目化运作方式，启动了智慧社区示范点项目建设，在各街道申报的 10 个项目中，经认真研究筛选，最终确定光明街道裕龙六区的掌上社区 App、胜利街道胜利社区的智能养老助残服务驿站、空港街道裕祥花园社区的五色“服务管家”社会组织积分管理系统，为 2017 年智慧社区示范点建设项目。

下一步，在落实北京市智慧社区建设及顺义区“八型”社区创建工作安排的基础上，结合《顺义区新型智慧城市建设暨智慧顺义优化顶层设计

实施方案》，统筹推进街道智慧社区建设，优化公共服务资源，打造社区公共服务资源管理应用平台。

五　推动完善制定村(居)规民约，推动基层社区治理

运用村（居）规民约推进基层社会治理是顺义区近年来的一项探索和实践。顺义区2011年开始在部分村开展村规民约修订试点，2014年党的群众路线教育实践活动期间，将修订完善村（居）规民约作为基层党组织整改落实、建章立制环节的一项重要内容，在全区推进“三下三上”工作流程，推动村（居）规民约的制定和完善。2015年，市委开展“一区一探索”改革工作，正式将顺义区申报的“以村（居）规民约为抓手，创新基层协同共治模式”纳入市级改革事项。按照市委相关部门要求，顺义区制定了《关于以村规民约为抓手创新农村协同共治模式改革实施方案》。根据实施方案，顺义区确定社区平安建设型、村风民风引导型、村域环境优化型、浅山生态涵养型、流动人口调控型、民生服务保障型6个类型35个试点推进村，每个街道将确定1~2个社区作为重点推进社区，开展试点工作。2016年10月10日，顺义区召开“以村（居）规民约为抓手，创新基层社会协同共治模式”工作培训推进会，就深入推进村（居）规民约工作进行培训和部署，要求多角度、多层次、全方位把握试点工作，抓紧时间全面总结已有经验，充分发挥试点村（居）的带动、引导作用，将取得的经验在全区基层进行推广，营造遍地开花、齐头并进的良好局面。

六　推进老旧小区综合治理，提升群众获得满足感

一是以老旧小区综合治理为重点加强社区建设。2015年，启动了老旧小区治理试点项目，项目涉及8个小区，预计投入资金3.15亿元，切实解决老旧小区居民最关心、最直接、最迫切的基础设施老化破损、配套

设施不足等问题。2016年，按照“需求导向和问题导向”，全面启动老旧小区治理一期工程，通过前期入户调查、召开居民代表会、电话访问、社区网站反馈等方式征求居民意见、建议，将老旧小区居民最关心、最直接、最迫切的基础设施老化破损、配套设施配置不足等8大类228项社区问题列入改造内容，工程共投入资金5.76亿元，涉及6个街道的8个老旧小区，401栋住宅楼，惠及居民约8.3万人。2017年，老旧小区治理梯次推进，一期工程进入长效治理阶段，居民满意率达到95%，完成二期工程（电力工程）项目设计工作，批复资金7.64亿元，助推二期工程顺利开展。2018年，继续推动老旧小区治理二期工程的实施，二期工程总投资约13.61亿元，预计2018年底全部完工，届时全区2000年以前的老旧小区基本改造完成，群众的生活便利度、满足感、获得感将进一步提高。

二是研究制定物业管理办法。区社会办和区住建委按照“立规矩、推试点、量内容、定标准、晒收支、严考核”的“十八字方针”，在深入各类型社区实地调研的基础上，完成《顺义区社区物业管理办法》的制定工作，并选取不同类型社区开展了社区物业管理试点。以《顺义区关于加强社区物业管理的实施办法》的出台为契机，借助优质的物业企业和社会力量，提升城区社区特别是老旧小区物业服务管理的能力和水平。

三是深入推进社区品牌创建工作。开展“一区一品”创建工作，结合不同类型社区居民的实际需求，开展“个性化”的服务，通过优质贴心的服务凝聚人心，增强社区居民对社区的认同感和归属感。

七　规范社区工作者管理，进一步优化社区工作者队伍结构

一是通过换届选举实现社区工作者队伍结构优化。2008年，全区有6个街道，69个社区居委会，其中城市社区53个，乡镇社区16个；正在开

发建设的小区有33个，建筑面积473万平方米。社区“两委”班子成员交叉兼职比例为83%，书记兼主任比例为90%，社区两委干部中50岁以上人员比例占42%，女性比例为82%。

2009年的社区两委班子换届选举中，全区66个社区党组织、68个社区居委会参加换届选举，整体平稳、进展顺利。选举体现七个特点。其一是社区两委班子人数普遍调整为7～13人，社区工作力量进一步壮大。其二是从社会选聘的55名有学历、年纪轻的人员进入两委班子，社区干部来源途径拓宽。其三是社区两委班子成员平均年龄40岁，比上届减少3岁，推进了社区干部的年轻化。其四是两委干部中大专及以上学历占总数的71%，比上届提高了25个百分点，两委班子的文化结构得到改善。其五是两委干部交叉兼职率提高，总体交叉兼职率为79%，其中书记主任一肩挑为100%，比上届分别提高8个百分点和10个百分点。其六是党员居民参与热情高，到会人员占应到人数的90%以上，同时有1/3的社区到会率达到了双百。其七是选举期间社会稳定，没有因选举引发重大上访事件。在2012年的第八届社区居委会换届选举中，干部队伍结构进一步优化。在2015年的社区党组织换届选举工作中，通过提前摸排掌握动态、严格把握工作流程、加强业务培训工作指导等方式，选优配强了新一届社区党组织班子，并举办了社区党组织书记培训班，选举实现了“一优化两提高三个百分百”，即平均年龄较上届减少0.9岁；大专及以上学历占比提高7.8个百分点；本地化占比提高6个百分点；公推直选比例为100%、配备专职副书记比例为100%和党组织负责人预测人选吻合度100%。

二是加强社区工作者培训工作。以街道、社区两委班子成员为重点，全面加强社区工作者队伍建设，通过开展多种形式的培训和激励参与职业资格考试，进一步提高社区工作者队伍素质，努力推进社区工作者队伍专业化、职业化进程。采取“走出去、请进来”相结合、集中学习辅导和分组讨论交流相结合的方式，培训内容突出实用性，培训方式突出灵活性。通过培训，进一步明确社区党组织、社区居委会、社区服务站人员的工作职责和任务，增强其开展社区工作的能力，提高综合素质。鼓励社区工作者参加社会工作师职业考试，2016 年开展助理社会工作师和社会工作师培训 4 期，培训社区工作者 736 名，通过每年有计划地开展专项培训工作，顺义区社区工作者的持证比例逐年、稳步提高。截至 2018 年 8 月底，在顺义区 1487 名社区工作者中，持有助理社会工作师证书 294 人，持证比例为 19.8%，持有社会工作师证书 130 人，持证比例为 8.7%。

三是推动高校毕业生到社区工作，改善人员结构。借鉴《顺义区村党支部书记助理、村委会主任助理管理暂行办法》和《顺义区村党支部书记助理村委会主任助理考核暂行办法》，研究制定《顺义区高校毕业生到社区工作管理暂行办法》和《顺义区高校毕业生到社区工作考核暂行办法》，进一步明确大学生在社区工作的具体工作职责和有关工作生活方面的具体要求，为大学生在社区建设中安心工作、发挥作用搭建平台。抓好大学生社工的管理和服务工作，努力将其培养成为社区工作者队伍的后备人才和骨干力量。坚持将社区工作者培训与社工需要、岗位需求和区域发展相结合，不断创新培训形式和内容，以此加大社区工作者的培训力度。出台《顺义区社区工作者管理办法》，针对大学生社区工作者升职空间有限、流失现象较为严重的实际，积极探索大学生社区工作者的激励机制。

四是推动社区工作者管理队伍规范化。规范社区工作者的档案管理，及时掌握社区工作者调动、罢免、辞职、补选等基础信息，规范完成全区社区工作者档案的统一管理、卷宗整理工作，建立社区工作者电子档案，提高档案管理的水平。健全社区工作者的工作标准、岗位职责、奖惩条例等，定期对社区工作者的职数、在岗情况、财政预算报表进行审核。制定《顺义区社区工作者管理办法》（简称《管理办法》）及其配套文件《顺义区规范社区工作者待遇方案》（简称《实施方案》），从社区工作者的任用、职责、工作管理、待遇、教育培训、考核评议、罢免与解聘等方面提出了明确的要求和具体的管理规定，并积极推进 5 个“规范”和 2 个“拓宽”：一是规范人员进入和退出机制，二是规范日常管理机制，三是规范考核评价机制，四是规范工资晋升机制，五是规范“编制化管理”

工作机制；拓宽工资晋升渠道和职务晋升渠道。《管理办法》明确了职能定位、理顺待遇保障机制、细化日常管理规范，从而实现“加强管理”与“完善保障”并行;《实施方案》明确了“社区工作者总体待遇水平按照上一年度全市职工平均工资100%的标准进行动态调整”的动态调整机制。

B.4
顺义区社会组织发展报告（2008～2018）

郝军英　李恩雄　王　娣*

摘　要： 在社会组织建设管理方面，顺义区形成了“创新管理体制，强化监督管理，突出培育发展，促进科学服务”独具特色的思路，在这个思路的引导下，加大培育发展力度，通过资金扶持、项目扶持等手段，促进社会组织健康有序发展，社会组织积极践行公益理念，参与社会治理，发挥了重要作用。

关键词： 顺义　社会组织　培育发展　社会治理

十年来，顺义区社会办在市委社会工委、区委、区政府支持和指导下，以改革、创新为引擎，以激发、提升为驱动，积极构建社会组织工作体系，不断加大社会组织扶植培育，持续激发社会组织服务活力，充分发挥社会组织参与社会治理的主力军作用，并取得了显著成效。随着社会体制不断改革，我区社会组织发展保持持续增长态势。目前，在民政局登记注册的社会组织达387家（其中：社会团体168家，民非企业219家），相比“十一五”末增长近70%，在街道备案的社区社会组织已达1269家，逐步形成了门类丰富、层次分明、覆盖广泛的社会组织体系框架。

---

* 郝军英，顺义区委社会工委委员、区社会办副主任；李恩雄，顺义区委社会工委副调研员；王娣，顺义区委社会工委、区社会办社会组织科副科长。

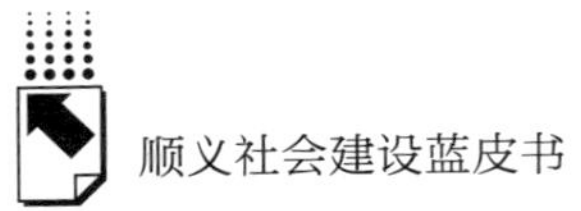

一 深化体制改革，构建起了较为完善的“枢纽型”社会组织工作体系

按照“创新管理体制，强化监督管理，突出培育发展，促进科学服务”具有我区特色的社会组织建设管理思路，2010 年，相继制定了《关于加强社会组织管理的实施意见（试行）》《关于政府购买“枢纽型”社会组织管理服务的实施方案》等文件，不断深化了社会组织的服务管理。先后认定 21 家“枢纽型”社会组织，将 292 家社会组织纳入工作体系，联系、服务、管理各类社会组织占比在 90% 以上。2015 年，又推动 19 个镇成立镇级社会组织联合会，实现了城乡所有社区社会组织全部纳入。按照“枢纽型”社会组织服务领域和性质类别，主要分四部分进行统筹。一是对具备“枢纽”特征的人民团体直接认定，如区团委、区科协等 9 家单位；二是将社会事业和行业协会类组织改造提升为行业领域“枢纽型”社会组织，如福利慈善协会、体育总会等 6 家单位；三是把街道社区社会组织联合会纳入“枢纽”范畴，管理服务近千家社区社会组织；四是探索建立镇级“枢纽型”社会组织联合会，将工作触角延伸到农村，构建起了较为完善的区、街（镇）“枢纽型”社会组织管理服务工作体系，2014 年，顺义区被评为“全国社会组织建设创新示范区”。

进一步健全工作机制，探索建立社会组织联席会议制度，加强各相关部门之间的联系与沟通，有效推动形成了社会组织发展的工作合力。围绕“完善体系、规范运行、发挥作用”，累计投入近 1300 万元，扎实开展政府购买枢纽型社会组织“管理服务”工作，支持“枢纽型”社会组织开展党建和业务工作。每年投入资金 110 多万元，探索购买区级“枢纽型”社会组织专职工作人员岗位，有效缓解了“枢纽型”社会组织人员不稳定、专业化程度不高等问题。搭建“枢纽型”社会组织网络信息平台，实现了与 21 家单位信息的互联互通。健全完善科学评价机制，制定《顺义区“枢纽型”社会组织业务工作规范》《顺义区“枢纽型”社会组织工作考核评价实施办法及评价标准》等，有序推动“枢纽型”社会组织规范化落实到位，逐步打造成为“服务到位、监管有效、多方参与”的社会组织服务管理格局。

二 加大培育发展，有效促进了社会组织健康有序发展

以居民需求为目的，2012 年，在 6 个街道层面成立了社区社会组织联合会，制定《关于进一步规范社区社会组织联合会及社区社会组织建设的指导意见》等，有效推动了社区社会组织联合会的规范运行。专门设立社区社会组织扶持培育资金，累计投入 4450 万元推动社区社会组织在整合社区资源、维护社区稳定、活跃社区文化等方面发挥积极作用。优先发展和重点培育符合经济社会发展需要的公益类、服务类、兴趣类等社区社会组织。2015 年，出台《顺义区社区社会组织服务（孵化）中心建设指导意见》，投入社区社会组织专项资金 780 万元，推动 6 个街道社区社会组织服务（孵化）中心相继挂牌运行，每个街道分别培育出 10 多支各具特色的社区社会组织队伍，涌现出“星火志愿护河队”“医点爱服务队”等多家优秀社区社会组织服务品牌。

以社会需求为导向，2011 年，建立常态化的政府购买社会组织服务机制，积极扶持发展符合顺义产业发展方向、适应市场化进程的行业性社会组织，鼓励社会力量在教育、科技、文化等领域向社会企业转型。2017 年，研发了政府购买社会组织服务项目管理系统平台，构建专家信息资源库，探索建立第三方监管模式，制定出台《顺义区政府购买社会组织服务项目实施意见（试行)》，累计投入市、区社会建设专项资金 3381.29 万元，购买 100 余家社会组织近 400 余个服务项目，逐步形成了门类齐全、结构合理、层次多元、功能健全的社会组织培育发展格局，切实提升了社会组织公共服务能力及水平。《北京社会建设信息》专刊第 20 期全文刊发了顺义区购买社会组织服务项目取得的成效。

以人才建设为重点，加强与耿丹学院、北京城市学院等专业院校长期合

作，深度挖掘、推选社会组织领域内“北京榜样”“最美社工”等优秀人才，为助推社会治理发展提供人才保障。以社区为平台，以社区社会组织为载体，以专业社工为引领，在6个街道积极推动专业社会工作创新项目有效实施，出台《顺义区专业社会工作岗位购买工作实施方案及经费使用管理办法》等文件，通过“项目化”运作形式，累计投入资金500多万元，逐步建立“专业社工＋社区工作者”的社工人才建设模式，有效开展规范化和志愿化服务，充分发挥专业社工力量在整合资源、维护稳定、化解矛盾等方面的积极作用，取得了良好的社会效益。

以拓展功能为动力，2017年，积极推动社会心理服务体系建设，建立区级社会心理服务综合机构，制定《街道（乡镇）社会心理服务机构工作制度》等文件，推进了区、街（镇）、社区、（村）三级心理服务体系建设有效落实。2018年，将社会心理服务体系建设纳入财政预算，以空港街道天新家园社区为示范典型，在全区进行复制和推广。依托工会服务站和职工之家，加快推进社会心理服务驿站建设，按照每家新建驿站补贴1万元标准予以扶持，同时，每个站点配备专、兼职人员进行日常管理和专业服务。2018年底前，完成65个心灵驿站建设。结合公益项目和活动，动员各类社会组织广泛开展健康服务活动近3000余次，服务对象近40000余人次，受到了服务群众的一致好评。

三　践行公益理念，不断提升了社会组织区域影响力

2012年，以“践行公益，服务社会”为主题，广泛开展公益服务活动，陆续开展了近800多项系列公益活动，服务群众超过20万人次，涌现出了“爱科技·i创新”“助力三农”等45个优秀公益服务品牌（包括金奖2个、银奖1个、铜奖6个，优秀服务活动36个）。推荐易来福居家养老服务中心、顺鑫职业技能学校等10多家典型单位参加“北京社会公益汇”活动，精心打造出了具有区域特色的社会组织公益服务活动。充分运用门户网站、“顺义社会建设”公众号等新媒介，加大社会组织宣传力度。制作《顺义区

政府购买社会组织服务纪实》宣传片、撰写社会组织宣传刊物，对社会组织参与社会治理反响好、效益突出的活动进行宣传与展示。搭建“爱心互传递，公益大家行”等平台，充分彰显了社会组织改革发展成果，有效营造了社会公众支持社会组织、了解社会组织的良好氛围。

四　发挥优势作用，确保了社会组织参与社会治理实际效果

充分发挥社会组织参与社会治理的积极作用，以“枢纽”为引导，动员各类社会组织积极参与社会治理。例如，区律师协会举办首届“新时代顺义律师发展研讨会”，加强本领域社会组织行业自律；区工商联举办社会组织精准帮扶等活动，引导社会组织积极履行社会责任。以项目为带动，激发社会组织参与社会治理的积极性。例如，颐福源居家养老服务中心的为老助餐精准化试点项目，实现老年人就餐精准化、个性化；创实社工事务所的“养怡之福”—回迁型社区老年社会工作服务项目，探索回迁型社区养老服务模式。以社区为平台，切实发挥社区社会组织的作用。例如，光明街道的星火志愿护河队发挥自身作用，对不文明行为进行劝导。旺泉街道的西辛一社区交通劝导队，加大整治黑车、黑摩的宣传力度，净化社区周边交通环境。

面对未来，顺义区社会办将进一步优化社会组织服务体制机制，不断完善“枢纽型”社会组织工作体系，积极推动社会治理中心向基层下移，着力打造社会组织服务典型，加强社会心理服务建设，有效探索社会组织参与社会治理途径，努力实现政府治理、社会调节、居民自治的良性互动，逐步推动社会组织参与社会治理实现新的转型升级，为构建社会主义和谐社会贡献一份力量。

B.5

顺义区社会领域党建发展报告（2008 ~2018）

聂冬妮　单继礼　朱广娜*

摘　要： 顺义区的社会领域党建包括了社区党建、社会组织党建、非公企业党建等，充分发挥这三个领域基层党组织的战斗堡垒作用。在社区党建方面，全面开展了“三级联创”活动及社区党员分类管理工作；在社会组织党建方面，根据社会组织的不同情况划分为不同的党建工作模式，同时发挥“枢纽型”社会组织的党建引领作用。在非公企业党建方面，实施非公有制企业党建推进工程，基本实现党组织和党的工作在非公有制经济组织全覆盖。

关键词： 顺义　社会领域党建　社区党建　社会组织党建　非公经济组织党建

顺义区委社会工委成立后，建立了由街道（镇）社会工作党委、社区党组织、“枢纽型”社会组织党组织、“两新”组织党组织构成的社会领域党建工作体系，全区社会领域党建工作得到极大的推动，有力地扩大了社会领域党的组织和党的工作覆盖面。

---

* 聂冬妮，顺义区委社会工委委员、区社会办副主任；单继礼，顺义区委社会工委调研员；朱广娜，顺义区委社会工委、区社会办党建科科长。

一 建立健全社会领域党建工作体系

顺义区委社会工委成立之初，就高度重视社会领域党建工作，按市委组织部、市委社会工委要求，在街道、商务楼宇、枢纽型社会组织中开展社会工作党组织试点工作，扩大党组织和党的工作覆盖面。经区委同意，2009年，区委社会工委在石园、旺泉两个街道进行先期试点，成立社会工作党委，主要负责社会领域党建工作；在9个新建社区及时成立了党组织；在全区12个商务楼宇采取依托产权单位、依托物业公司、依托属地社区的“三依托”形式，建立楼宇党组织；依托区教委民办教育科成立了民办学校联合党支部，覆盖民办学校76所。区财政还为“两新”组织党组织下拨50万元专项经费，每个党委5000元，每个党支部2000元，支持“两新”组织党组织开展党的活动。在试点的基础上，建立社会领域党建工作体系，实现党组织的全覆盖。在2010年《顺义区社会服务管理创新意见》（简称《意见》）下发后，全面落实《意见》精神，切实加强社会领域党组织建设工作，逐步建立起由街道（镇）社会工作党委、社区党组织、“枢纽型”社会组织党组织、“两新”组织党组织构成的社会领域党建工作体系，并不断完善街道社会工作党委工作机制，明确工作职责，规范工作制度，充分发挥街道社会工作党委的管理、协调作用。

2010年，在6个街道成立了社会工作党委，9个新建社区及时成立了党支部，北小营镇在韩资企业中建立了联合党支部，京顺和太阳城两个民办医院召开了党支部成立大会，顺建大厦、宏远大厦和AMB大厦等成立了楼宇党总支及党员服务站，在非公经济组织中广泛开展了创先争优活动，社会领域党的组织和党的工作覆盖面进一步扩大，其中规模以上非公经济党组织的覆盖面达到100%，商务楼宇党组织的覆盖面达到90%。2011年，全区25个街、镇全部成立了社会工作党委，创先争优活动在“两新”组织中广泛开展；规模以上非公企业单建、联建党组织181个，8座商务楼宇成立了党总支和党员服务站，党的组织和党建工作在非公企业和商务楼宇实现全覆盖。

在社会领域党建工作中，通过摸清底数，对“两新”组织现状、从业人员情况、党组织和党员情况采取地毯式排查，掌握详细情况，做到底数清、情况明。建立机制，在全区19个镇、6个街道成立社会工作党委的基础上，建立党委统一领导、组织部门牵头抓总、社会工委组织协调、街镇具体推进落实、各有关部门密切配合的工作机制。创新“两新”组织党建工作方式，完成区内出租车行业党的建设，推动“两新”组织党组织与社区党组织开展结对共建，搭建“两新”组织服务社会、服务社区、服务群众的平台。进一步加强对各镇街社会领域党建工作的指导和督查，动态实现“两新”组织党组织和党的活动全覆盖的目标。结合顺义实际，完善对镇街社会领域党建工作的评价标准及评估办法，提高评价的科学化水平。研究制定《顺义区社会领域党建阵地规范化建设的实施意见》，整合了5个镇街及功能区区域级党群活动中心和30个社区服务活动场地，分别给予20万元和3万元的资金支持。

做好社会组织和非公企业党建工作联席会的日常工作，加大与其他职能部门的联系，采取召开工作例会、听取汇报、平时抽查、半年检查、年底考核等办法，全力推进社会组织和非公企业中党的工作和党的组织全覆盖。加强社会组织和非公企业党建工作经费保障。选树一批社会组织和非公有制企业党建典型，在全区形成上下重视、关心和支持社会组织和非公企业党建工作的良好氛围。

二　加强社区党建工作

2013年，全面启动社区“三级联创”活动，进一步增强社区党组织的战斗力和凝聚力，提升社区党组织的党建工作水平，提高社区党组织服务群众能力。在推进社区“三级联创”活动的基础上，开展驻区单位党建联抓，将“六小门店”党建纳入社区党建范畴。建立社区党组织“一诺三公开”机制。“一诺”即党组织公开承诺，“三公开”即向居民公开承诺事项、公开责任人、公开完成时限。推动社会单位通过资金援助、志愿服务、资源共享、困难帮扶等形式，积极投身到社区共建工作当中，形成了以社区党组织为核心，以社区居委会和辖区单位为主体，社会力量广泛参与的“资源共享、优势互补、条块结合、共驻共建”党建工作格局。

深入开展社区党员分类管理工作，在做好社区党建基本情况调查摸底、建立台账的基础上，总结推广社区党员分类管理的经验和做法，指导、推动各社区分类抓好党员的教育和管理，分类设计党组织的活动载体和方式，更好地服务社区居民和党员，不断增强社区党组织的创造力、凝聚力和战斗力；进一步健全社区党建工作联席会议制度，探索建立党员在居住地发挥作用机制，完善社区党组织评价驻社区单位党组织以及社区党组织评价在职党员居住地表现的制度，全面加强对党员的教育和管理。

三　加强社会组织党建工作

加强社会组织党建工作，针对社会组织的不同情况分为三种不同的党建工作模式。一是区社会组织党委负责没有业务主管单位的社会组织的党建工作；二是有明确的业务主管单位的社会组织，其党建工作由业务主管单位党组织负责，登记管理机关予以配合，在社会组织成立登记时要求提交党建工作的资料，在年检时要求提交党建工作的情况；三是一些以从事居家养老、职业介绍、就业培训等为内容的社会福利和社区服务类社会组织党建工作，由社区党组织负责。

此外，按照党建与业务一起抓的工作要求，在“枢纽型”社会组织中建立党组织，以“枢纽型”社会组织党组织为引领，加快推进社会组织党建工作的步伐，逐步形成由区委组织部、区委社会工委、“枢纽型”社会组织等业务主管单位、登记管理机关“四方共抓”的党建工作新格局，努力实现业务与党建同步抓、社会组织党组织和党的工作全覆盖。

四 加强非公企业党建工作

大力实施非公有制企业党建推进工程，推动党组织和党的工作在非公有制经济组织全覆盖。2015 年制定了《非公经济组织党建工作“星级达标”考评办法》，采取镇党委、街道工委、经济功能区党委初评和区委组织部、区委社会工委、区工商联汇总考评相结合的方式，对全区非公经济组织党组织进行考评，推动全区非公经济组织党建工作常态化、规范化，进一步提高非公经济组织党建工作整体水平。2016 年实施非公企业和社会组织“百日推进工程”，全面摸排底数，共统计非公企业共 2527 家，社会组织 346 家。加大规模以下非公有制企业组建党组织和发展党员力度，探索建立在职党员干部进入非公有制企业担任党建指导员机制，完善非公有制经济组织党委书记联谊会机制，健全非公有制经济组织联系服务机制，基本实现党组织和党的工作在非公有制经济组织全覆盖。

推进商务楼宇党建工作，找准在商务楼宇建立党组织的模式，不断研究新情况，采取依托产权单位、楼宇物业管理部门、属地街道社区、派驻指导员等途径，建立党组织。结合“两新”组织的不同特点，推进党建带动工会工作站、社会工作站、团建工作站、妇女工作站等“五站合一”建设。进一步规范“五站”工作职责、服务项目，协调政府职能部门，拓展公共服务领域，打造商务楼宇综合服务示范站。健全社情民意反馈机制、劳资矛盾调处机制，推动和谐商务楼宇建设。加强商务楼宇工作站建设，坚持以党建促服务、促管理、促发展，以“服务党员、服务群众、服务发展”为着力点，以建立党组织工作站为载体，以实现党建工作和经济发展互动共进为目标，不断增强党的影响力。紧密结合企业生产经营开展工作，在企业发展中树立党组织形象，确立党组织的地位。在推进商务楼宇“五站合一”建设的基础上，开展“一楼一品”创建活动，力争全区每座商务楼宇都推出一个有影响力的党建工作品牌。

五　充分发挥党组织的战斗堡垒作用

抓好社会领域党组织的分类管理，开展两项创建活动。按照区委要求在社区党组织中深入开展“领导班子好、党员队伍好、工作机制好、群众反映好”的“四个好”创建活动，在党员群众中开展“七创优”（优秀书记、居委会干部、党员、居民代表、楼门长、志愿者和文明市民）活动，通过探索在职党员双重管理、流动党员跟踪管理、下岗职工党员动态管理模式，充分发挥社区党组织的领导核心作用和党员的先锋模范作用。在“两新”党组织中开展丰富多彩的党建活动，教育引导广大党员立足岗位、建功立业，为“两新”组织发展做贡献。

创新社会领域党建服务管理模式，充分发挥党组织的战斗堡垒作用。积极推进社会领域党建服务管理模式创新，努力做到党建工作与业务工作互相促进、共同提高。深入开展在流动人口聚居地依托社区党组织，在工作地依托单位党组织、商务楼宇党组织、行业协会党组织加强对流动党员的服务与管理，开展组织找流动党员与流动党员找组织“双找”活动。

开展基层服务型党组织星级创建活动。按照《关于开展基层服务型党组织星级创建活动的实施方案》，2016年在社区、非公企业、社会组织党组织中，扎实开展“六星”基层服务型党组织创建活动，推动了全区社会领域党建工作常态化、规范化，进一步提高社会领域党建工作整体水平。

六　加强社会领域党务工作者队伍建设

加强非公企业党建指导员队伍建设。制定了《顺义区党建指导员选聘办法和管理办法》，组建了一支由295名党员干部组成的党建指导员队伍。同时，建立了离退休干部党支部指导非公企业党建工作机制，发挥离退休干部党支部在促进非公企业党建中的作用。

加大培训力度，提高党务工作者的综合素质。针对不同领域、行业、岗位特点和实际需求，采取灵活多样的方式，加大对党建工作者的培训力度，不断提高他们党建工作的能力，切实将党的工作融入企业的各项活动中，以确保取得实效。举办全区社会领域基层党组织负责人专题培训班，对全区社区党支部书记和“两新”组织党组织负责人进行集中培训，进一步提高基层党组织负责人的政治素质、理论水平和工作能力。加大对社区党务工作者的培训力度，对全区社区党务工作者进行全员培训，通过培训进一步增强社区党务工作者开展党组织工作的能力，推进社区党建工作的深入开展。加大对“两新”组织党组织负责人的培训力度，使“两新”组织党组织负责人切实做到“六会”，即会与业主沟通、会独立谋划“两新”组织党建工作、会有效组织开展党的活动、会培养入党积极分子并搞好发展党员工作、会做职工群众的思想政治工作、会协调组织内外的关系，有力提升“两新”组织党建工作的水平。组织非公企业党建指导员培训班，进一步提高全区非公党建指导员的思想认识和政策水平，使非公党建指导员掌握了先进的理论知识和实践经验，为做好非公党建工作、引导非公企业健康发展打下坚实基础。

面向未来，要进一步扩大党的组织和工作覆盖面，一是会同组织部共同制定《顺义区“两新”组织学习贯彻十九大精神的通知》，组织全区“两新”组织掀起学习贯彻十九大精神的热潮。二是召开十九大精神宣讲会，聘请专家向全区“两新”组织党组织负责人全面细致解读十九大精神。三是召开座谈会，组织各行业有代表性的“两新”组织的党组织负责人进行座谈，深入探讨十九大报告对“两新”组织党建工作的相关要求。四是组织召开全区“两新”组织党建工作联席会议，部署“两新”组织党组织规范化建设工作、党建绩效考评工作、十九大精神学习贯彻工作以及学习传达《关于加强和改进城市基层党建工作的意见》。

专　题　篇

Special Reports

B.6 加强顺义区社区社会组织建设管理的思考

巩维国*

摘　要： 顺义区社区社会组织数量众多，在社区建设中发挥了活跃社区文化、开展便民服务、化解社会矛盾、整合社区资源、提供公共服务等的重要作用。同时，顺义区社区社会组织发展中还存在组织结构不合理，运行机制不健全；组织管理不规范，监管制度不完善；法律地位不明确，培育扶持不到位等问题，针对这些问题，下一步要加强规范管理，引导规范运行；积极培育扶持，推进健康发展；实施分类指导，促进科学服务。

* 巩维国，于2008年10月~2013年5月任顺义区委社会工委书记、区社会办主任，本文刊载于《顺义调研》2012年第27期。

关键词： 顺义　社区社会组织　社区建设

社区社会组织是伴随着社区功能的逐步完善而发展起来的一种新型的群众组织，是以本社区成员为主体、本社区区域为主要场所，以满足社区居民的不同需求为目的，遵守国家法律法规，尊重社会公德，以自我管理、自我教育、自我服务、自我娱乐为主要活动而自发形成的非营利性、公益性或互益性的群众团体或组织。在丰富社区文化生活、提供社区服务、促进和谐社区建设、构筑社区居民与政府的联系桥梁中发挥着积极的作用。由于“草根组织”源于民间，人员散杂、组织松弛、管理粗放，难以很好地形成团体的力量。因此，如何加强社区社会组织的建设管理，切实发挥好社区社会组织的作用，把和谐社区建设推向更高层次，成为摆在我们面前的一个突出问题。

一　顺义区社区社会组织的基本情况

顺义区 6 个街道共有社区社会组织 628 个，根据各社区社会组织职能不同，大体分为 10 大类，其中：文娱类 127 个，体育健身类 36 个，科教宣传类 22 个，社区服务类 92 个，志愿公益类 80 个，治安民调类 73 个，环境保护类 93 个，物业管理类 12 个，医疗计生类 35 个，共建发展类 58 个。从备案的情况看，目前在街道完成备案的有 415 个；从活动场所来源情况看，基本都是利用公共场所或街道、社区无偿提供场所开展活动。

二　社区社会组织在社区建设中的作用

近几年来，随着顺义区城乡社区建设的不断深化，社区社会组织也得到一定的发展，已成为整合社区资源、维护社区稳定、促进社区精神文明建设、服务居民群众、推进和谐社区建设的一支新生力量。

（一）活跃社区文化，丰富居民生活

双丰街道的国学经典系列大讲堂，每周二为群众提供学习与交流的平台；梨园戏曲班每周组织四次器乐戏曲演唱活动，且多次参与社区新春大拜年、红歌大赛、五月鲜花文艺汇演等社区服务活动；旺泉街道的西辛北社区合唱团、铁十六局社区秧歌队、西辛社区太极剑队等群众业余文体队伍，全年组织文艺演出 160 余场次，在花会比赛、二月新春、五月鲜花等活动期间集合演员 500 多人，吸引观看群众近 7000 人次，极大地丰富了居民的业余生活。

（二）开展贴心服务，便利居民生活

双丰街道的书法小组成员义务为社区居民写春联。石园街道的“80 后”义工社立足社区，以人为本，打造“亲情式服务”，在小区内开展免费上门电脑维修、远程维护；为社区流动人口免费登记简历，提供就业咨询；为新生儿免费拍摄并冲洗证件照，方便家长为新生儿上一老一小保险；制作并发放 1600 个印有日常紧急电话、便民服务电话以及温馨提示的收纳袋；长期为弱势群体提供多项服务达 1800 多人次。

（三）化解社会矛盾，维护社区稳定

胜利街道的平安志愿者巡逻队在奥运会、花博会、国庆 60 周年等重大敏感时期安保工作及社区日常守护巡逻中发挥了重要作用。巡逻队支持配合街道、居委会在消防、卫生、安全、治安等方面隐患的排查工作，真正做到了“街巷楼群有人巡、矛盾纠纷有人解、重要部位有人看、重点人员有人控、突出问题有人管、敏感时间有人报”。2011 年下半年，由志愿者发现报告的安全隐患苗头 45 人次，提供治安刑事破案线索 25 人次，劝退清理小商贩 58 人次，清除小广告 250 人次，调解矛盾纠纷 88 人次，发现并举报违法建筑 43 处，配合居委会排除楼道堆积物等各类安全隐患 580 处，有效维护了社区正常秩序，促进了社区和谐稳定。

（四）整合社区资源，推动社区共建

光明街道的社区社会组织广泛开展军民共建、校民共建、企民共建以及结队共建等多种形式，如“八一”建军节期间与部队官兵进行文艺汇演，重阳节期间与地产公司共办“孝满天下、浓浓敬老情”活动，通过共同举办活动的形式进一步加强社区社会组织与其他企事业单位相互融合，全面推动社区共建。空港街道的养犬自律会联系520宠物国际医院，经常深入社区开展文明养犬公益活动，有效利用社区资源成功举办了两届“宠物秀”活动。

（五）提供公共服务，减轻政府压力

胜利街道的30支为老服务队长期坚持为社区空巢、独居等老人提供义务理发、家政、维修等各种服务，并与空巢老人组成一对一的帮扶组，在社区内形成敬老服务网络，基本实现了60岁以上老人居家养老助残全覆盖。光明街道的就业促进会，通过整合和利用辖区资源，充分发挥其信息沟通传递功能，积极做好社区下岗失业人员的岗前培训、再就业推荐以及帮扶救困等工作，在一定程度上减轻了政府的就业压力。

三　顺义区社区社会组织存在的主要问题

总体上看，顺义区社区民间组织还处于初级发展阶段和粗放型管理阶段，在组织结构、规范管理、培育发展等方面还存在一些突出的问题。

一是组织结构不合理，运行机制不健全。从结构上看，社区社会组织还存在结构不合理的现象，有些类型数量相对不足，有些类型数量相对集中。如文体活动类社区社会组织有163个，占总数的26%；慈善公益类社区社会组织有24个，仅占总数的3.8%，数量偏少。社区民办非企业单位主要集中于幼儿园、小饭桌等行业，规模小，层次低；在社区社会团体中，文体活动类占绝大多数，传统型的多，高层次、现代服务型的少。从机制上看，

社团类社区社会组织大多数没有专职的工作人员和规范的活动场所。多数社区社会组织自治程度不高，没有完善的章程，没有健全的组织机构或组织机构工作力度不强，无法形成灵活的、健康的、具有活力的运作机制。因此，不少组织实际上处于自发无序、松散无力的状况。

二是组织管理不规范，监管制度不完善。我们对社区社会组织进行了备案管理，但由于社区社会组织普遍规模小、作用有限，社会上对社区社会组织在构建和谐社会中的重要性及民主政治进程中的必要性认识不足，因此备案的随意性大。同时，很多社区社会组织的负责人都是临时兼任，对组织的建设管理没有长远的打算，对组织的管理发展缺乏主动性、针对性，加之监管机构的力量严重不足，街道层面没有社区社会组织管理这项职能，一些社区的社会组织培育发展和登记管理还处于自发状态。有的虽然在形式上也做了备案，但不是很规范，常常出现应备案的没备案，已消亡的没清理的现象，管理工作总体还处于粗放型状态。

三是法律地位不明确，培育扶持不到位。多数社区社会组织不具备法人条件，没有独立的民事主体资格，不能建立有效的内部治理结构，按照现行法律法规，社区社会组织的法律地位不明确，无法承接用于培育扶持社会组织发展的项目资金，街道、社区居委会又没有相应的资金来源对其进行支持，很大程度上制约了社区社会组织作用的发挥和进一步的发展。从目前社区社会组织的运作情况看，影响其作用进一步发挥的主要问题是资金和场地。一些热心人士在社区社会组织活动中，不仅付出脑力、精力，还要贴财力，组织的活动虽然群众喜爱，但是迫于资金和场地限制，难以扩大受益面。

四　加强社区社会组织建设管理的对策与建议

当前，顺义区各类社区社会组织尚在发育起步阶段，还有许多工作要做。从社区民间组织的自身来讲，还存在职责不清、功能不全，力度不强、后劲不足的问题，距离独立而有效地承担起社区相应的工作还有一定差距。要解决这些问题，还应坚持“积极发展、加强管理，有序推进”的原则，按照“加强规范管理，积极培育扶持，实施分类指导，促进科学服务”的建设管理思路，把社区社会组织建设成为能够“整合社区资源，维护社区稳定，活跃社区文化，推进社区和谐”的一支新生力量。

（一）加强规范管理，引导规范运行

“规范”主要是帮助健全组织、理顺关系、搭好平台。加强对社区社会组织的规范化管理，是要将社区社会组织纳入法制化管理。按照顺义区社区社会组织的特点，可实行“一级登记、两级备案、三级管理”的管理模式。“一级登记”就是对于基本符合《社会团体登记管理条例》和《民办非企业单位登记管理暂行条例》规定条件的，由区民政局统一登记；“两级备案”就是对于尚不符合登记条件的，实行由社区居委会初审、报街道办事处备案的制度；“三级管理”就是形成以区社会办、区民政局为主导、街道办事处为主管、社区居委会为主体的三级管理模式。

一是规范管理途径。作为主管的街道层面成立社区社会组织联合会，主要负责区域内社会组织的培育发展和服务管理，并从满足居民需求、服务社区建设、完善社区自治出发，坚持服务与管理并重，推动社会组织在整合社区资源、维护社区稳定、活跃社区文化、化解社会矛盾、推进社区和谐等方面发挥作用，不断满足社区居民多元化需求，促进社会主义和谐社区建设。

二是规范党建工作。在社区社会组织联合会中建立党的组织，党组织书记由街道党工委委派，并隶属于街道党工委领导；社区社会组织中有3名以上党员的建立党小组，并在社区党支部的领导下开展工作，不足3名党员的全部纳入社区党支部管理，确保党对社会组织的政治领导和社区社会组织发展的正确方向。

三是规范备案名称。社区社会团体的名称由“行政区划名称（区）+街道（镇）名称（+社区名称）+业务范围的反映+社团性质的标识名称”组成；社区民办非企业单位的名称由“行政区划名称（区）+街道（镇）名称（+社区名称）+字号+行业或业务领域+组织形式”组成；具体的名称可由举办者根据活动内容确定。

四是规范备案程序。举办者或负责人要提出书面申请，认真签署《备案章程》，如实填写《备案表》；社区居委会要根据备案的范围和条件进行初审，并在《备案表》上签署意见；社区社会组织联合会负责审定并签署备案意见；区民政局根据联合会的意见颁发《备案证书》。《备案证书》应由区民政局统一印制颁发，并积极探索管理服务的合理体系及其有效形式，逐步将社区社会组织引入规范运行的轨道。

（二）积极培育扶持，推进健康发展

社区社会组织源于社区，其发展壮大也离不开社区。因此，培育和发展社区社会组织要始终以满足群众日益增长的需求为出发点和落脚点，加大资金投入力度，着力培育满足社区居民各类需求的、具有强大生命力和发展空间的社区社会组织。

一是建立专项资金。为保障联合会的正常运行和区域内社会组织的活动开展，区财政应按政府购买“枢纽型”社会组织管理服务（联系 30 家以上社区社会组织支持 15 万元）及每个社区社会组织每年支持 1 万元（每个社区支持 10 个社会组织）预算提供专项资金。同时，联合会要积极组织区域内社会组织申报市、区购买社会组织的服务项目，积极协调社区共驻共建单位的资金资助。专项资金主要用于联合会履行职能职责、培育发展社区社会组织，组织区域内社会组织在维护社区稳定、化解社会矛盾、活跃社区文化、促进社区和谐方面开展活动、发挥作用等。

二是规范资金使用。专项资金实行项目化运作，并作为引导资金，以“以奖代补”的形式对社区社会组织进行支持，每年由社区社会组织联合会根据社区需求，组织区域内社会组织进行项目申报，拟定开展活动的意向安排，经区社会办组织第三方专业评审后提出支持资金意见，联合会根据活动开展情况和活动的实际效果对社会组织进行资金支持或奖励。

三是强化资金管理。专项资金实行专款专用、专项核算，联合会要按照国家相关的财经法规建立健全内部财务管理与会计核算制度，每年向理事会提交财务预决算报告并按规定进行审批。区社会办每年要会同相关部门对联合会的资金使用情况和项目完成情况进行检查审计，区财政局每年对联合会的资金使用情况进行绩效考评。各街道要按照相关要求对经费使用情况进行监督，在发现资金使用过程中有弄虚作假、截留、挪用等违反资金使用管理相关规定的行为时，要立即采取措施，构成违法犯罪行为的，按照有关法律、法规处理。

（三）实施分类指导，促进科学服务

社区社会组织涉及领域广泛，功能作用不同，表现形式不一，要研究不同类型社区社会组织的形态、特点、规律，区别不同情况，实施分类指导。总体上要实行“规范活动类、发展救助类、壮大服务类”的分类指导原则。主要是：对于有良好“造血功能”的民办实体机构，由于其服务对象有一定的经济基础，通过服务收费或其他渠道就能够大体满足简单再生产的需要，政府可给予适当的政策引导（如在房屋租赁、场地使用、设施配备等方面给予适当的资金补助）；对于运作成本比较低的文体娱乐活动类社团组织，如腰鼓队、秧歌队、棋牌协会等，政府可在活动场地、经费方面给予适当支持；对于慈善救助类组织，其服务对象主要是困难群体，服务也是无偿或低偿的，很难通过服务收费来维持其正常运行，对于这类组织，政府可适当给予资金和资源的支持。要建立社区社会组织服务平台，积极为社区社会组织提供公共服务信息发布、政策咨询、培训交流等服务，促进社区社会组织与政府部门、社会各界的交流与合作。要抓好社会组织典型培育，在各行业树立一批治理结构完善、管理运行规范、诚信自律的典型，为社区社会组织发展与完善树立榜样，打造顺义品牌。要加强对社区社会组织从业人员的培训，培训对象根据社区社会组织的发展需要确定，区社会办、民政局共同做好教育培训工作。培训内容要注重社区社会组织的普遍需求，解读政策法规，沟通相关信息，解决实际问题，为社区社会组织健康发展服务。

B.7

顺义区街道管辖社区物业管理的现状及对策建议

张友生 *

摘　要： 本文总结了顺义区街道管辖社区物业管理的现状，包括了政府直管社区、物业管理社区、物业管理试点社区、单位（属地）自管社区四种类型，并分析了这四种类型的物业管理存在的主要问题，结合这些问题，提出了加强顺义区物业管理工作的对策及建议，包括研究制定物业管理意见、规范物业服务市场、分类推进物业服务市场化、建立市场化的收费机制、建立对物业服务企业的奖励扶持机制、加强业主与物业服务企业之间的沟通、加强物业管理法律法规宣传等。

关键词： 顺义　社区　物业管理

自20世纪90年代末顺义区开始引入“物业管理”参与社区建设以来，经过近20年的发展历程，物业管理这种服务管理模式已经被大多数居民所认可，并在社区环境建设、治安维稳等工作中发挥着重要作用。但随着社区居民对物业服务需求的不断提高、物业服务成本的不断上涨以及部分社区基础设施的日益老化，社区居民对物业服务的满意度明显下降，社区居民与物

* 张友生，于2013年5月~2014年10月任顺义区委社会工委书记、区社会办主任，本文刊载于《顺义调研》2014年第15期。

业服务企业之间的矛盾日益显现，影响了社区居民的生活质量及和谐社区建设。针对当前物业管理工作中存在的问题，区社会办对全区街道管辖社区物业管理现状进行了摸底和调研，就如何加强和完善社区物业管理工作提出一些对策与建议。

一　顺义区街道管辖社区物业管理现状

目前，顺义区 6 个街道管辖社区共 71 个（除太平、前进社区），其中政府直管社区 12 个，物业管理社区 49 个，物业管理试点社区 3 个，开发建设单位（属地）自管社区 7 个。各社区共成立业主委员会 12 个（主要在别墅区）。具体情况有以下几点。

（一）政府直管社区（12个）

全区共有政府直管社区 12 个，分别是光明街道幸福东区，胜利街道建南一、建南二、建北一、建北二、建北三、胜利小区、幸福西街，石园街道石园东区、石园西区、五里仓一、五里仓二社区。

（二）物业管理社区（49个）

全区共有 49 个社区实施物业管理，由 82 家物业服务企业提供服务。

（三）物业管理试点社区（3个）

胜利街道义宾南区、义宾北区和双兴南区。

（四）单位（属地）自管社区（7个）

其中由开发建设单位负责管理的社区 5 个，分别是光明街道双拥社区、东兴三社区，胜利街道义宾街社区，石园街道燕京、轻汽社区；由属地负责管理的社区 2 个，包括石园街道石园南区和旺泉街道前进花园社区。

（五）业主委员会成立情况

全区共成立业主委员会12个，分布在空港街道天房一社区的丽喜花园、丽斯花园、天竺花园，天房二社区的欧陆苑、优山美地、莱蒙湖，莲竹花园社区的米兰花园，双龙源社区的龙湾别墅，三山新新家园社区的水青庭；双丰街道富力湾社区的龙苑别墅；胜利街道龙府社区；旺泉街道牡丹苑社区。

二　当前街道管辖社区物业管理存在的主要问题

（一）政府直管社区存在的主要问题

区12个政府直管社区共256栋居民楼，其中245栋居民楼及社区内的环境、设施等“物业服务”工作由市政部门承担，包括：社区环境卫生、绿化、水电气暖维修、外墙保温改造以及道路硬化等；有11栋居民楼因原建设单位仍然存在，不在直管范围之内，由建设单位负责日常管理和服务工作。这类社区主要存在以下四个问题。一是同一社区内服务水平不同。由华厦集团、铁十六局一处、供销社、邮政局、公路三段等单位自管的11栋居民楼内卫生保洁、管线维修改造等日常服务工作由各单位负责提供，而这些单位普遍没有物业管理部门，无法提供及时、专业的服务。二是基础设施维修周期长。由于政府直管社区的基础设施维护、维修工作普遍采取按计划、分批次的方式实施，很多社区的道路破损、休闲桌椅损坏等需要等待很长时间，特别是管线老化等问题无法得到及时解决。三是保洁人员数量不足。一般每个政府直管社区的保洁人员为7～8名，负责15～20栋居民楼及社区道路的保洁工作，劳动强度大、工资待遇低，工作质量无从保证。四是安保服务欠规范。社区保安人员年龄普遍偏大、人员流动快、责任心不强，保安工作形同虚设。

（二）物业管理社区存在的主要问题

已经实施物业管理的49个社区，物业服务管理水平参差不齐，且普遍存在运营困难、服务质量下降等问题。一是属地职责难履行。“三定方案”规定街道办事处负责指导、监督、检查小区物业管理，但除空港街道以外，各街道办事处不参与物业服务企业的考核和资质评定，因此在实际工作中很难形成有效的监管。二是物业管理模式多样化。实施物业管理的社区中，普遍存在一个社区由多家物业公司管理、单位自管与物业管理并存、属地管理与物业管理并存等多种模式。物业管理模式的多样化也带来物业服务的差异化。例如，在全区开展的老旧小区外墙保温、节能窗改造工作中，旺泉街道的铁十六局社区就不在改造范围之内。三是物业公司管理不到位。鉴于物业服务行业普遍面临物业费收缴标准低以及收缴比例低等难题，物业服务企业顾及服务管理成本，难以提供优质的服务，导致服务水平下降。四是物业管理区域划分欠规范。按照《北京市物业管理办法》规定，“物业主要配套设施设备和相关场地共用的，应当划分为一个物业管理区域”，但在光明街道的东兴三社区，仅 16 栋居民楼就有 1 个物业公司和 5 家社会单位在分别管理，物业服务管理不规范的问题比较突出。五是普通商品住宅小区物业服务企业普遍面临亏损难题。造成物业服务企业亏损的原因主要包括：收费标准低、物业费收缴比例低、服务成本和人工成本提高等。例如，旺泉街道西辛社区、宏城花园社区，双丰街道马坡花园一区、马坡花园二区等社区的物业费收缴标准长期保持在 0.35 元/平方米至 0.7 元/平方米的水平，物业服务企业很难营利，物业服务企业运营困难必然导致服务水平下降和物业费难收缴，由此形成连锁反应和恶性循环。物业费收缴比例低。近期，各街道办事处对全区近 80 家物业服务企业 2013 年运营情况进行了调查摸底，统计数据显示，48.8% 的物业服务企业物业费收缴比例在 80% 以下，物业费收缴难已经成为物业管理工作中较为突出的现象和问题。此外，物业服务成本提高也是造成物业服务企业运营困难的一个重要原因，即使像万科这样物业费收缴比例在 99% 的物业公司，2013 年的亏损额也在 80 万元左右。六是居民思想观念难转变。部分小区居民享受惯了福利管房的种种好处，对物业服务有抵触情绪，不愿缴纳物业费；回迁小区的居民更是不愿缴纳物业管理费用，大多数回迁小区的物业费都由原村委会负责缴纳。

（三）物业管理试点社区存在的主要问题

从2008年开始，顺义区先后在胜利街道义宾南区、义宾北区、双兴南区进行物业管理试点工作，但居民抵触情绪较高，不愿缴纳物业费，物业费收缴比例仅为2%至3%。目前，3个试点社区运行已经6年，每年区政府和区住建委都要投入大量资金用于基础设施维护和改造，扶持物业服务企业的发展。

（四）单位（属地）自管社区存在的主要问题

单位（属地）自管的社区服务水平较差，例如胜利街道义宾街社区主要管辖铁东路西侧的平房区，属铁路部门产权，该社区既无物业也无保洁，仅靠居民志愿者清扫，且此区域与大市政衔接不畅，经常出现卫生脏乱、污水外流等现象。

三　加强顺义区物业管理工作的对策及建议

物业管理是一项关系民生、面向千家万户的系统工程，工作绩效和服务质量直接影响着人民群众的切身利益。在前期调研的基础上，我们针对顺义区物业管理工作面临的各种困境以及存在问题，提出以下几点建议。

（一）研究制定物业管理意见

区相关职能部门要在充分调查、广泛征集意见的基础上，结合多种物业模式并存、居民物业消费意识和能力不强的特点，围绕物业服务收费标准、服务内容以及发挥街道、社区的综合协调作用等问题研究制定符合区域实际的物业管理意见，进一步明确相关主管部门、街道办事处、社区、建设单位以及物业服务企业的职责，从体制上厘清各部门之间的关系，进一步加强和完善物业管理工作。

（二）规范物业服务市场

提高物业管理市场的准入门槛，努力引入物业管理的市场竞争机制；加强物业管理市场整顿，对不具备物业服务资质、不按规定提供物业服务的企业，坚决吊销执照，注销上岗资格证书，维护良好的市场秩序。规范划分物业管理区域，对多家物业服务企业共同提供物业服务以及物业管理与单位自管并存的社区实施统一、规范的物业管理。建立属地政府参与物业管理检查考核工作机制，加强属地对物业服务企业的监督与指导。

（三）分类推进物业服务市场化

根据不同社区情况和推向市场化运作的难易程度，结合区政府关于社区物业管理的相关配套政策，将全区的社区划分为几个类别，制定出各类社区推进物业服务工作的时间进度表和物业服务模式。对于政府直管社区，采用“先改造，后转型”的方式推进物业服务市场化；对于物业服务区域划分不规范的社区，对物业服务区域进行规范和整合，选聘具备资质的物业服务企业提供服务，提高物业服务水平；对于目前村级资产没有分配的社区，采取居民按标准缴纳物业服务费，村级资产给予适当补贴过渡的方式，逐渐培养居民“花钱购买物业服务”的意识。同时，通过教育培训、宣传引导、开展文体活动等各种方式促进居民转变观念，逐渐引导和培养居民对购买物业服务的认同。

（四）建立市场化的收费机制

鉴于目前物业收费矛盾凸显，尤其是普通商品住宅小区物业收费标准低已经严重影响物业服务企业正常运行的现状，应实施分类指导，分等定级收费，做到公开合理、质价相符，协助物业服务企业摆脱长期亏损的现状。

（五）建立对物业服务企业的奖励扶持机制

针对全区物业服务企业大多亏损的实际，应当采取适当调整物业服务收费指导价，减、免、缓税费，政府给予适当补贴等办法，扶持物业服务企业发展；对于刚刚起步的物业服务企业的发展提供支持，运用财政、税收、价格等杠杆为其发展提供必要的支持，增强物业服务企业的发展动力和活力。

（六）加强业主与物业服务企业之间的沟通

在没有成立业主委员会的社区，依托社区居委会，积极搭建居民与物业服务企业沟通交流的平台，主动了解居民诉求，及时化解物业纠纷和矛盾；推行物业服务公示制度，组织和督促物业服务企业将服务内容、服务标准、服务费用、服务电话等事项进行公开公示，促进企业实现标准化服务、规范化经营。

（七）加强物业管理法律法规宣传

物业主管部门和物业服务企业应充分利用新闻媒体、行业媒体、社区宣传阵地等载体，深入宣传《北京市物业管理办法》等有关法律法规，总结推广物业服务行业好的做法和成功经验，提高企业的诚信度和公信力，营造全社会共同关心、支持、参与社区物业管理的良好氛围，推动整个物业服务行业健康、有序发展。

B.8
加强顺义区城市社区分类治理的几点思考

张守旺*

摘　要： 本文分析了顺义社区的基本情况及现状特点，有社区居民群体存在较大差异、社区基础设施新旧程度不同、物业管理水平存在差异等三大特点，总结了顺义区在社区分类治理方面开展的工作，包括加强老旧小区软硬件建设、创新回迁小区服务管理方法、提升商品房小区服务管理水平、探索别墅区服务治理新模式等，在此基础上，分析了社区分类治理工作存在的问题，提出了进一步加强社区分类治理的建议。

关键词： 顺义　社区　分类治理

党的十八届三中全会指出，创新社会治理，必须着眼于维护最广大人民根本利益，最大限度地增加和谐因素，增强社会发展活力，提高社会治理水平，全面推进平安中国建设，维护国家安全，确保人民安居乐业、社会安定有序。社区作为城市社会的基本单元，是社会治理的“基石”。为进一步提升顺义区社区治理能力，区社会办在工作实践中不断地总结经验、深入探索，对开展社区分类治理进行了认真的研究和思考。

---

* 张守旺，于2014年10月~2016年3月任顺义区委社会工委书记、区社会办主任，本文刊载于《顺义调研》2015年第7期。

一　顺义区社区基本情况

顺义区现有99个社区，分别成立于20世纪80年代至今的30年，社区居民组成结构、基础设施情况和物业管理现状等各个方面都存在一定的差异。根据建成年代、居民组成、小区规划等要素进行分类，顺义区城市社区大致可分为四个类型：一是老旧小区，如幸福西街、建新南区等社区，主要分布在胜利和石园两个街道；二是回迁小区，如三山新新家园社区、港馨社区等，主要分布在空港和石园两个街道；三是商品房小区，如宏城花园、金汉绿港等，分布在顺义区各街道；四是别墅区，如天房一社区、天房二社区、富力湾社区等，主要分布在空港和双丰两个街道。

二　顺义区城市社区的现状

（一）社区居民群体存在较大差异

一是老旧小区。居住人群多为区内行政、事业单位、国有企业老职工，年龄相对较大，对社区为老服务需求较高，对社区的认同感较强，参与社区建设的积极性较高。二是回迁小区。居住人群多为近十多年因快速城市化发展形成的“农民上楼”群体，生活习惯方面仍然留有很浓重的农村色彩，对社区的认同感较弱。三是商品房小区。居住人群多为在职年轻人员，知识层次较高，对社区的认同感较弱，参与社区建设的积极性较低。四是别墅区。居民多为高学历、高收入人群，对个人隐私、居住环境要求较高，对社区的认同感较弱，参与社区建设的积极性较低。

（二）社区基础设施新旧程度不同

老旧小区建成年代较早，道路、市政管线等基础设施老化比较严重，物

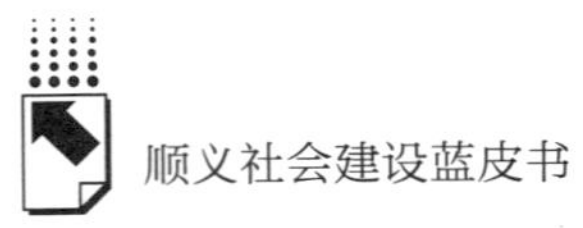

业自身解决的能力较弱。商品房小区与别墅区由于建成时间较晚，目前基础设施比较新，大部分问题物业能自行解决。

（三）物业管理水平存在差异

老旧小区和回迁小区居民因缺乏物业消费意识，物业费收缴比例较低，物业服务企业普遍反映入不敷出，物业服务水平相对较差；商品房小区及别墅区居民在入住之初就形成了物业消费的意识，物业费收缴比例较高，物业服务水平较好。

三　顺义区在社区分类治理方面开展的相关工作

（一）加强老旧小区软硬件建设

（1）实施老旧小区社区用房升级改造工程。根据全市统一部署，顺义区从 2010 年起通过购买、新建、改扩建等方式，为老旧小区解决社区办公和服务用房紧缺问题。截至 2014 年底，全区老旧小区社区办公和服务用房得到有效解决，极大改善了社区办公和居民室内活动条件。

（2）实施老旧小区综合升级改造工程。2013 ~ 2014 年，顺义区对滨河一区、滨河二区，石园东区、石园南区、石园西区、双裕社区、东兴一区、东兴二区、东兴三区、幸福东区、义宾南区、义宾北区等社区进行综合升级改造，改造内容包括外墙保温、外窗改造、热计量改造、小区环境治理等，立项资金达 9. 32 亿元，综合升级改造工程的实施使老旧小区的面貌得到了极大改善。

（3）开展老旧小区自我服务管理试点工作。随着老旧小区社区办公和服务用房等基础设施水平的不断提升，顺义区从 2012 年起，在 23 个社区开展老旧小区自我服务管理试点。在共驻共建、创新服务品牌和居民自治等方面进行了不断的探索和尝试，在一定程度上缓解了老旧小区服务意识欠缺、文化活动匮乏、居民参与意识不强等问题。

（二）创新回迁小区服务管理方法

（1）加快回迁小区建居步伐。在全市率先出台了《顺义区关于居民小区建立社区居民委员会工作的意见》，为全区新建小区建立社区居委会工作提供了有力的政策支撑。此外，提出了三项创新举措：分类明确小区建居主体责任，规定了回迁小区建立社区居委会的主体责任；各职能部门在规划、会商、验收、移交、备案等环节实现工作联动；制定居民小区建立社区居委会督察制度，对未建立社区居委会的纳入区政府定期督察项目，限期建立。

（2）扶持社区社会组织。针对回迁村民相互熟识、联系紧密的特点，鼓励有共同兴趣爱好的社区居民组成“合唱团”“秧歌队”等文艺骨干队伍，通过社区社会组织开展丰富多彩的文体活动，丰富居民的精神文化生活，提高居民的文明程度，同时将上楼村民的民心继续凝聚在一起，促进社区和谐稳定。

（3）开展专项调研。委托顺义区绿港社工事务所开展顺义区农民拆迁户居住情况调研，形成《顺义区农民拆迁户“集中居住”调查报告》，为区委、区政府决策提供参考依据和对策建议；开展顺义区回迁小区公共服务设施情况调研，对回迁小区的基本情况和公共服务设施现状进行调查和分析，为进一步规范和完善回迁小区公共服务设施配置，健全社区服务网络奠定基础。

（三）提升商品房小区服务管理水平

（1）推进“一刻钟社区服务圈”建设。制作“一图一册”，即“一刻钟社区服务圈”平面示意图和“一刻钟社区服务圈”便民服务手册，通过“一图”让“一刻钟社区服务圈”内的居民清楚地看到去哪里办事、去哪里享受服务，通过“一册”让居民明确地知道“一刻钟社区服务圈”内都能办什么事、怎么办事，“一图一册”的广泛应用有效地整合了社区服务资源，极大地提升了社区居民的生活便捷指数。

（2）加大社区社会组织的培育。先后制定了《顺义区关于社区社会组织联合会的暂行管理办法》《顺义区社区社会组织专项支持资金使用暂行办法》《关于进一步规范社区社会组织联合会及社区社会组织建设的指导意见》，对联合会的工作领域、职能职责、工作机制、资金使用与管理等各个方面进行明确规定，并通过项目化运作或以奖代补的方式对社区社会组织发展提供资金支持，重点培育志愿服务类、社区服务类、慈善公益类及文体活动类社区社会组织。

（3）推进社区规范化示范点建设。全面梳理社区服务站服务项目，规范服务制度和办理流程，设置专职岗位对接在职党员回社区活动，明确社区志愿服务接待岗位，将社区服务站打造成为规范、便捷、高效的服务窗口。

（四）探索别墅区服务治理新模式

（1）开展国际化社区创建活动。针对部分别墅区涉外机构多、外籍人员多的实际情况，积极探索国际化社区服务管理模式。为国际化社区制作双语门楣、导引牌，方便外籍居民的生活，让更多的外籍居民认识社区服务站、认可社区服务。

（2）广泛开展中外文化交流活动。探索别墅区核心文化建设，开展“外国人过中国节”等独具特色的中外文体活动，加强文化交流与融合，增强外籍人员对社区的认同感和归属感。

（3）推行“管家”式服务模式。即每10户、20户或30户业主设1名“管家”，向居民发放24小时便民服务联系卡，为居民提供维修、保安、保洁、绿化、车辆管理等常规性服务项目，提供商务、信息、秘书、庆典、家居等特约服务项目。

四　社区分类治理工作存在的问题

经过近几年工作的开展，顺义区社区分类治理工作取得了一定效果，社区环境得到了明显改善，社区居民的满意度得到了有效提高。但是，由于涉及部门多、社区基础条件参差不齐等原因，开展社区分类治理工作仍存在一定的问题：一是社区分类治理的思想认识有待进一步提高；二是社区分类治理方式有待于进一步改进。

五　进一步加强社区分类治理的建议

（一）老旧小区

在老旧小区，以设施改造为基础，以居民自治为核心，以居民需求为导向，深入推进“老旧小区自我服务管理”。一是有序推进老旧小区基础设施改造。推动老旧小区基础设施改造工程纳入区重点工程、便民工程项目，有序推进老旧小区基础设施改造工程，为老旧小区居民营造良好的居住环境。二是建立老旧小区应急资金。在老旧小区较集中的街道设立专项应急资金，列入街道年度预算，用于解决老旧小区基础设施、市政设施出现的紧急情况和突发事件。三是加强“居规民约”建设。通过“居规民约”修订工作，把居民动员起来，引导他们参与到所在社区的制度建设当中，培养居民遵守规则、尊重契约的意识，为社区和谐稳定奠定基础。四是加强为老服务。针对老旧小区居住群体年龄较大这一特点，增加老年餐桌、增设养老床位、探索适应本社区居民需求的社区服务体系。五是改变共驻共建传统模式。在政府直管的老旧小区，创新共驻共建结对模式和帮扶模式，突破地域限制，将政府直管小区原产权单位纳入社区共建单位；改进传统的资金帮扶、志愿服务帮扶模式，建立起政府直管小区社区党组织与原产权单位协商议事机制，共同协商解决老旧小区设备老化、设施维护、绿化美化等相关问题。

（二）回迁小区

顺义区回迁小区的居民以回迁村村民为主，近年来部分符合交易政策的回迁房屋开始通过市场进行交易，很多城市居民进入回迁小区居住。针对这种情况，我们认为回迁小区应以引导村民转变生活观念、加强睦邻友好以及完善城市社区服务为主要工作方向。一是引导村民尽快融入城市生活，倡导文明的生活方式，改变遗风陋俗。通过宣传教育、社区活动等方式帮助回迁村民建立起消防安全意识、节能环保意识、文明养犬意识等城市生活理念，尽快帮助其实现从“村民”向“市民”的转变。二是促进邻里和谐，通过丰富多彩的社区活动拉近“回迁村民”与“城市居民”之间的距离，通过定期开展志愿服务活动帮助社区困难群众解决生活困难，增进社区居民之间的感情，建立良好的睦邻友好关系。三是开展就业指导服务。根据回迁小区居民的就业需求和年龄层次，积极为他们提供就业信息，开展就业培训，增加回迁小区居民的就业机会。四是加快回迁小区“建居”步伐。在回迁小区入住初期，尽快建立起社区党组织、社区居委会、社区服务站等社区组织，满足居民的社区服务需求，解决“城市居民”子女就近入托、入学手续办理方面的难题。

（三）商品房小区

在商品房小区，以规范社区服务站建设，发展社区文化，开展服务品牌创建为主，全面提升社区服务水平。一是规范社区服务站建设。规范服务制度和办事流程，提高社区服务站工作人员的服务质量和服务效率，为社区居民提供高效、优质、贴心的服务。二是发展社区文化。根据本社区居民的年龄结构、职业特点和兴趣爱好，逐步形成适合本社区需求的文化项目，形成具有本社区特色的社区文化，逐步凝聚社区人心。三是推进“一区一品”建设。在商品房小区，以社区居民的需求为导向，因地制宜地开展社区品牌创建活动，形成各具特色的社区服务品牌，提升社区服务水平；充分发挥社区服务品牌的示范效应，对典型经验和优秀案例进行宣传推广，提升顺义区社区建设的整体水平。

（四）别墅区

在别墅区，以提供优质服务、营造文化氛围为主，逐步加深居民对社区的认同感和归属感。一是以“委托式物业管理”为依托，加强社区物业管理。通过制定区级层面物业管理办法，推进物业服务企业运营规范化。二是以文化为纽带，搭建园区住户相互熟识的平台。通过丰富多彩的社区活动让中国住户感觉更加温馨，让外国住户了解中国传统文化，增强居民对社区的归属感。三是以沟通为渠道，引导居民积极参与社区治理和社区建设。适应别墅区居民的生活习惯和思维方式，创新服务方式，采用社区网站交流、业主座谈、满意度调查等模式，加深与别墅区居民的沟通，引导他们积极为社区建设建言献策、贡献力量。

B.9
加强和创新顺义区社会治理的对策与思考

王学武*

摘　要： 顺义区委、区政府提出加快推动社会建设向共建共享转型升级，推动社会建设进入创新治理、深化服务新阶段的要求。与社会管理相比，社会治理的针对性更强，强调问题导向，强调主体多元、分合衔接、协商共治。社会治理可分依法治理、以德治理、依学治理三个层面，相对应的是底线标准、中线标准、上线标准。本文针对当前顺义区社会治理的现状，提出了推进依法治理、以德治理、依学治理有机结合，发挥村（居）规民约在创新基层治理中的作用、健全居民自治的引导和支持机制、加快社会组织培育发展等对策建议。

关键词： 社会治理　依法治理　以德治理　依学治理

党的十八届五中全会提出了“加强和创新社会治理，推进社会治理精细化，构建全民共建共享的社会治理格局”要求。适应社会治理新形势，顺义区委、区政府提出加快推动社会建设向共建共享转型升级，推动社会建设进入创新治理、深化服务的新阶段的要求。在全面建成小康社会决胜阶

* 王学武，于2016年3月~2017年12月任顺义区委社会工委书记、区社会办主任，本文刊载于《顺义调研》2017年第23期。

段，我们必须进一步加强和创新社会治理，全面增强顺义居民的获得感和幸福感。

一 对社会治理的认识与思考

社会治理与社会管理有许多相同之处，但两者也有很大的区别。一是社会治理的针对性更强，强调问题导向，针对一定的问题进行治理；二是社会治理主体多元，不是政府一家主体去治理，而是充分发挥社会自治组织、社会组织、社会单位和广大群众的作用，共同推进社会治理，形成“党委领导、政府负责、社会协同、公众参与、法治保障”的社会治理新格局；三是社会治理强调分合衔接，社会现代化是一个社会不断分化的过程，要逐步实现政企分开、政社分开、政事分开，建立和完善现代企业制度、现代社会组织体制和服务型政府，在推进“职责分开”的同时，坚持党组织的政治领导核心地位，坚持党和政府对各项工作的主导、协调职责，使社会分化与社会整合相互结合、相互衔接；四是协商共治，在社会治理过程中要充分发挥协商民主的作用。

社会治理可分依法治理、以德治理、依学治理三个层面，相对应的是底线标准、中线标准、上线标准。依法治理包括政府部门的依法行政，也包括居民、企事业单位遵守法律，培育社会治理主体与群众用法治思维和法治方式处理社会问题、协调社会关系、化解社会矛盾的意识和习惯，依法治理是社会治理的底线标准。以德治理既包括在推进社会治理过程中要加强道德建设，弘扬社会主义核心价值观；也包括积极改善民生，寓治理于服务之中；还包括了充分发挥各社会治理主体的作用，实现人民当家做主。以德治理是社会治理的中线标准。依学治理既包括政府各社会治理部门推动学习，依靠学习转变思想观念，依靠学习推动治理思路创新，创新性地解决社会问题，也包括全体居民通过学习，转变心智模式，提高素质，包容协作，从源头上减少社会治理问题的发生。依学治理是社会治理能力的上线标准。在社会治理中通过依法治理、以德治理、依学治理有机结合，形成社会治理的合力。

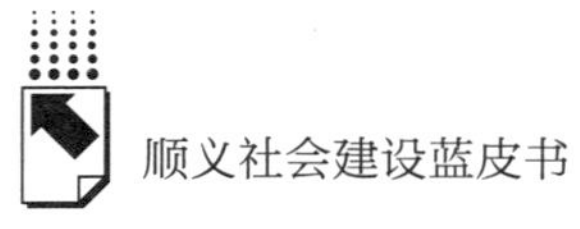

二 当前顺义区社会治理的现状

顺义区近几年来在市委、市政府的领导下，不断加大社会建设领域的投入，深入推进网格化、精细化管理，做了大量的工作，取得了显著的成绩。在治理体制机制方面，顺义区成为北京市社会服务管理创新综合试点区之后，在全市首创社会服务管理创新指标体系。此外，全区426个村、110个社区完成村（居）规民约修订工作，村（居）规民约成为创新社会治理机制、推进协同共治的重要抓手。在社区建设方面，推动社区分类治理，基层协商不断推进，持续开展社区规范化建设示范点创建工作，实施社区“一区一品”项目，社区治理水平稳步提高。在社会组织方面，不断完善“枢纽型”社会组织工作体系，全区6个街道、19个镇全部成立社会组织联合会，实现城乡社区社会组织全部纳入“枢纽型”社会组织工作体系。为促进社区社会组织的发展，区委社会工委研究出台《关于进一步规范社区社会组织联合会及社区社会组织建设的指导意见》，按每个社区10万元的标准支持社区社会组织建设和活动开展。2014年2月，顺义区被民政部确认为“全国社会组织建设创新示范区”。在民生保障方面，2012年实现城乡低保标准统筹，城乡居民一体化的社会保障体系逐步建立，2012年顺义区成为北京市首个充分就业区，并被人力社保部评为全国百家职业能力建设示范城市，2015年实现全市充分就业区“四连冠”。

与实现“港城融合的国际航空中心核心区，创新引领的区域经济提升发展先行区，城乡协调的首都和谐宜居示范区”奋斗目标及决胜全面小康社会对社会治理的要求相比，顺义的社会治理还存在一些突出矛盾和问题。例如，治理方式有待进一步改进，街道管理体制改革有待推进，城市服务和管理水平有待提升。村（居）规民约的约束力与执行力有待加强，“公约化协同共治”有待进一步完善。居民自治引导和支持机制有待进一步建立健全，驻区单位、社区居民参与有待进一步提高，物业管理存在的问题较多。社会组织承接政府购买服务能力有待进一步加强，现代社会组织体制有待建立等。

三　进一步推进顺义区社会治理的对策建议

一是推进依法治理、以德治理、依学治理有机结合。推动依法治理，加强法治政府建设，全力构建法治社会，加快推进法治之区建设，弘扬社会主义法治精神，增强全社会特别是公职人员尊法、学法、守法、用法观念，在全社会形成良好的法治氛围和法治习惯。以社会主义核心价值观为统领，加强社会公德、职业道德、家庭美德、个人品德教育，弘扬中华传统美德，推动形成具有顺义特色的以德治理道德规范，引导人们自觉履行法律义务、社会责任、家庭责任，努力营造诚信、友爱的社会环境。通过强化道德约束，规范社会行为，调节利益关系，协调社会关系，解决社会问题，防范居民的行为突破“道德底线”。推动学习型城区建设，在全社会增强学习意识，提高各治理主体素质，深入促进依学治理。把转变政府职能、完善社会治理方式与创建学习型机关统一起来，坚持把抓好干部素质教育作为提升队伍战斗力的关键环节常抓不懈，以政治理论学习为核心，以业务知识学习为重点，以解决社会治理中存在的问题为导向，有针对性地制定学习计划，全面提高机关干部政策理论水平和处理工作、解决问题的能力。

二是发挥村（居）规民约在创新基层治理中的作用。根据各村（居）实际情况，不断丰富完善村（居）规民约的内容，使其成为基层治理的重要抓手。采取生动活泼的形式，加强村（居）规民约内容的宣传。探索道德谴责、通过协商的方式设定违约责任，增强基层自治组织对村（居）规民约的执行力。探索将遵守村（居）规民约的情况纳入居民诚信建设体系。推动党员干部率先垂范、以身作则，自觉遵守村（居）规民约，运用村（居）规民约进行基层治理。在执行过程中，探索推行村（居）民自我监督、自我执行。积极动员群众参与、广泛凝聚群众意志，保证村（居）规民约真正维护群众利益、满足群众需求，真正被群众接受，内化于心、外化于行、固化于制，确保落实效果。在居规民约的基础上，探索细化楼门院公约、社区社会组织自律公约。

三是健全居民自治的引导和支持机制。健全社区议事协商制度，完善社区协商模式，制定基层事务民主协商指引，对协商内容、协商主体、协商形式、协商程序、协商成果运用等做出引导性规定。通过制定政策指引、给予小额补助、提供场地支持等方式，引导鼓励居民根据兴趣爱好组建成立不同类型的社区社会组织，以社区社会组织为平台引导公众参与。坚持问题导向和需求导向，促进老旧小区治理试点项目与居民需求有效对接，在促进居民参与中提升居民自治能力。深化社区物业管理体制改革，开展社区物业管理工作试点，落实《顺义区社区物业管理办法》，规范物业服务市场，推进社区物业服务管理体系建设，重点破解老旧小区、回迁小区物业管理难题。

四是加快社会组织培育发展。建立健全区委社会工委、区社会办与“枢纽型”社会组织所在单位的沟通机制，共同支持“枢纽型”社会组织发展。完善区、街（镇）两级“枢纽型”社会组织工作体系，加强社区社会组织的备案和服务引导。在街道建立社区社会组织服务（孵化）中心，提升社会组织能力，打造一批可学、可看、可示范的顺义区社会组织品牌。适应政府购买社会组织服务的需要，进一步加强社会组织能力建设力度，引导、扶持、培育社会组织，提升社会组织自主发展、自我管理、筹资和社会服务等能力。采取孵化培育、人员培训、项目指导、公益创投等多种途径和方式，提升社会组织承接政府购买服务的能力。通过组织培训学习等方式搭建平台，为社会组织更好地参与政府购买服务提供必要的技术、信息及政策支持，帮助社会组织提高申请服务项目的承办能力和水平。推动政府购买项目的总结交流，组织政府购买服务的经验交流活动。对同类项目，在项目中及项目结束后组织相关的交流活动，促进社会组织之间执行项目的经验交流，相互提升能力。

B.10
关于顺义区社会组织党建工作的调研报告

马朝龙*

摘　要： 本文结合党的十九大精神，分析了当前形势下加强社会组织党建工作的重要意义，归纳了当前顺义区社会组织党的建设工作现状及加强社会组织党建工作的主要做法和成效。在此基础上，分析了顺义区社会组织党建工作存在的主要问题，包括了统筹协调作用发挥不充分、社会组织党建工作机制有待完善、体制内社会组织占比较大、党建工作队伍能力素质还不高、社会组织党建工作氛围不够浓厚等，结合这些问题，提出了相关对策建议。

关键词： 顺义　社会组织党建　基层组织

党的十八大以来，习近平总书记关于加强党的基层组织建设的重要论述涉及基层党建的基础地位、功能作用、重点任务、科学方法等各个方面，为推进基层党建工作提供了科学指南和理论指引。十九大报告中提出的“发挥社会组织作用，实现政府治理和社会调节、居民自治良性互动”，“构建政府为主导、企业为主体、社会组织和公众共同参与的环境治理体系”，“要推动协商民主广泛、多层、制度化发展，统筹推进社会组织协商”等论述，明确了社会组织在社会治理、环境治理和民主协商中的作用。另外，十

---

* 马朝龙，于2017年12月起任顺义区委社会工委书记、区社会办主任。

九大报告还指出，“党的基层组织是确保党的路线方针政策和决策部署贯彻落实的基础。把社会组织等基层党组织建设成为宣传党的主张、贯彻党的决定、领导基层治理、团结动员群众、推动改革发展的坚强战斗堡垒”，“注重从产业工人、青年农民、高知识群体中和在非公有制经济组织、社会组织中发展党员”，为做好社会组织党建工作指明了发展方向和思路。

一 推进社会组织党建的重要意义

（一）加强社会组织党的建设工作是巩固党的执政基础的现实需要

随着城市化、工业化加速发展，社会结构深刻变动，社会组织得到了快速发展，社会组织形式更加多样的新趋势，已成为社会主义现代化建设的重要力量、党的工作和群众工作的重要阵地。加强社会组织党建工作，不断扩大党在社会组织的影响力，增强党的阶级基础、扩大党的群众基础、夯实党的执政基础，都显得越来越重要。

（二）加强社会组织党的建设工作是促进社会组织健康发展的重要保证

社会组织的发展主要呈现“五个特点”：总体趋势在发展中、功能定位在转型中、领导体制在转变中、从业人员在流动中、影响作用在波动中。加强社会组织党建工作，有利于激发社会组织活力，推动社会组织更好地参与国家治理和社会管理。对于引领社会组织正确发展方向，保证党的路线方针政策在社会组织全面贯彻落实，意义十分重要。

（三）加强社会组织党的建设是落实全面从严治党的内在要求

社会组织是党的基层组织建设的重要领域，也是新兴领域和薄弱领域。加强社会组织党建工作，着力解决工作中存在的突出问题和不足，从严从实推动骨干队伍、活动载体、基本制度、工作阵地和基础保障等各方面建设，就是以实际行动贯彻落实全面从严治党的部署要求。

二 顺义区社会组织党的建设工作现状

截止到2018年4月，顺义区共有社会组织386家。其中，按性质分类，民办非企业单位217家，社会团体169家。在271家民办非企业单位中，民办教育类108家，文体类30家，科研机构10家，卫生医疗机构16家，社会服务类53家。在169家社会团体中，行业性社团31家，专业性社团80家，学术性社团14家，联合性社团44家（见表1、表2）。

表1 社会组织中民办非企业单位构成情况

单位：个，%

民办非企业单位类别	数量	在社会组织中所占比例
民办教育类	108	28.0
文体类	30	7.8
科研机构	10	2.6
卫生医疗机构	16	4.1
社会服务类	53	13.7
共计	217	56.2

表2 社会组织中社会团体构成情况

单位：个，%

社会团体类别	数量	在社会组织中所占比例
行业性社团	31	8.0
专业性社团	80	20.7
学术性社团	14	3.6
联合性社团	44	11.4
共计	169	43.7

从社会组织人员规模上来说，工作人员数量5人以下的106家，占社会组织总数的27.5%；工作人员数量超过5人（含5人）但未达到10人的229家，占59.3%；工作人员数量超过10人的51家，仅占13.2%。从社会组织中的党员人数来看，社会组织中没有党员的有147家，占社会组织总数的38%；有1~2名党员的社会组织160家，占41.5%；有3名及以上党员

的社会组织 79 家，占 20.5%。从党组织建立情况来看，单独建立党组织的 45 家，联合建立党组织的 41 家，党组织覆盖社会组织数为 276 家，覆盖率为 71.5%（见图 1、图 2）。

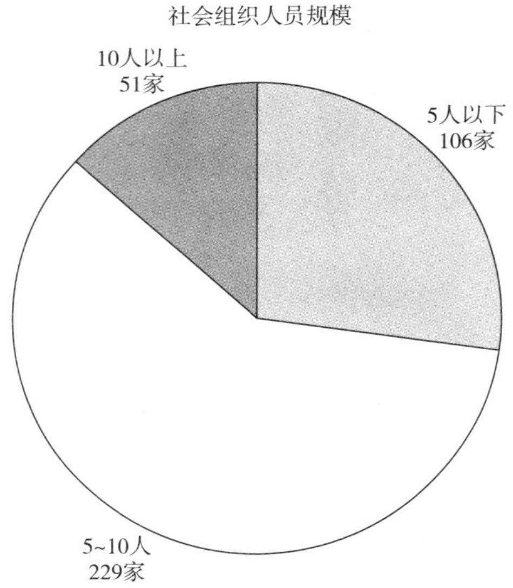

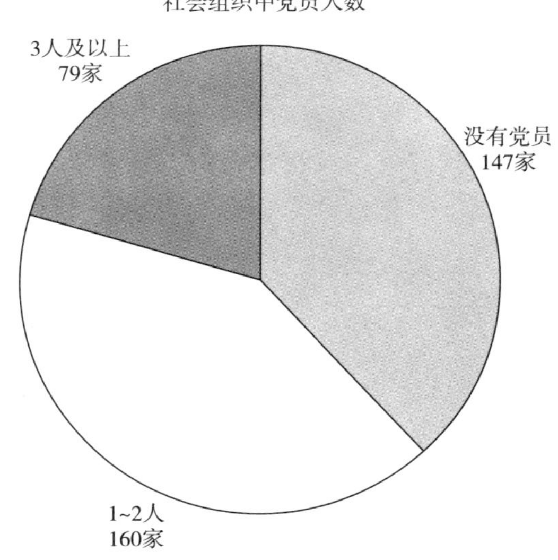

图 1　社会组织人员规模和党员人数各类分布情况

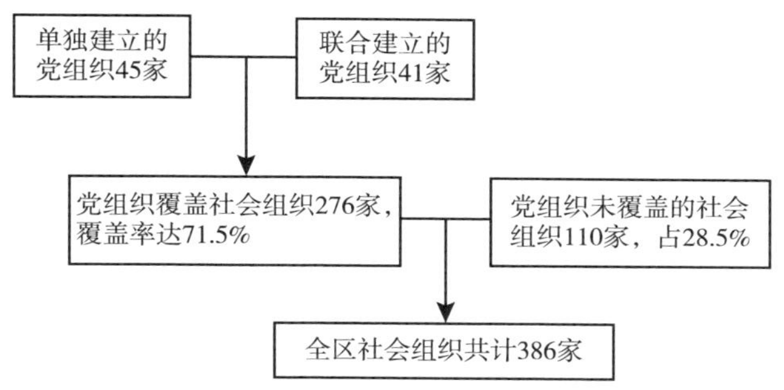

图 2　社会组织党组织覆盖情况

三　顺义区社会组织党建工作的主要做法和成效

顺义区委社会工委按照“参与研究拟订加强本区社会领域党建工作的规划和政策措施，负责社区、社会组织和新经济组织党建的具体工作”的职责要求，以区委“抓大党建，大抓党建”的工作思路为目标，以区委党建工作要点为指引，强化党建责任的落实，进一步加强了对全区社会领域党建工作的统筹协调和工作指导。

在顶层设计方面，坚持将社会组织党建纳入全区“大党建”格局中来统一谋划、统一部署、统一考核、统一推进，探索具有顺义特色的社会组织党建工作新路径，进一步提升党建科学化水平。一是深入开展调研。采取分批次召开座谈会、开展专题会商会、召开联席会议等方式，同时对 33 家相关委办局主管的 300 余家社会组织党建工作进行现场会诊，专题研究社会组织党建工作存在的主要问题，并提出意见和建议。二是完善党建台账。多措并举，摸清底数，各党工委组织力量对“两新”组织开展全面排查摸底，努力做到“五个清”。定期更新，动态管理，及时掌握“两新”组织新成立、停业、注销等情况。注重源头，引导管理，在非公企业登记注册时，登记注册机关、业务主管单位及时了解党建相关信息。

在制度建设方面，制定《顺义区统筹协同推进“两新”组织党建工作

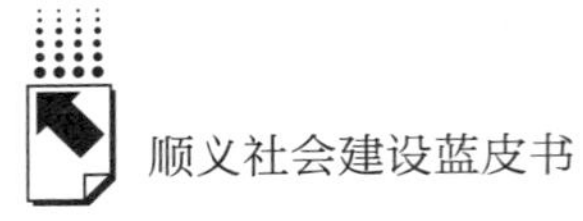

暂行办法》，作为区委构建“大党建”工作11个文件之一下发，从制度政策层面上为“两新”组织党建工作提供了支持。建立《顺义区委社会工委领导班子成员联系基层制度》，按照工委每名班子成员及分管科室联系一街、一镇、一园区、一居、一企和一个社会组织的原则确立联系点，并以召开座谈会的形式同联系的镇街和园区进行了工作对接。

在阵地建设方面，按照区域统筹、资源整合、统一管理、多方使用的理念，研究制定了《顺义区社会领域党建阵地规范化建设的实施意见》，从目标要求、经费支持、实施步骤等方面进行了详细规定。2018年的目标是按照“六有”标准，整合建设10个党群活动服务中心、党员教育基地和12个党员活动室，分别给予20万元和5万元的资金支持。建设社会领域党建工作管理信息系统，并设置了数据管理、综合查询、党建先锋等板块，为掌握台账管理的主动权、发挥信息化作用搭建了平台。

在队伍建设方面，研究出台《顺义区“两新”组织党建工作指导员选聘管理办法》，对党建工作指导员的选聘条件、流程、工作职责、待遇保障、教育管理、考核评议等方面进行了具体规定。2018年选聘187名党建工作指导员并组织集中培训，覆盖19个镇、6个街道、3个经济功能区，进一步增加选聘人数、扩大选聘范围和覆盖区域。同时，每年组织开展“两新”组织党组织书记和党务工作者示范培训班，并指导各镇、街道、功能区党（工）委对社区、非公企业、社会组织等基层党组织书记进行全员轮训。

在社会组织自身建设方面，一是围绕加强党组织自身建设开展活动，各党（工）委以“两学一做”学习教育常态化制度化为契机，指导社会组织党组织加强规范化建设，尽可能地落实“三会一课”等制度。二是推动社会组织履行社会责任。积极大力号召基层党组织带领广大党员群众积极参与扶贫助困、环境保护等社会公益活动，勇于承担社会责任。

四　顺义区社会组织党建工作存在的主要问题

近年来，顺义区释放了“大抓党建、抓大党建”的强烈信号，各镇、街、园区党（工）委抓“两新”组织党建的工作意识普遍增强，开展了一系列有益探索，“两新”组织党建工作呈现良好发展态势，但从整体来看，“两新”组织党建工作还比较薄弱，仍需进一步加大工作力度。

1. 统筹协调作用发挥不充分

各部门在协同推进、资源共享、形成合力方面成效还不显著；在把握节奏进度、实施分级分类指导、推动均衡发展的用力上还不够强。由于职能定位等的限制，属地、相关委办局、业务主管单位在职责履行上的统筹协调力度还有待加强。

2. 社会组织党建工作机制有待完善

目前，部分社会组织业务主管单位的党组织只有机关党支部，不具备审批党支部成立的权限，导致符合建立党支部条件的社会组织未能及时找到审批单位，不能及时建立党组织。按照《中国共产党党组工作条例（试行）》规定，符合条件的社会组织都要设立党组。

3. 体制内社会组织占比较多

经过调查研究，发现顺义有超过 30% 的社会组织，建立在政府机构内，科室设置和人员组成也与政府机构重合。“政社”不分问题，不仅使社会组织缺乏独立性，阻碍自身发展，还会因为党员“重叠”等问题，造成社会组织无法单独成立党组织，难以实现社会组织党组织全覆盖的目标。

4. 党建工作队伍能力素质还不高

目前党务工作者队伍有待进一步扩大，能力水平有待进一步提升。一方面，非公企业和社会组织的党组织书记一般为兼职，没有专职人员；另一方面，非公企业和社会组织中的党务工作者专业知识相对欠缺，对党组织的制度、党员发展流程等一些基本规定政策掌握不是很准确，组织活动缺乏创新，导致支部活动的开展受到制约。

5. 社会组织党建工作氛围不够浓厚

个别业务主管单位宣传工作不到位，对社会组织党建工作典型的树立不够重视，对不是党员的社会组织负责人，没有有针对性地靠上去做工作。部

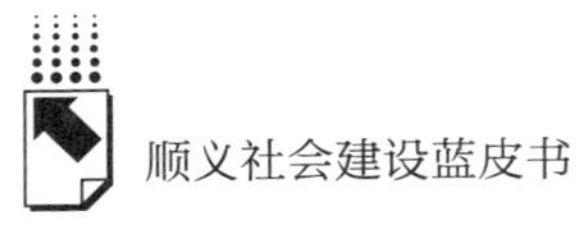

分社会组织党组织活动开展较少、形式单一，党组织的战斗堡垒作用和党员的先锋模范作用发挥不够明显。

五 推进顺义区社会组织党建工作的建议

加强社会组织党的建设，是全面推进新时期党的建设的重要任务，也是保证社会组织健康发展，加快现代化建设的客观要求和现实需要。针对社会组织党建工作中遇到的问题，应以“四个创新”为着眼点，切实加强全区社会组织党建工作。

（一）创新思路，强化党建责任意识

1. 破除社会组织党建工作消极心理

一方面，业务主管单位要通过每季度召开一次座谈会、制作和派发宣传手册等方式，宣传和引导社会组织正确认识党建工作的重要意义，破除社会组织的“戒备”心理。另一方面，要充分利用党组织力量，在日常工作中，建立与社会组织的联系制度，定期走访，了解、关心社会组织的发展情况，支持、帮助他们解决发展中的难题，促使社会组织树立组织健康发展离不开党的政治优势的观念。

2. 提升业务主管单位党建责任意识

社会组织是新时期巩固和扩大党执政基础的重要领域。加强各级党委对社会组织党建工作的重视程度势在必行。因此，应把社会组织党建工作纳入全区党建工作指标体系，合理设置考核内容和权重，提高对社会组织党建工作的监督考核力度，促进各级党委切实承担起加强社会组织党建工作的领导责任，牢固树立抓党建是最大政绩的理念。

（二）创新管理，夯实党建工作基础

1. 推动官方背景社会组织的改革

相关主管部门要加强官方背景的社会组织的脱钩工作力度，实现社会组

织“自愿发起、自筹经费、自聘人员、自主会务”的目标。同时，区民政局要加大对新成立社会组织的审查力度，杜绝官方背景社会组织的成立，完成社会组织“无行政级别、无行政事业编制、无行政业务主管部门、无国家机关现职工作人员兼职”的改革目标。

2. 加强社会组织党建重点工作

负责登记审批等相关工作的主管部门要严格落实“三同步”要求（即在社会组织登记时，同步采集从业人员信息；年检时，同步检查党建工作；评估时，同步将党建工作纳入重要指标），及时掌握社会组织情况，形成每季度自主更新社会组织台账的良好机制，确保社会组织及其党建工作台账的准确性，夯实党建工作基础。

（三）创新机制，提高党建工作效能

1. 理顺社会组织党组织的审批通道

理顺社会组织的隶属关系，有业务主管单位的社会组织成立党组织，由业务主管单位的党组织进行审批、管理；无业务主管单位并在区民政局登记注册的社会组织，由区民政局社会组织党委进行审批和管理；不具备审批成立党组织权限的业务主管部门，由业务主管单位协商社会组织所在属地党（工）委，审批成立党组织，确保所辖社会组织党建工作的全覆盖；区委社会工委负责全区社会组织党建工作的日常指导和考核评价，不负责社会组织成立党组织的审批工作。

2. 完善社会组织党建工作机制

全面完善社会组织党建工作机制。一是要严格落实社会组织党建经费保障机制和社会组织党建阵地建设机制。一方面要按要求及时下拨党组织启动经费、活动经费；另一方面要指导、协助社会组织按照“六有一免费”的标准，建立党建活动阵地，确保社会组织的党建工作可以正常开展。二是要形成社会组织党建工作培训机制，每年开展1～2次集中轮训，每次不少于5天，对社会组织党组织书记和党务工作者进行专题培训，切实提高全区社会组织党建工作水平。

（四）创新手段，发挥党组织作用

在社会组织中建立党组织，目的在于发挥作用，调动社会组织在促进经济发展、提供公共服务、反映公众诉求、维护社会稳定等方面的积极作用。一是要充分利用顺义电台、电视台、顺义网城、顺义社会建设网、顺义社区服务网、顺义时讯等宣传阵地，宣传党的政策法规，营造全社会支持社会组织党建工作的舆论氛围。二是要通过开展评选优秀党组织、优秀共产党员等活动，选树一批党建典型，使大家学有榜样、赶有目标，进而充分发挥党员的先锋模范作用和基层党组织的战斗堡垒作用。

B.11
顺义区“枢纽型”社会组织体系建设研究

区社会办社会组织科

摘　要： 顺义区高度重视“枢纽型”社会组织体系建设，形成了“科学认定，完善体系，规范运行，发挥作用”的建设思路，当前全区共有21家“枢纽型”社会组织，并建立了“枢纽型”社会组织管理联席会议制度，制定了顺义区“枢纽型”社会组织工作考核评价实施办法及评价标准，推进“枢纽型”社会组织规范化建设，积极引导其作用发挥，在社会治理中发挥了重要的作用。

关键词： 顺义　“枢纽型”社会组织　社会治理

2010年，顺义区按照市委、市政府《关于加快推进社会组织改革与发展的意见》精神和市委社会工委、市社会办的要求，积极推进“枢纽型”社会组织体系的建立工作，并围绕“科学认定，完善体系，规范运行，发挥作用”的建设思路，通过体制、机制创新，大力加强“枢纽型”社会组织工作体系建设，有效发挥了“枢纽型”社会组织的作用，激发了社会组织活力，为社会组织的有序发展打下了坚实的基础。

一　强化科学认定，不断完善体系

为推进“枢纽型”社会组织的认定工作，顺义区广泛开展了调查研究，在构建“枢纽型”社会组织工作体系上，提出要根据区社会组织的分布特点，坚持“结合实际，创新发展，科学认定，力求实效”，在确认部分人民团体为“枢纽型”社会组织的基础上，按照行业分类，分别在现有登记的工业、农业、商业、文化、教育、科技、体育、医疗、职业培训、社会事务类社会组织中构建“枢纽型”社会组织。考虑到顺义区除人民团体以外，在人民团体业务范围覆盖不到的领域，主要是公益慈善、民办教育、职业技能培训、体育以及以行业协会、农村专业合作组织为主的经济类社会组织，所以第一批认定的“枢纽型”社会组织主要考虑了9家，其中人民团体3家：团区委、文联、科协；提升了3家：区福利慈善协会、区体育总会、区商业联合会；改造了3家：以区教委的民办教育科和人力社保局的培训科为秘书处，分别成立区民办教育学校联合会和区职业技能培训学校联合会，将区农村专业合作组织服务中心改造成联系协调农业类社会组织和农民专业合作组织的服务中心。在认定第一批9家“枢纽型”社会组织的基础上，按照“成熟一批，认定一批”的工作思路，后又先后分两批认定了12家区级“枢纽型”社会组织，三批共认定了21家（后因功能区调整，农民专业合作组织的服务中心被撤销，目前共20家，所辖社会组织分别由各镇社会组织联合会联系、服务）。

21家“枢纽型”社会组织主要分三部分统筹。一是人民团体部分，包括：区团委、文联、科协、区总工会、区妇联、区工商联、区残联等。二是以职业技能培训、体育以及行业协会为主的经济类社会组织，包括：区福利慈善协会、区体育总会、区商业联合会、区民办教育联合会、区职业技能培训学校联合会、农村专业合作组织服务中心（已撤销）、区律师协会、区道路运输协会。三是6个街道社区社会组织联合会。目前，纳入前两批（15家）“枢纽型”社会组织管理服务体系的社会组织大约348家，占全区社会组织总数的90%。城区千余家社区社会组织全部被纳入6个街道社区社会组织联合会的管理服务范畴。三批“枢纽型”社会组织的认定，不仅使“枢纽型”社会组织工作体系的覆盖面有所扩大，同时也为同类别、同性质、同领域的社会组织的申请成立、规范管理和有序发展提供了平台。

在此基础上，2013 年顺义区又积极推进镇级“枢纽型”社会组织的建设，在 19 个镇成立了镇级社会组织联合会，通过整合和激活镇域内社会组织资源，延伸农村社会组织服务范围，将农村社区社会组织全部纳入了镇级社会组织联合会管理范围，实现了城乡社区社会组织全覆盖，逐步构建起了较为完善的区、街、镇“枢纽型”社会组织服务管理工作体系。2014 年 2 月，顺义区被民政部确认为“全国社会组织建设创新示范区”。

二　创新工作机制，规范体系运行

为确保“枢纽型”社会组织认定以后能够正常运行，顺义区从完善“枢纽型”社会组织的工作机制入手，不断加强对“枢纽型”社会组织的服务和管理，区委、区政府制定出台了《顺义区关于加强社会组织管理实施意见》，对社会组织的体制建设、培育发展、科学服务、监督管理等方面提出了具体的办法，同时对“枢纽型”社会组织的工作运行机制也做了积极的探索。

一是建立了“枢纽型”社会组织管理联席会议制度。通过联席会议加强工作联系和信息沟通，定期研究、商讨对社会组织的管理、服务、发展等有关问题，并通过加强“枢纽型”社会组织的网络信息平台建设，建立“枢纽型”社会组织信息服务体系，实现了区社会办与“枢纽型”社会组织信息的互联互通，使“枢纽型”社会组织机制建设更加完善，制度建设更加规范，作用发挥更加明显（在政府电子邮件系统专门开办一个与各枢纽联系的窗口；通过联通的“易信通”建立了一个短信系统和微信群）。

二是明确了“枢纽型”社会组织的运行机制。对承担管理、宣传、培训等服务的“枢纽型”社会组织，通过政府购买管理服务项目的方式给予资金支持。制定了《政府购买“枢纽型”社会组织管理服务实施方案》，通过项目化运作的方式，支持“枢纽型”社会组织开展社会组织党建和日常业务工作，并且根据联系社会组织的多少形成了资金的动态增长机制（协调管理 10 家以下社会组织的支持 5 万元；11 ~ 30 家支持 10 万元；30 家以

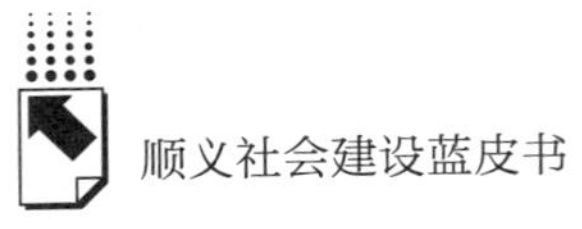

上的支持15万元)。

为进一步加强对“枢纽型”社会组织协调和管理，区社会办制定了《顺义区“枢纽型”社会组织工作考核评价实施办法及评价标准》，并将“枢纽型”社会组织的日常工作纳入区网格化社会服务管理创新指标体系的考核范围。对领导机构健全、工作制度完善、联系服务广泛、管理运行规范等发挥作用比较好的单位采取以奖代补方式进行表彰。

在街道“枢纽”的建设方面，为规范对联合会的管理，保障社区社会组织联合会的正常运行和区域内社会组织的活动开展，制定了出台《顺义区社区社会组织联合会管理暂行办法》，并在每年购买联合会“管理服务”的基础上，按照每个社区支持10个社会组织，每个社区社会组织每年1万元的支持资金纳入财政预算，用于社区社会组织建设发展、开展活动。目前，累计投入社区社会组织专项经费3630万元。为加强对资金的管理，发挥好资金应有作用，我们以社会建设领导小组办公室的名义出台了《顺义区社区社会组织专项支持资金使用暂行规定》，对专项资金的支持方向、支持标准、使用管理都做了明确的规定，有效地保证了联合会的正常运行和资金的使用效果。

为进一步促进社区社会组织有序发展，2015年，我们还积极推动了各街道社区社会组织服务（孵化）中心的建设。出台了《顺义区社区社会组织服务（孵化）中心建设指导意见》，从孵化中心的定位、主要功能、提供服务的形式、运行机制等方面提出意见建议，并将社区社会组织服务（孵化）中心建设纳入了政府重点工作和街道体制改革的重要内容，区政府主管领导与社会工委、街道层层签订了责任书，有效地推动了服务（孵化）中心的建设，2016年底，6个街道的社区社会组织服务（孵化）中心全部实现了挂牌。2018年主要是探索如何科学运行和发挥作用。

针对“枢纽型”社会组织中工作人员多为兼职、专业化程度不高的问题，积极探索了购买“枢纽型”社会组织管理岗位（每个岗位补助7万元)，通过“注入”职业化、专业化的人才，有效缓解了“枢纽型”社会组织中工作人员不稳定、专业化程度不高等问题。

三是加强了“枢纽型”社会组织的规范化建设。在市委社会工委业务规范的基础上，制定出台了《顺义区“枢纽型”社会组织业务工作规范》，并按照构建工作集群、深化日常联系、提供支持平台、提升工作机制、加强科学引导、打造服务品牌等要求，逐步规范“枢纽型”社会组织的相关工作。同时，重点从章程、组织结构、工作运行等方面加强对“枢纽型”社会组织的引导，使之成为能够带动引领同类别、同性质、同领域社会组织健康发展的综合性社会组织。

三　加强培育引导，促进作用发挥

“枢纽型”社会组织认定以后，区委社会工委、区社会办加大了工作力度，引导“枢纽型”社会组织制定各项制度、措施等加强对本领域社会组织的指导，并形成长效机制。各“枢纽型”社会组织积极出台相应规范管理制度，形成有效的领导责任制，定期召开社会组织秘书长例会，组织所属社会组织开展经验交流和探讨；各街道社区社会组织联合会研究制定了本街道特点的管理制度，不断探索社区社会组织规范管理与培育发展的新模式。通过创新管理、完善制度、规范服务，“枢纽型”社会组织的作用发挥更加明显，有力地促进了顺义区社会组织的稳步发展。

一是社会组织管理进一步规范。“枢纽型”社会组织管理联席会议制度，加强了“枢纽型”社会组织之间的交流联系。通过实行“枢纽型”社会组织分类管理，理顺了对社会组织管理的关系。通过加强“枢纽型”社会组织的自身建设，工作人员的责任意识不断增强，办事效率和服务质量不断提高，社会组织管理进一步规范，促进了社会组织有序发展。

二是社会组织的自律机制逐步健全。依托“枢纽型”社会组织网络平台，建立了社会组织信息披露制度，公开社会组织的机构和人员构成、管理机构、财务状况等相关资料。逐步启动了社会组织自律与诚信建设活动，营造了社会组织诚信自律氛围，促进了社会组织加强行业自律建设，规范了社会组织行为，增强了社会组织社会责任意识，扩大了社会影响力和社会公信力。

三是社会组织发展环境不断改善。通过“枢纽型”社会组织广泛工作，加大了对社会组织工作的宣传力度，扩大了社会组织的知情范围，形成了全社会了解社会组织、支持社会组织、监督社会组织的良好氛围。社会越来越能够理解社会组织发展的重要意义，越来越多的人士关心支持社会组织的发展。社会组织与政府、企业、社区居民的关系得到较大改善，地位得到了较大的提高。在顺义区，各类代表的选举和先进的评比，使社会组织作为一种类别，都有了出口，几年来，社会组织中被推荐为市人大代表人选的 1 名；产生区党代会代表 5 名、人大代表 1 名、政协委员 5 名；区妇代会代表 5 名、团代表大会 3 名；北京榜样 2 名；最美社工 2 名；身边好人个人 5 名、单位 4 家；道德模范 1 名；1 名社会组织的负责人还被确定为顺义区青年杰出人才。

四是“枢纽型”社会组织和其他社会组织的作用日益凸显。各“枢纽型”社会组织不断创新对所属社会组织服务管理的方式和内容，通过政策制定、搭建平台、组织培训、交流互动、牵头合作、拓宽渠道等形式，加强对本领域社会组织的政策指导，有效扩大社会组织影响力和认知度。例如，区团委依托“志愿北京”平台和“每月 5 日志愿服务推动日”机制，对全区 121 家志愿服务团体进行了统一管理；区总工会创新组织形式，拓展入会渠道，在建筑项目、物流（快递）业、保安行业、家政服务业、餐饮服务业等农民工集聚的五大重要区域和行业组建工会联合会，实现了对农民工的有效覆盖。区科协以培训为抓手，开展有针对性的专题培训，有效提升了服务社会能力；区妇联广泛吸纳社会组织负责人为妇女代表，让她们有更多机会走近、倾听和了解妇女意愿，代表不同的妇女群体维护自身合法利益；区商业联合会成立了顺义区首家电子商务协会，发挥该协会桥梁纽带作用，深入开展行业调研、加强区域间学习交流等；通过举办家庭服务博览会、建立顺义区摄影服务行业消费争议快速解决绿色通道联盟，充分展示社会组织的服务优势；尤其在十九大安保和十九大精神学习中，各“枢纽型”社会组织积极组织安全生产检查，签订安全无事故责任书，并结合行业特点和开展志愿服务、公益活动的实际，深刻领会十九大精神实质和丰富内涵，畅谈学习体会，普遍增强了对未来的信心。

在“枢纽型”社会组织引领带动下，各社会组织发挥自身优势，以“践行公益、服务社会”为主题，积极开展社会组织“公益行”系列活动。2011 年以来，先后开展了近 600 多项公益活动，累计为社会提供各类服务 1000 余场次，发放各种宣传材料 10 万余份，服务群众超过 20 万人次。同时，积极开展公益品牌创建工作，先后有文联的建设“世界空港城”、妇联的“巾帼亲情服务”、“情聚北小营　欢乐一家亲”、志愿者联合会的“青春暖心行动”、三农研究会的“助力三农”、商联会系统的“便民餐饮居家行”、“80 后”义工社的“亲情速递、最美夕阳”、京北科技创新推进中心的“爱科技・i 创新”等服务品牌分别获得北京市社会组织公益服务品牌的金奖、银奖和铜奖。30 个公益服务活动被评为区级优秀公益服务活动。不断增强社会组织公益理念，促进了社会组织公益活动朝着经常性、品牌化方向发展。

几年来，通过不断推进“枢纽型”社会组织工作体系建设，加强对社会组织的服务引导，社会组织成立困难、发展无序、管理分散、疏于管理等情况得到了较大的改善，社会组织与社区社会组织都得到了较大的发展，在民政部门登记的社会组织总数从 2008 年的 200 余家达到目前的 386 家；社区社会组织从无概念达到在民政部门和街道、镇备案的 1248 家，还有不少“草根”类组织分别活跃在社区、学校和农村，在参与区域经济社会建设方面发挥着积极作用。社会组织从过去单纯的监管对象变成了参与社会建设和参与社会治理的主体。

B.12

顺义区城市社区社规民约建设情况及建议*

顺义区社会办社区科

摘　要： 本文总结了顺义区城市社区社规民约的现状及特点，特点主要有推动居民民主参与，扩大民主自治基础；推动社区居务公开，改善干群关系；规范社区社会组织管理，促进社区自治组织建设；重视社规民约宣传，提高居民自治意识等。分析了顺义区城市社区社规民约建设存在的主要问题，包括了认识上的问题、制定程序及内容上的问题、执行上的问题等，在此基础上提出了相关对策建议。

关键词： 顺义　社区　社规民约

一　顺义区城市社区社规民约实施现状

社规民约包括《社区自治章程》和《居民公约》，是国家法律、法规和党的方针政策在基层的补充，也是推进社区居民依法行使民主管理权力的重要基础。顺义区城市社区的社规民约以2009年、2012年全区居委会换届为契机，根据《城市居民委员会组织法》和中央、市级文件精神，重新制定或更新了《社区自治章程》和《居民公约》。目前在全区74个社区中，共

* 本文刊载于《顺义区情》调研专刊第1期，2014年6月30日。

有68个社区制定《社区自治章程》和《居民公约》，其余6个社区因成立时间较短尚未制定。68个社区《居民公约》基本涵盖了社区网格化管理、居民基本权利和义务、社会治安治理、精神文明建设、邻里关系等多方面内容，初步形成了涵盖面广、类型多元的社规民约格局。

二 顺义区城市社区社规民约建设工作特点

（1）推动居民民主参与，扩大民主自治基础。各社区居委会坚持社区居民是社区真正主人的理念，每届居委会成员班子换届选举后，领导班子都会主动修订《社区自治章程》和《居民公约》。通过召开居民代表会，征求居民意见，整理加工形成初步意见，再经过居民代表讨论修改，最后形成《社区自治章程》和《居民公约》。

（2）推动社区居务公开，改善干群关系。社区居委会始终把社区里的大事交由社区居民代表大会讨论决定，社区居务管理变“为民做主”为“由民做主”，增加了社区居务透明度。例如，石园北三社区修订完善的《社规民约》，将民主议事、社区居务、财务监督、文明规范、环境保护、干部评议6项内容纳入群众监督，居民赞成率达91%，居民参与社区事务管理的热情高涨。

（3）规范社区社会组织管理，促进社区自治组织建设。《社区自治章程》推动了各类社区社会组织的自我规范。截至2012年底，全区城市社区都成立了各具特色、符合本社区社情及特色的社会组织，这些社区社会组织依据《社区自治章程》建立了自己的制度，规范了队伍内部纪律。例如，旺泉街道宏城社区的自治组织制定了《宏城社区炫年华舞蹈队章程》《宏城社区蓝盾治安巡逻队章程》《宏城社区雷锋为老服务队章程》等，有效促进了社区建设，提高了居民幸福感和安全感。

（4）重视社规民约宣传，提高居民自治意识。每次《社区自治章程》和《居民公约》制定或更新后，各社区利用宣传栏、入户走访等多种形式，积极宣传《社区自治章程》和《居民公约》，提高居民知晓度，增强社区居民自治意识和文明意识。光明街道部分社区还邀请社区骨干把《居民公约》谱成歌谣传唱，让“社规民约”家喻户晓。

目前，全区城市社区的《社区自治章程》和《居民公约》作用逐渐显现，初步起到了顺应社区居民利益诉求，规范社区居民行为，促进社区居民交流，加强社区事务治理等作用。

三 顺义区城市社区社规民约建设存在的主要问题

（1）社区居委会工作人员和居民对《社区自治章程》和《居民公约》的认识有待进一步提高。以《社区自治章程》和《居民公约》为主的社区规章制度，是社区基层民主管理的主要形式，是社区全体居民的行为准则，在居委会建设和居民自治活动中具有重要意义。但由于种种因素，部分居民对《社区自治章程》和《居民公约》的性质、作用和意义，还缺乏足够认识，认为作用不大、效果不明显、纸上谈兵，无实质作用。加之宣传频率不高，部分社区新迁入居民不清楚《居民公约》具体条款等，部分流动人口甚至不知道所在社区有《居民公约》。

（2）《社区自治章程》和《居民公约》的制定和修订程序及内容有待进一步完善。制定《社区自治章程》和《居民公约》必须充分发扬民主，只有从居民中来，到居民中去，才能广泛征求群众意见，才能真正反映全体居民的共同利益和愿望。但个别社区在制定《社区自治章程》和《居民公约》时，未能充分发扬民主，导致居民不理解、不配合、不执行，有的社区照搬照抄其他社区的《社区自治章程》和《居民公约》，没有结合自身实际，有些条款根本无法执行；部分社区制定的《社区自治章程》和《居民公约》过于抽象，规定过于笼统，缺乏可操作性，未能真正发挥效力。

（3）《社区自治章程》和《居民公约》的执行有待进一步加强。制定《社区自治章程》和《居民公约》重在落实。目前社区自我管理、自我服务、自我教育仍缺乏强大的群众基础，由于居民公约只是一种道德规范，其推行主要靠居民自觉，靠风俗习惯和道德力量维持，不具有强制力，因此执行起来也存在一定困难，主要表现在《居民公约》流于形式，群众不愿执行。《居民公约》大多是倡导性条款，受职能限制，不好执行。按照《城市居民委员会组织法》，《社区自治章程》和《居民公约》应由居委会监督执行，但在具体执行中，有的居委会因行政事务过多，无精力监督《社区自治章程》和《居民公约》的执行情况，无精力运用《社区自治章程》和《居民公约》管理社区；有的工作人员未能按照章程规定办事，怕麻烦、怕得罪人，未做到“一碗水端平”，导致《社区自治章程》和《居民公约》未能在社区内真正有效执行和落实。

四　加强城市社区社规民约建设的建议

（1）加强组织领导。推动城市社区基层民主建设必须充分发挥街道工委尤其是社区党组织的领导作用。鉴于全区城市社区类型不同、发展程度不同，建议不推荐采取统一的社规民约进行社区建设。街道工委应结合各种社区类型，有针对性地对社区制定《社区自治章程》和《居民公约》提供必要指导，提供范例文本，提高《社区自治章程》和《居民公约》质量。街道各级党组织要以修订完善《社区自治章程》和《居民公约》为切入点，进一步健全居民自治制度，重点围绕社区管理中的组织建设、综合治理、公共卫生、教育培训、文化体育、便民服务等内容开展工作，解决社规民约推进中的重点难点问题，推动社区和谐稳定发展。

（2）理顺组织关系。理顺社区党组织、居委会、服务站三者之间关系。社区党组织是党在社区全部工作和战斗力的核心。社区居委会要自觉接受社区党组织的领导，社区党组织要不断加强自身建设，改进工作方式，切实领导和指导社区居委会工作，及时帮助解决社区居委会工作中存在的困难和问题。推进社区居委会与社区服务站职能分离，由社区服务站承接政府职能，剥离附着在居委会的行政性事务，使居委会回归居民民主自治本质，更好地履行对社区《社区自治章程》和《居民公约》的监督职责。

（3）加强宣传教育。结合目前第二批党的群众路线教育实践活动，加强居委会工作人员培训教育，使其充分认识居委会作用，组织居民开展自治活动。居委会工作人员自觉带头执行《社区自治章程》和《居民公约》，增强居委会公信力。根据实际情况，加大对社区居民培训力度，开展居民乐于参与的各项文娱活动，给社区新迁入居民发放宣传材料，使居民广泛参与社区活动，通过活动宣传《社区自治章程》和《居民公约》，形成舆论氛围，影响并提高社区居民素质和对社区的认同感。

（4）扩大居民参与。社区居民是社区事务民主决策的主体，要通过有效的组织，积极引导和促进广大居民通过民主的机制和方式参与社区管理，按照民主选举、民主决策、民主管理、民主监督的要求，逐步实现居民自我管理、自我教育、自我服务、自我监督。针对各社区的特点和问题，通过《社区自治章程》和《居民公约》加以规范，调动全体社区居民的主人翁意识，齐抓共管，从根本上解决居民实际问题，使社区居民安居乐业。

（5）推动奖惩并举。在社区公开栏内设表扬栏和批评栏，公开表扬自觉遵守、带头执行《社区自治章程》和《居民公约》的好人好事，批评违反《社区自治章程》和《居民公约》的行为，形成以先进为榜样、后进向先进学习的良好氛围，使《社区自治章程》和《居民公约》见到成效，成为居民的自觉行为。

B.13
关于运用社会服务管理创新指标体系服务社会建设的思考

顺义区社会办

摘　要： 顺义区社会服务管理创新指标体系是社会治理中的一个创新，本文分析了运用社会服务管理创新指标体系服务社会建设的必要性及意义、社会服务管理创新指标体系的内涵、特点，以及顺义区开展社会服务管理创新指标体系的实践做法及试点工作情况等，对开展社会建设具有重要的参考意义。

关键词： 顺义　社会服务管理　指标体系

经过30多年的改革开放，我国经济已经开上快车道，社会物质财富飞速增长，人们生活水平不断提高，综合国力不断增强。随着经济社会发展的推进，我国正处于经济结构调整加快、社会转型加速的关键时期，社会管理跟不上经济发展步伐的矛盾日益凸显，社会建设的相对滞后导致影响社会和谐稳定的因素大量存在。历史和现实告诉我们：发展是硬道理，稳定是硬任务。社会建设搞不好，社会管理不创新，公共服务不完善，不但经济发展会成为一句空话，而且也会影响到和谐稳定的社会基础，动摇党的群众基础和执政基础。党中央在深刻认识我国经济社会发展的阶段性特征和准确把握中国整体发展的历史规律下，科学适时地提出了“加强社会建设和管理，推进社会管理体制创新”这一伟大战略构想，为中国经济社会又好又快发展注入了强大动力。

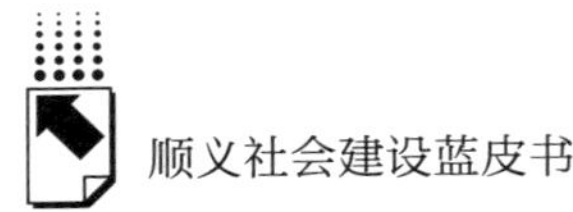

顺义区作为首都北京东部发展带的重要节点、重点发展新城之一，是首都国际航空中心的核心区，是服务全国、面向世界的临空产业中心和现代制造业基地。同时，作为首都社会服务管理创新三个综合试点区之一，顺义区承担着先试先行、提供经验的重任。区委、区政府提出运用社会服务管理创新指标体系服务社会建设的现实任务，社会服务管理创新指标体系是社会建设的重要抓手，“如何建立健全社会服务管理指标体系，如何运用社会服务管理创新指标体系服务社会建设”成为当下摆在全区各级党政领导班子、领导干部、社会组织和人民群众面前的重要课题。

一　运用社会服务管理创新指标体系服务社会建设的必要性及意义

建立健全社会服务管理创新指标体系，用指标体系弥补当前社会服务管理在体制、机制方面的不足，具有重要的现实意义。

（一）有利于落实各级关于社会服务管理创新的相关要求

社会建设是新时期国家和地方的重大发展任务，从中央到地方各级政府都把社会建设摆在国家和地区综合发展的重要位置。早在2004年9月，党的十六届四中全会在《中共中央关于加强党的执政能力建设的决定》中就明确要求：“加强社会建设和管理，推进社会管理体制创新”。2012年，党的十八大又重申“加强社会建设，是社会和谐稳定的重要保证。必须从维护广大人民根本利益的高度，加快健全基本公共服务体系，加强和创新社会管理，推动社会主义和谐社会建设。”北京市作为中国的首都，其社会建设和服务管理始终走在全国其他城市的前列，自2008年9月全市社会建设工作大会召开以来，相继出台了《北京市社会服务管理创新行动方案》《中共北京市委关于加强和创新社会管理全面推进社会建设的意见》《北京市“十二五”时期社会建设规划纲要》等文件，对全市社会服务管理创新工作进行了全面部署。顺义区社会服务管理创新指标体系正是在中央、市、区相关文件精神的指导下，落实有关政策要求的现实之为。全区通过加强社会服务管理创新指标体系的研究，确保社会建设各项工作“定性、定量、定时、定责”，确保社会建设全区一盘棋，协调有序推进。

（二）有利于提高全区社会服务管理创新工作精细化水平

精细化管理是一种理念、一种文化。精细化管理的本质意义就在于它是一种对战略和目标分解细化和落实的过程，是让组织的战略规划有效贯彻到每个环节并发挥作用的过程，同时也是提升组织整体执行能力的一个重要途径。社会服务管理创新指标体系的构建过程就是化宏观为微观，化战略为行动的过程。社会服务管理创新指标体系在实施过程中必须注重细节，大处着眼，小处着手，细分步骤，简化程序，追求精湛，持之以恒。必须通过把社会建设的总体目标划分为不同领域，各领域又划分不同目标，目标内设置若干核心指标，才能使社会服务管理工作达到精细管理、精细操作和精细执行。

（三）有利于提升参建单位社会服务管理创新工作的执行力

构建社会服务管理创新指标体系既是一项创新性很强的工作，也是一项提升政府执行力的系统工程。指标体系的精髓在于管理体系的系统性、规范性和标准性，在整个指标体系的实施运行过程中，各个参与组织、各级参与人员的行为都有其合理的表现方式：做什么、为什么做，谁来做，何时做，怎么做，做到什么程度，达到什么样的效果都有明确的规定，避免了缺陷和疏漏。指标体系中每个指标的责任归属和具体的目标，强化了参建单位的责任理念，破除了随意裁量的观念，打破了单位间的壁垒；指标体系的实施流程与评价办法，强化了参建单位的过程管理理念，使行政人员能够对自己的工作行为有一个审查过程，可以揭示出低效率的行为，强化正确的行为。另外，通过指标体系实施后的排名与效果分析，还可以起到激励和监督作用，鞭策排名靠后的参建单位和行政人员不断完善自我，不断提升执行力。

（四）有利于拉近党和政府与人民群众的感情

指标体系采取群众参与的工作方式，坚持指标从群众中来、到群众中去，创建了新时期党和政府密切联系群众的工作方式。指标体系的征集坚持“见物见人”的原则。始终坚持以人为本，执政为民，将一切工作的出发点和落脚点全部放在维护群众利益上，着力保障和改善民生，使经济发展的物质成果惠及广大居民群众，努力实现“劳有多得、病有良医、老有颐养、困有所助、住有宜居、学有优教”。指标体系的考核评价坚持公众参与、社会评价的原则。突破政府部门自我设计、自我考核的评价管理模式，实现政府与社会公众的良性互动，践行党的“从群众中来，到群众中去”的群众工作路线。

二　社会服务管理创新指标体系的内涵

顺义区社会服务管理创新指标体系以指标为导向，以不同权重为杠杆，重在收集基础信息、反映群众需求、发现报告问题、排查化解矛盾、协助解决问题，动员公众参与社会管理与服务。整体上看，顺义区社会服务管理创新指标体系犹如一张纵横交织的网。

（一）纵向的因果关系

从纵向来看，整个指标体系从上到下划分为“推进社会服务”“深化社会管理”“扩大社会动员（含社会领域党建）”“构建社会和谐”“促进社会文明”五大领域。每一领域指标划分为结果层面指标、过程层面指标和保障层面指标三类。在服务、管理、动员、和谐与文明五大领域中，服务与管理是基础，动员是手段，和谐与文明是结果。每一领域的结果层面指标用来描述任务完成程度，是衡量结果的指标标准；过程层面指标是描述驱动结果层面目标得以实现的因素，过程层面指标的完成情况在很大程度上决定结果层面目标的实现可能性；保障措施层面的指标主要反映了人力资本、组织资本与信息资本等内容，它们是用以衡量推进过程层面和结果层面目标达成的后勤保障工作的完备度。

（二）横向的推导关系

从横向来看，领域下的目标、指标、目标值、完成时限、主责单位、配合单位、受众群体、权重、人均工作强度、评价标准之间形成推导关系。

具体来说，“目标”是组织在一定时期的特定绩效领域内所希望取得的理想成果，它的表述通常为一个动宾结构的短语。“指标”是衡量目标实现程度的标尺，必须可衡量、可量化。“目标值”是指既定目标在相应指标上所期望达到的绩效标准。按目标值完成的进度，分为年度目标值和季度目标值。“完成时限”是指组织要求某一目标值必须达到的时间规定。“主责单位”是指负责对某一指标和目标值牵头抓总的主体单位。主责单位全权负责某一指标和目标值的实施，同时负责指标和目标值的分解及工作任务完成标准的设置。“配合单位”是相对主责单位而言的行动单位，受主责单位召集，配合主责单位完成相关指标及目标值。配合单位指标的权重及完成标准，依据主责单位相关情况制定。“受众群体”是指某项指标及目标值实现后，受众群体所属辖区及数量。“权重”是指该指标在整体评价中的相对重要程度。指标权重的设定是由各主责单位按照全局性（覆盖人口数或工作范围达到51%以上的）、局部性（覆盖人口数或工作范围介于11%至50%的）、事务性（覆盖人口数或工作范围小于等于10%的）三个层面的标准，分别赋予每个指标5、3、1不等的权重。“人均工作强度”（人数×时间）是指完成某一指标及目标值所需要投入的人力与工作时间，通常由人数×小时来表示。“评价标准”是指评价某项社会服务管理创新指标及目标值完成情况的标准。责任单位按照定性、定量、定时、定责的原则，详细制定、填写每个档次的评分标准。评分标准分为优、良、中、差四个档次。为了减少人为打分误差，采取定点计分法，“优”打100分，“良”打85分，“中”打70分，“差”打40分。

三　顺义区社会服务管理创新指标体系的特点

顺义区社会服务管理创新指标体系是在相关学科的理论指导下，结合顺义社会建设的实际来进行开发设计的，具有以下几个鲜明的特点。

（一）指标体系引入了前沿的管理理念

社会建设是一个涉及诸多领域自身结构、功能调整和这些领域之间关系协调的复杂过程。社会学、管理学、经济学的很多理论成为顺义区社会服务管理创新指标体系构建的重要理论支撑，如社会公正理论、社会福利理论、社会风险理论、社会冲突理论、社会治理理论、新公共服务理论等。尤其是管理学中的战略性绩效管理思想及其平衡计分卡工具更是顺义区社会服务管理创新指标体系开发设计的直接理论基础。

顺义区社会服务管理创新指标体系的开发设计是从顺义区的使命、核心价值观、愿景和战略出发，按照战略性绩效管理的“三个目的、四个环节和五项关键决策”框架来进行的。从表面上看，顺义区社会服务管理创新指标体系仅是一张纵横交错的二维表格，但其设计的后台则采用了平衡计分卡这一战略管理工具、绩效管理工具与管理沟通工具，使全区社会建设化愿景为目标、化战略为行动，促进全区社会服务管理创新工作的有序开展。

（二）指标体系具有强有力的组织保障

社会服务管理创新指标体系是全区社会建设领域工作的一项重大突破，也是全区社会服务管理创新发展与完善的一个重要里程碑。顺义区社会服务管理创新指标体系的有效推进主要得益于其具有坚强的组织保障。区四次党代会报告、区第四届人代会报告均将社会服务管理创新列为重点工作，并在折子工程中得以进一步明确。指标体系的创建、试行、拓展得到了区委、区政府、人大、政协等领导班子的大力支持，同时也得到了全区各职能部门、镇、街道、功能区以及居委会、村委会的全力配合。

（三）指标体系突出群众评价

顺义区社会服务管理创新指标体系中的指标评价突出群众主体地位，指标综合得分主要由单位自评得分和群众评价得分两部分构成。单位自评是指各责任单位对本单位的每个年度指标完成情况进行自评打分。群众评价由专业统计部门组织受众群体代表依法对相关年度指标进行打分。计分采用加权平均法，单位自评占40%，群众评价占60%。系统自动生成综合评价分，综合评价分为优（86～100分）、良（71～85分）、中（60～70分）、差（40～59分）。群众评价得分占60%充分体现出群众既是社会服务管理创新工作的重要参与者，又是社会服务管理创新的直接受益人，社会服务管理创新工作搞得好不好，成效如何，群众最有发言权。同时，这样的分值设置也促使参建单位落实群众路线，放低姿态，急群众之所急、想群众之所想、解群众之所忧，扎扎实实为群众办实事、做好事、解难事，通过惠民心、暖人心的实际行动真正做人民群众的贴心人。

（四）指标体系中的指标来源广泛

社会服务管理创新指标来源广泛，实施多向采集，有领导批示、相关建议、单位自定、群众诉求、督查督办、便民电话和来信来访等。指标分为两类：确定指标和即时指标。确定指标是指各责任单位（包括各职能部门、镇、街道、功能区以及村委会、居委会、功能区企业、网格细胞等）依据职责确认并向社会发布的计划指标。即时指标相对确定指标而言，是指在确定指标发布后新增的指标。通过确定指标和即时指标的互为补充，力争实现社会服务管理工作全覆盖、无盲点。

（五）指标体系的施行采用信息化手段

信息化是当前帮助我们从烦琐事务中解放出来以提高工作实效的重要手段。为提高社会服务管理创新指标体系运行的效率、保证指标体系服务社会建设的质量，顺义区依托北京市电子政务专网，研究开发了社会服务管理创新指标信息系统。该信息系统具有以下五方面特色。一是覆盖全面。系统涵盖了各职能部门、镇、街道、经济功能区、村（居）委会、功能区内企业及网格细胞（注：网格细胞是指处于社会最基层的、直接为群众服务的最小组织。例如，旺泉街道西辛北社区合唱团、双丰街道马坡一社区秧歌队等）的工作，涉及党政工作和民生领域各个方面，各项工作均以指标形式体现。二是突出了以人为本和执政为民。指标的来源和确定均着眼于解决人民群众最关心、最直接、最迫切的现实问题，且在考核时群众的测评占相当比重。三是可量化、好考核。各项指标均设定完成的标准、进度和最终时限，在不同时间节点都有工作进度的提示，显示清晰明了，对各单位之间形成良性竞争和推动工作起到有力的鞭策作用。四是整合资源，操作简单。信息系统可最大限度利用顺义区现有的信息化设施，操作比较简便，易于掌握。该系统将在区信息中心负责的电子政务办公服务平台上运行，并与区城管执法监察局的现有工作平台联网互通，经过必要的分层次培训后，操作方法可很快掌握和熟练使用。五是体现了科学性和公平公正。在领导层面、系统控制中心和基层单位设定了不同的权限，查询便捷。各单位指标完成情况最终以分析报告的形式由系统根据数据进行分析后自动生成，避免了人为误差。

四　顺义区社会服务管理创新指标体系建设的实践做法

经过近两年的准备，顺义区社会服务管理创新指标体系建设已经取得初步成果，达到了预期目的。

（一）出台社会服务管理创新指标体系实施办法

2012 年底，区委、区政府在“1 + X”系列文件（《关于推进社会服务管理创新的意见》和劳动就业、社会保障、流动人口管理等 20 个配套实施方案）的基础上，经过征询多方意见后制定出台了《顺义区网格化社会服务管理创新指标体系实施办法（试行）》（以下简称《办法》）。《办法》共有六章、二十二条，对指标体系的制定思想、原则、来源、依据、运行机制和工作保障等内容进行了明确，该办法已成为指标体系服务社会建设的指导性文件之一。

一是总则。包括 4 条，分别说明了《办法》制定的依据、指导思想、基本原则、指标考核范围及责任划分。二是指标体系。包括 4 条，分别说明了指标体系制定的目的、领域、目标和指标等内容。三是工作体系。包括 3 条，规定了组织领导、工作平台和群众工作模式，即区委、区政府成立顺义区网格化社会服务管理创新工作领导小组，以社区、村、企业为单位建立基础网格。设立区社会办、区应急办、区城管执法监察局为统筹工作平台；各职能部门为支持平台；各镇、街道、功能区为融合工作平台；各村、社区、企业为基础工作平台四级。全面推行“1 + 1 + 15”群众工作模式。四是运行机制。规定了指标体系的运行过程，包括指标征集、指标确认、指标发布、指标实施、指标考评和考评运用六个方面的内容。五是工作保障。主要包括组织保障、资金保障和技术保障。组织保障：指标体系管理工作由区社会建设工作领导小组负总责，区社会建设工作领导小组办公室具体负责。各职能部门、镇、街道、功能区组织相应工作力量，保障此项工作的顺利开展。资金保障：由区、镇两级政府负责，将所需经费列入预算。技术保障：建设顺义区社会服务管理创新指标信息系统综合平台，实现顺义区社会服务管理创新指标体系工作的信息化。六是附则。包括 2 条，标明《办法》实施日期和最终解释权的归属。

（二）建立社会服务管理创新指标体系

顺义区社会服务管理创新指标体系以“党委领导、政府负责、社会协同、公众参与、法治保障”“社会管理精细化”“打通经纬”“见人见物”四项原则为指导，涉及“推进社会服务”“深化社会管理”“扩大社会动员”“构建社会和谐”和“促进社会文明”五大领域，涵盖“结果、过程、保障”三个层面，共计 1060 项指标。指标实施流程包括“指标征集、指标确认、指标发布、指标实施、指标考评、结果运用”六个步骤。考评结果不仅纳入区政府绩效考评，而且还将作为全区各级领导班子和领导干部绩效考核的依据以及区委、区政府确定便民工程、实事工程、重点工程的重要依据。

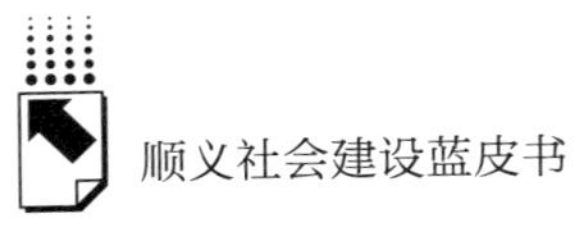

（三）强化社会服务管理指标体系的组织领导

为推进社会服务管理创新指标体系的贯彻落实，成立了由区委、区政府主要领导牵头的社会建设工作领导小组，全面负责顺义区社会服务管理创新指标体系的管理工作，并由区社会建设工作领导小组办公室具体负责指标体系的各项日常工作。各职能部门、镇、街道、功能区组织相应工作力量，保障此项工作的顺利开展。2013 年 9 月 18 日，区四大门主要领导专题听取了社会服务管理创新指标体系建设情况汇报。王刚书记和卢映川代区长在会上提出：社会服务管理创新指标体系的实施要积极稳妥、分层分批推进，先期进行工作试点。在指标体系的试点阶段，成立了由区委常委、组织部部长车克欣，区委常委、副区长于庆丰任组长，区社会办主任张友生任副组长，各试点单位及相关责任单位一把手为成员的社会服务管理创新指标体系实施试点工作领导小组，全面负责试点工作的组织领导，区社会建设工作领导小组办公室负责具体落实试点各项工作。

（四）搭建社会服务管理创新指标信息系统

指标信息系统主要由数据服务器、主干网、终端（含移动终端）共同组成，它们是承载社会服务管理创新指标体系运行的物理平台。该系统主要包括文件汇编、指标体系、工作平台和分析报告等。一是文件汇编部分。文件汇编汇集整理了中央、北京市、顺义区三级党委、政府颁发的、与社会服务管理创新有关的所有文件，这些文件对顺义区的社会服务管理创新工作起着理论指导和政策支持作用。在文件汇编部分，系统可实现各类文件的分类展示、用户查询、打印下载等功能。二是指标体系部分。指标体系是顺义区社会服务管理创新的顶层指标库，指标库中的指标可以适时进行动态调整。指标库中的指标是依据区内群众的现实需求和区党政中心工作的安排，按批次、有重点、分步骤地选定实施。指标体系部分具有指标的分类、采集、分解、确定与发布实施等多项功能，它是实现社会服务管理精细化的重要载体和抓手。三是工作平台部分。工作平台是顺义区社会服务管理创新各参与单位的一个综合管理平台。各责任单位通过社会服务管理创新指标信息系统来归总各自的年度任务指标，形成各自的指标台账并依据台账任务开展社会服务管理创新工作。工作平台具有账单填写、指标查询、工作监控、工作提示四项功能。四是分析报告部分。分析报告是根据指标考核的情况，由系统自动生成的统计结果。报告分为全区综合分析报告和各单位分析报告两种。系统可以提供分析报告的查看、发布、导出、打印等功能。

（五）开展社会服务管理创新指标体系试点工作

为稳步推进社会服务管理创新指标体系实施工作，根据《顺义区网格化社会服务管理创新指标体系实施办法（试行）》和《顺义区网格化社会服务管理创新指标体系实施方案》，全区分三批开展社会服务管理创新指标体系实施试点工作。第一批自 2013 年 10 月 10 日开始，至 2014 年 6 月底结束，选取全区职能部门、镇、街道、村委会、居委会各 5.5%、10.5%、100%、0.5%、77.7%的单位作为试点。在职能部门层面，选取社会办、民政局、广电中心作为试点；在镇层面，选取北小营镇、牛栏山镇作为试点；在街道层面，将光明街道、胜利街道、石园街道、空港街道、旺泉街道、双丰街道 6 个街道全部纳入试点范围；在村委会层面，选取北小营镇北小营村和牛栏山镇张庄村作为试点；在居委会层面，将 6 个街道所辖居委会全部纳入试点范围。第二批自 2014 年 7 月 1 日开始，至 2014 年 12 月底结束，选取试点单位的比例达到全区所有单位的 30%。第三批从 2015 年 1 月 1 日开始，至 2015 年 12 月底结束，选取试点单位的比例达到全区所有单位的 50%。

通过扎实推进社会服务管理创新指标体系，顺义区正着力解决当前社会服务管理中存在的热点、难点问题，切实保证发展为了人民、发展依靠人民、发展成果由人民共享。

B.14
顺义区城乡老年人生活状况抽样调查分析报告*

顺义区民政局

摘　要： 该项目采用随机抽样的方式，通过入户调研，全面分析了健康医疗状况、照料护理服务状况、经济状况、宜居环境状况、社会参与状况、维权状况和精神文化生活状况，对下一步开展顺义区养老服务具有重要的借鉴意义。

关键词： 顺义　人口老龄化　养老服务业

人口老龄化是中国 21 世纪最显著的发展趋势之一，也是世界各个国家面临的一大难题。中国庞大的人口基数，导致老龄化现象备受瞩目。据国家统计局数据显示，截至 2015 年底，我国 60 岁及以上的老人为 2.22 亿人，占总人口比例为 16.2%。中国老龄化从 2013 年到 2021 年开始进入快速发展阶段，将由 2.02 亿人增加至 2.58 亿人，共增加 5600 万人，进入轻度老龄化水平。从 2022 年到 2030 年，中国老龄化进入急速发展阶段。人口老龄化的加剧将成为不可忽视的社会现实及重大挑战。

养老服务业既是关系亿万群众福祉的民生事业，也是具有巨大发展潜力的朝阳产业。养老服务业涵盖老年人衣食住行、生活照料、用品生产、医疗服务、文化健身娱乐等多个领域，涉及面广、产业链长，要紧紧围绕老年群体多层次、多样化的服务需求，降低准入门槛，引导社会资本进入养老服务

* 本文为顺义区民政局2016年委托北京信用协会开展的调研项目。

业，推动公办养老机构改革，提升居家社区和农村养老服务水平，推进养老服务业制度、标准、设施、人才队伍建设，繁荣养老市场，提升服务质量，让广大老年人享受优质养老服务。积极应对人口老龄化，加快发展养老服务业，不断满足老年人持续增长的养老服务需求，是全面建成小康社会的一项紧迫任务。

一　项目概述

（一）项目背景

“十三五”时期，顺义区人口老龄化进程将进一步加快。到 2020 年，预测全区 60 岁以上老年人将增加到 15. 9 万，平均每年增加老年人 6000 人，老年人口将占户籍总人口的 24. 2%，顺义区老龄化形势更加严峻。家庭趋向小型化，空巢老人增多，传统的家庭养老方式面临越来越多的挑战，单一的机构养老不能满足多元化的养老需求，老年人对社区福利和社区照料服务的需求不断增加，养老职能更多地依赖于社会，依赖于社区为老年人服务的开展，由此产生的居家养老服务越来越受到广泛关注。为了解目前全区老年人的服务现状及老年人生活现状，顺义区民政局特组织了此次顺义区老年人生活状况调查。

（二）项目目的

通过此次调研活动，旨在全面了解顺义区老年人的家庭、健康、经济、宜居环境等各种情况、困难和问题，走进老年人的生活，了解中国社会老龄化状况，为顺义区政府制订政策提供依据，提高顺义区老年人的生活质量和水平。

（三）调研对象

本项目采用随机抽样的方式，对顺义区内 60 周岁以上的老年人进行入户调研，抽取21个镇（街道），每个镇（街道）抽样60份，不分性别和年龄。共计1260个样本（见表1）。

表1　60周岁老年人入户调研样本情况

乡镇/街道	样本量	乡镇/街道	样本量
北石槽镇	60	李遂镇	60
北务镇	60	龙湾屯镇	60
北小营镇	60	马坡镇	60
大孙各庄镇	60	木林镇	60
高丽营镇	60	南彩镇	60
光明街道	60	南法信镇	60
后沙峪镇	60	牛栏山镇	60
空港街道	60	胜利街道	60
石园街道	60	天竺镇	60
双丰街道	60	旺泉街道	60
张镇	60	合计	1260

（四）调研时间

此次调研的时间为2016年6月28日~7月31日，为期34天。

（五）调研内容

本次调研涉及七部分内容，主要包括：健康医疗状况、照料护理服务状况、经济状况、宜居环境状况、社会参与状况、维权状况和精神文化生活状况。

二　项目主要结论发现

本次调研抽样共计1260位老年人，其中男性632位，女性628位，比例分别为50.2%和49.8%，年龄集中在60~70岁，以汉族为主，56.4%的老年人为农业户籍。老年人以初中学历为主的占42.3%，小学学历占27.1%。由此可见，60岁及以上的老年人大多文化程度不高，政治面貌以群众居多。

此次调研的1260位老年人中，有96.0%的老人有1~2个子女，其中拥有儿子的比例为53.3%，女儿的比例为46.7%。子女们大多与老人同在一个城市，生活、经济都相对独立且无困难，因此有51.4%的老人表示愿意与子女长期一起生活，帮助子女照看家（43.1%），做家务（38.5%），照看（外）孙子女（25.2%）等情况。老年人平时主要利用公交车、自行车、电动摩托车等公共交通工具出行，环保、经济实惠。

1. 健康医疗状况：61.1%的老年人身体都属于健康状况，无论是从抽烟喝酒等生活习惯还是视力听力等身体状况的健康表现来看都表现良好。70%以上的老年人从来不吃保健品，按时体检，每周锻炼至少3次以上，并无不良嗜好。从慢性患病情况来看，高血压、骨关节病和心脑血管疾病依然是老年人患病率最高的三大疾病。在患病期间，74.2%的老年人都是自己买药处理，或是就近选择社区卫生服务中心，乡镇街道卫生院和区级医院等离家不远的医疗机构。距离太远、医院排队时间太长、手续烦琐和费用太高等问题的存在，是老年人选择不去医院处理的主要原因。简化医院看病流程，减轻老年人医疗费用，在一定程度上改善老年人生活环境，让老年人更多地融入社会，保障老年人的生活独立。

2. 照料护理服务状况：85.9%的老年人都能完全自理，87.2%的老年人不需要日常照料，在辅具使用上利用最高的是老花镜（60.1%）。从调研结果来看，仅有21.3%的老年人愿意入住养老机构，愿意承担的费用均在2000元以下，其中在空港街道、石园街道、牛栏山镇的老年人中超过10%的老人愿意承担的费用超过2000元，自愿购买服务的意识还有待进一步加强。随着网络的发展，越来越多的社区开始针对老年人开展老龄服务项目，但整体上各项服务项目利用率低，其中需求最多的是上门看病服务，达到29.7%。

3. 经济状况：顺义区城乡老年人的退休年龄基本为60岁，目前有42.8%的老年人已退休，国有企业和事业单位的比例最高，占到整体的55.3%。目前还有7.7%的老年人能通过个人关系获取工作，月收入1000~2000元的比例能达到43.8%。虽然有42.2%的老年人表示目前有养老金，75.2%的老年人有属于自己产权的房产，但只有少部分的老年人会通过购买国债等产品用来投资理财，投资观念相对保守。

4. 宜居环境状况：安全性是当前适老居住环境建设的重点，本次调研结果中，67.8%的老年人居住的房子建于20世纪90年代后，生活设施配套仅是“标配”，而有95%的老年人表示2018年在家中的客厅、卫生间和卧室等地方有跌倒过，17.6%的住房没有扶手，仅有19.9%的住房均没有呼叫/报警设施。因此，有必要对老年人居住的房屋进行适老化改造，加装防护扶手、防滑地板、坐浴椅等防跌倒装置，紧急呼叫和监护网络等紧急救助装置，强化社区无障碍通行，为老年人创造一个舒适幸福的环境。

5. 社会参与状况：顺义区城乡老年人中有65.3%的人有参与公益活动，主要以维护社区、社会治安为主，参与度较高。目前仅有8.5%的老年人表示有参加老年协会，而社区没有成立老年协会是没有参加的主要原因，其中反映最多的是张镇、龙湾屯镇、马坡镇。

6. 维权状况：随着国家和社区法律制度的普及，55.6%的老年人知道《老年人权益保障法》，说明顺义区老年人权益保障法律的宣传工作到位，老年人对自身的权益保障有充分的了解和利用。目前仍会有小部分老年人表示有遭到家人的忽视或是不提供基本保障等情况，大多数情况下老年人只能自己承受委屈。

7. 精神文化生活状况：老年人的闲暇生活越来越丰富，社区公共场所会配有健身场所、广场和文化站等设施，业余活动主要以看电视/听广播、读书/看报、散步/慢跑为主。越来越多的老年人认同自身应该自强自立（85.4%）、更多地参与社会服务等观点，因此，老年人的幸福感也越来越强，82%的老年人都认为自己是幸福的。

三　老年人生活状况分析

（一）家庭情况

1. 子女拥有情况

此次调查的1260位老年人中，有96.0%的老人拥有子女，大多是1~2个子女，其中拥有1个儿子的比例为20.1%，1个女儿的比例为33.9%。调研的老年人中，其生育年龄正值国家开始实行计划生育政策时期，因此城市中1个子女的比例较高，农村中2个子女的比例较高（见图1、图2）。

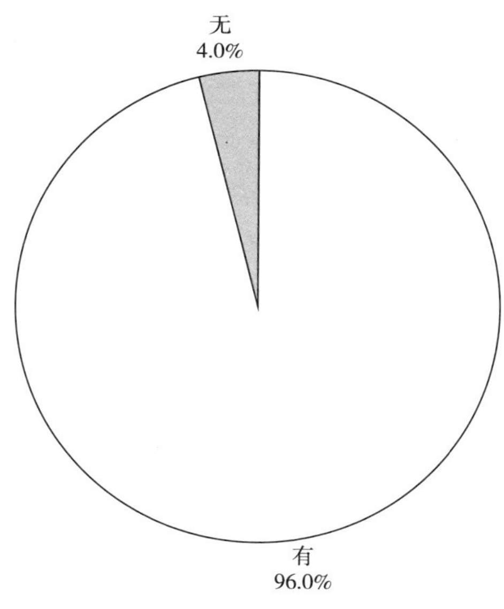

图1　子女情况

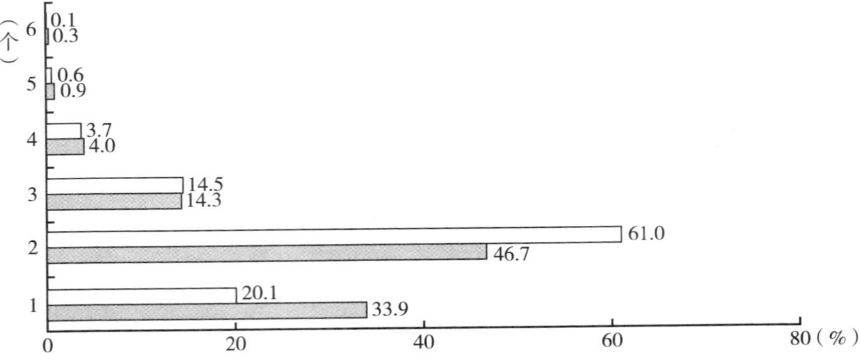

图2 拥有子女数量

2. 子女生活状况

调研发现，91.2%的子女在生活上都无困难，且经济独立，只有4.5%的子女需要家里老年人经济上的支持（见图3、图4）。

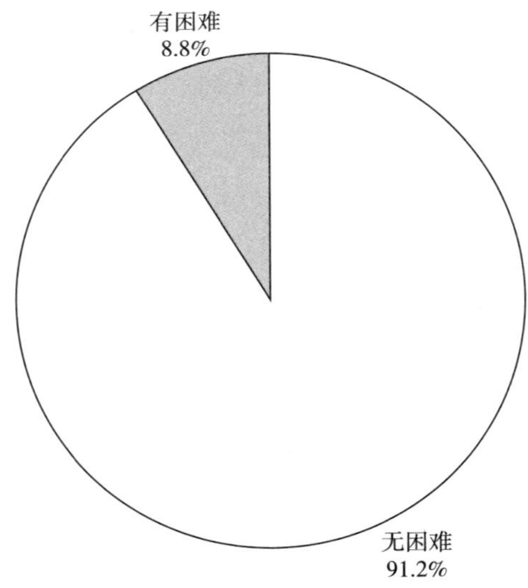

图3 子女生活状况

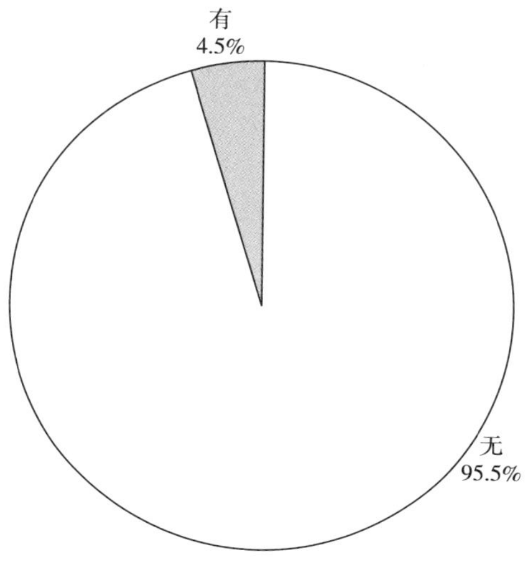

图 4　对子女经济支持状况

3. 子女赡养老人状况

目前老年人的子女均已成家，而且调研的人群中子女 1～2 个的占多数，因此由子女轮流赡养的比例只有 12%，但超过九成的老年人认为子女是比较孝顺的，不孝顺的仅占 0.1%（见图 5、图 6）。

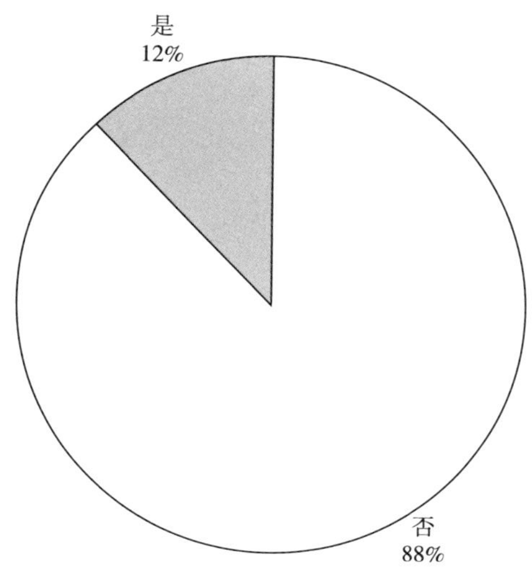

图 5　子女赡养情况

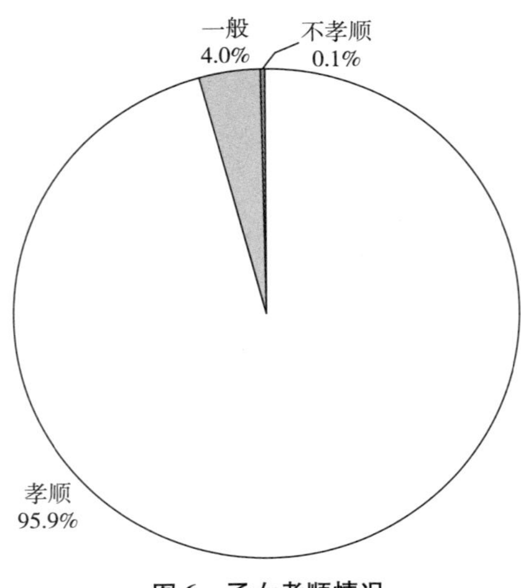

图6　子女孝顺情况

4. 老人居住状况

老人的子女超过九成居住在本市，与老人相距不远。超过半数的老人愿意和子女一起生活，彼此生活上能相互照顾。25.2%的老人喜欢自己居住，这其中既有老人喜欢独处生活，也有老人为了避免和子女同住产生矛盾。因为子女与老人居住相距不远，所以是否住在一起不太影响其对老人的照顾（见图7、图8）。

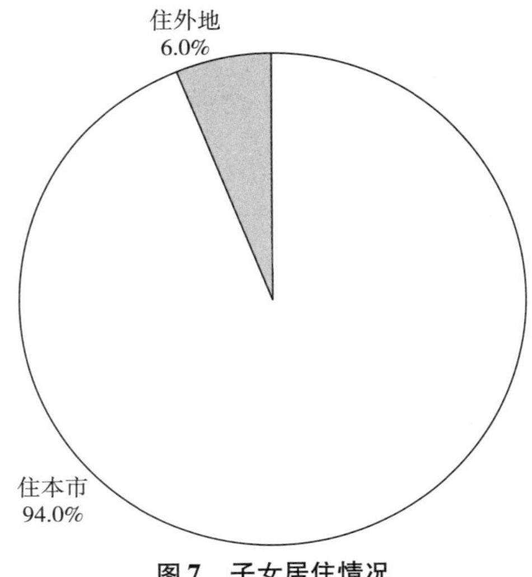

图7　子女居住情况

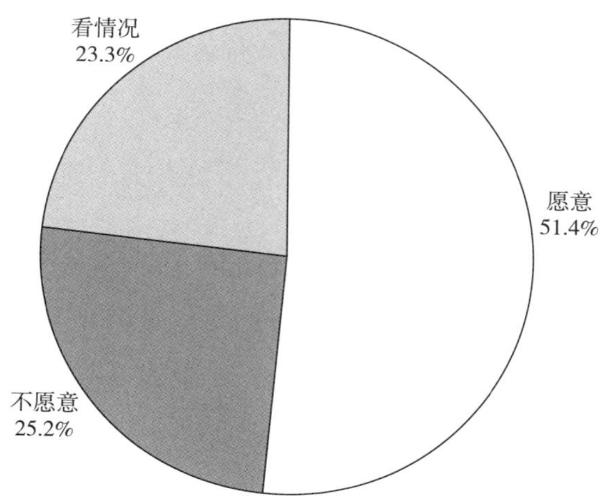

图 8　与子女同住的意愿度

现在多数子女属于上班一族，而且与父母分开居住，通过对老年人调查发现，多数老年人能够帮助子女分担家务、照看子女，希望能为子女分忧。在遇到重大支出时，采取共同协商的方式做出最终的决定（见图 9）。

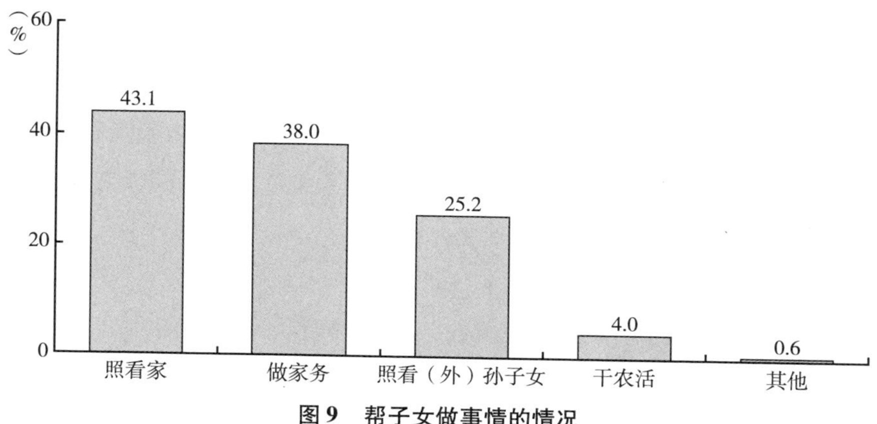

图 9　帮子女做事情的情况

5. 老人出行情况

安全环保出行是每个人最安心的出行方式，所以越来越多的人会选择公共交通出行，这个现象在老年人中尤为明显。33. 9% 的老年人选择乘公交车，23. 2% 的老年人选择骑自行车（见图 10）。

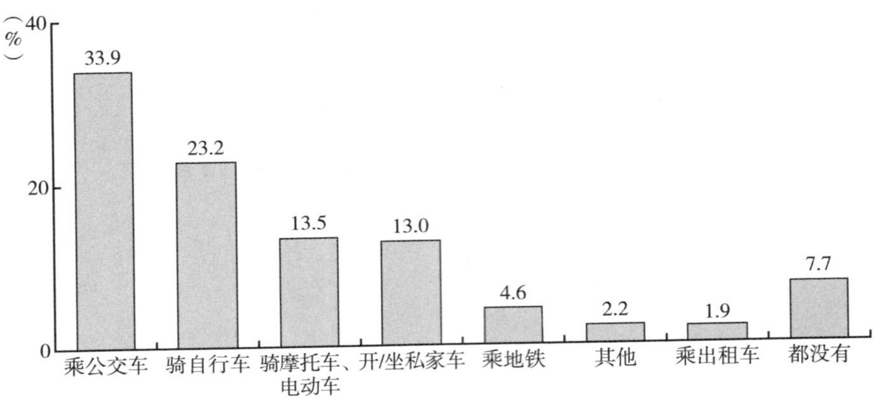

图 10　交通出行方式

（二）健康医疗状况

随着社会的发展，环境的变化，越来越多的老年人开始注重养生、健身，希望自己有一个健康的身体。70%以上的老年人从来都不吃保健品，按时体检。从慢性患病情况来看，老年人患病率最高的依然是高血压、骨关节病和心脑血管疾病。距离太远、医院排队时间太长、手续烦琐和费用太高等问题的存在，是老年人选择不去医院处理的主要原因。简化医院看病流程，减轻老年人医疗费用，在一定程度上改善老年人生活环境，能让老年人更多地融入社会，保障老年人的生活独立。

1. 整体健康状况

从老年人的自我健康感知状况看，整体健康状况一般的人群占到四成（见图 11）。

2. 基本健康状况

（1）老年人吸烟状况

从吸烟状况看，老年人日常生活中有 70.8% 的人从来不吸烟，但也有部分老年人表示经常或偶尔吸烟，这些吸烟人群的烟龄均在 30 年以上的居多（见图 12、图 13）。

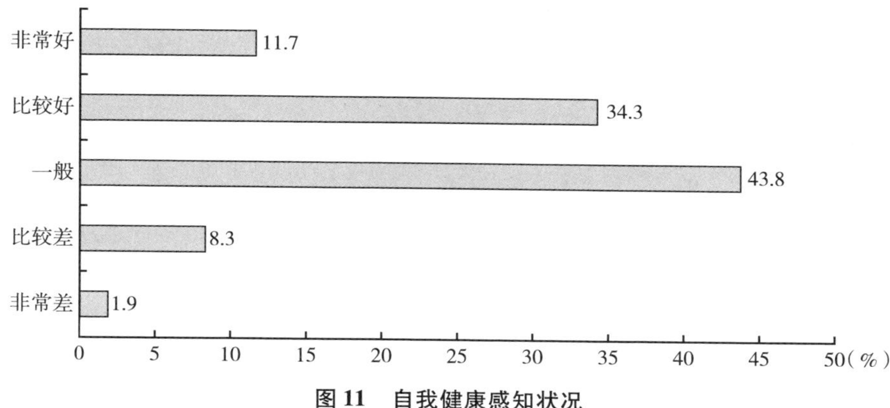

图11　自我健康感知状况

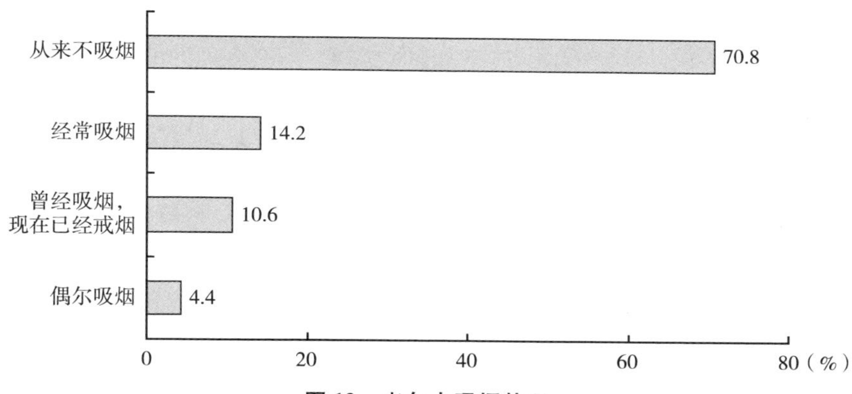

图12　老年人吸烟状况

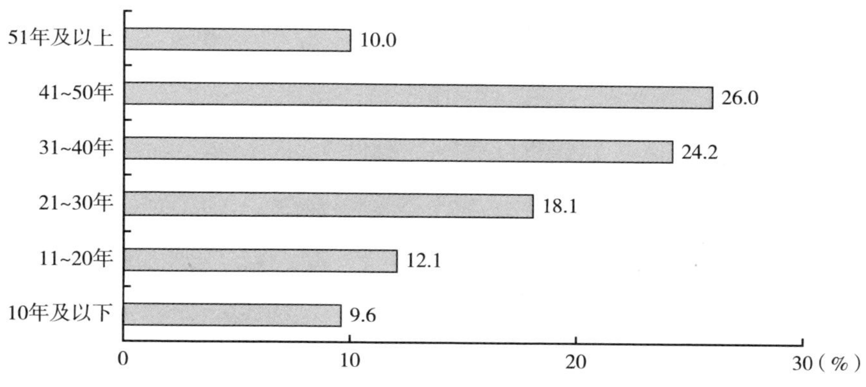

图13　老年人烟龄分布

（2）老年人喝酒状况

从喝酒状况看，有 82.1% 的老年人不喝或偶尔喝。经常醉酒的人占 1.2%（见图 14）。

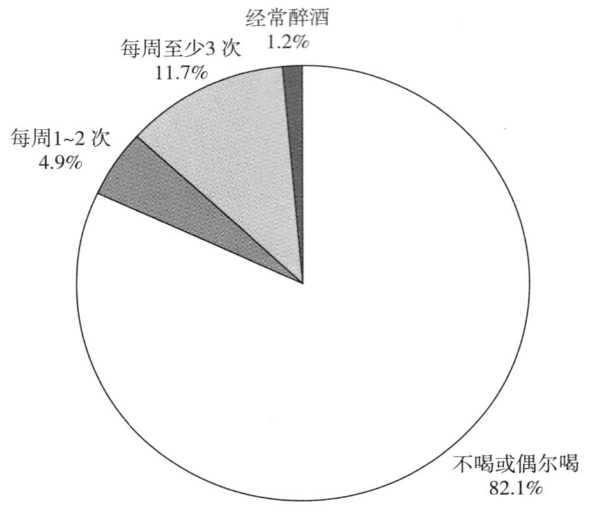

图 14　老年人喝酒状况

（3）老年人睡眠状况

从睡眠状况看，老年人睡眠比较好的占比最高，达 39.8%。其次是一般。表示睡眠质量非常差的老年人仅有 1.8%（见图 15）。

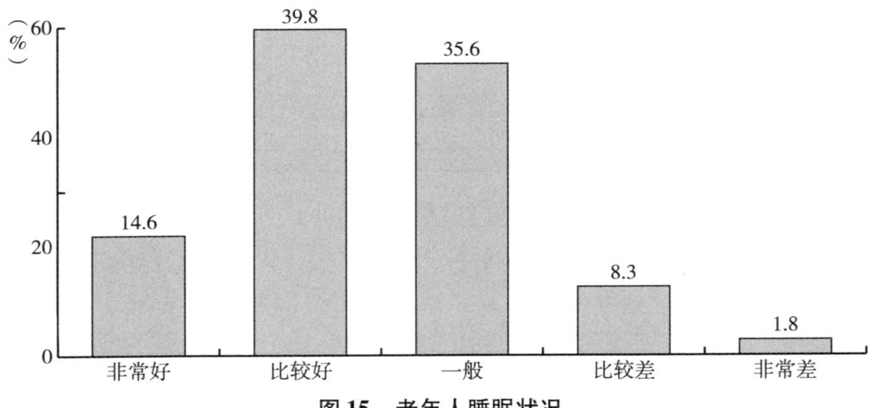

图 15　老年人睡眠状况

（4）老年人视力、听力状况

老年人在视力方面，表示看得非常清楚和比较清楚的人达到 41.5%；在听力方面，表示听得清楚的有 75.3% 的人，老年人的健康情况均较好（见图 16、图 17）。

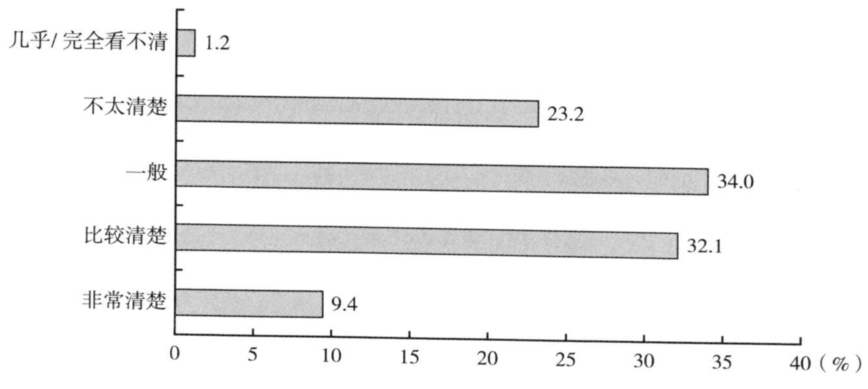

图 16　老年人视力状况

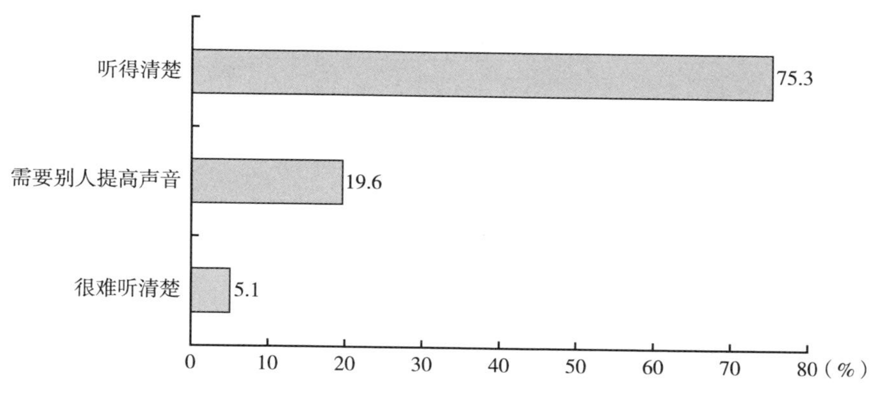

图 17　老年人听力状况

（5）老年人牙齿状况

从牙齿情况看，感觉牙齿有疼痛感和影响吃饭的老年人的占一半左右比例。牙齿疼痛程度方面，81.8% 的人表示不严重或一般（见图 18、图 19）。

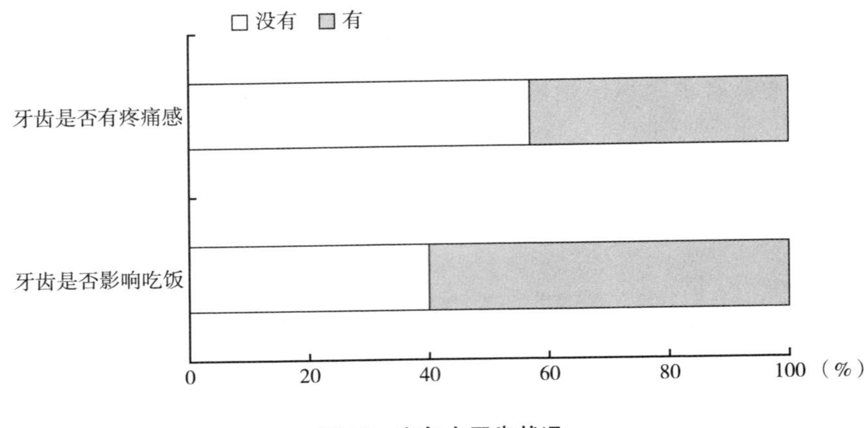

图 18　老年人牙齿状况

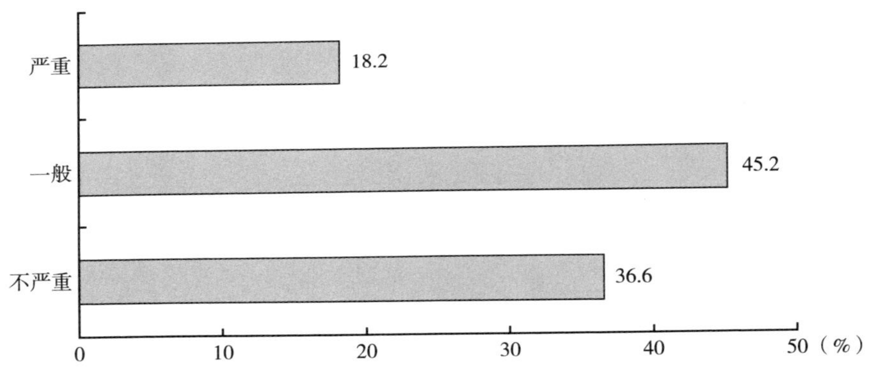

图 19　老年人牙齿疼痛状况

综合以上情况得出，老年人越来越重视自身的身体状况，无论是从抽烟喝酒，还是视力、听力等身体状况的健康表现来看，均无不良嗜好。

3. 身体保健状况

（1）老年人锻炼情况

随着年龄的增加，老年人锻炼的次数也在同步增加，61～70 岁阶段的老年人平均每周锻炼在 6 次及以上的比例仅不到三成，91 岁及以上人群一周锻炼 6 次及以上的人群比例提高到五成（见图 20）。

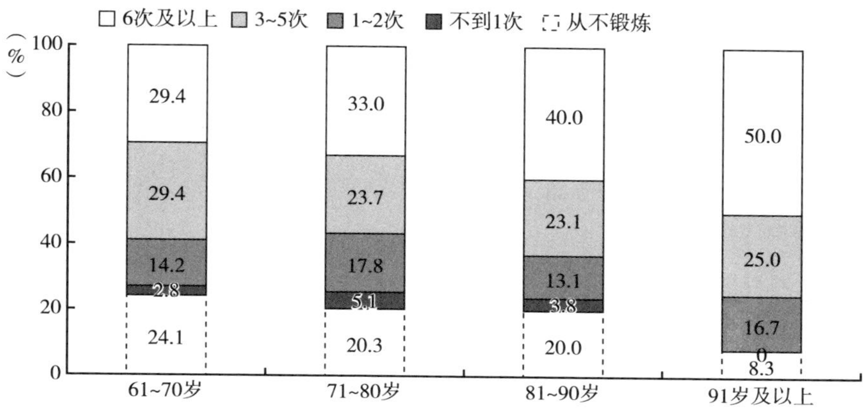

图 20　老年人每周锻炼情况

（2）老年人保健品使用情况

顺义区城乡老年人有 70% 以上的表示从来不吃保健品。随着年龄的增大，老年人对保健品的需求更低，70 岁以上的老年人从来不吃保健品的比例已经超过 80%（见图 21）。

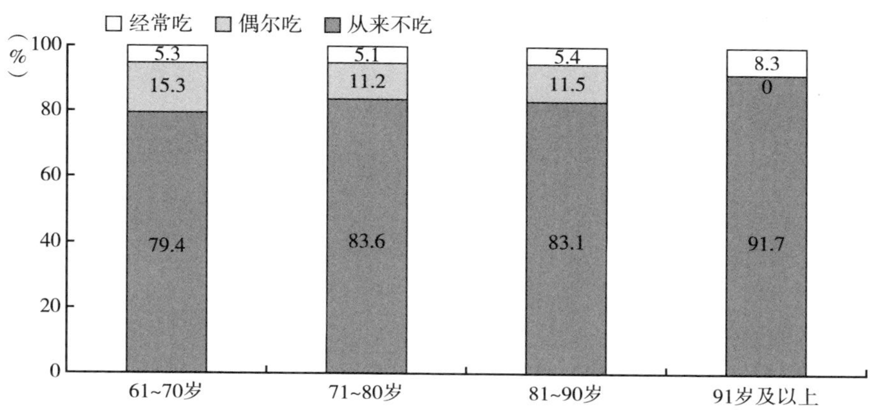

图 21　老年人保健品使用情况

（3）老年人体检情况

从体检情况看，目前老年人对体检的重视程度较高，有 95% 以上的老年人表示 2015 年做过体检（见图 22）。

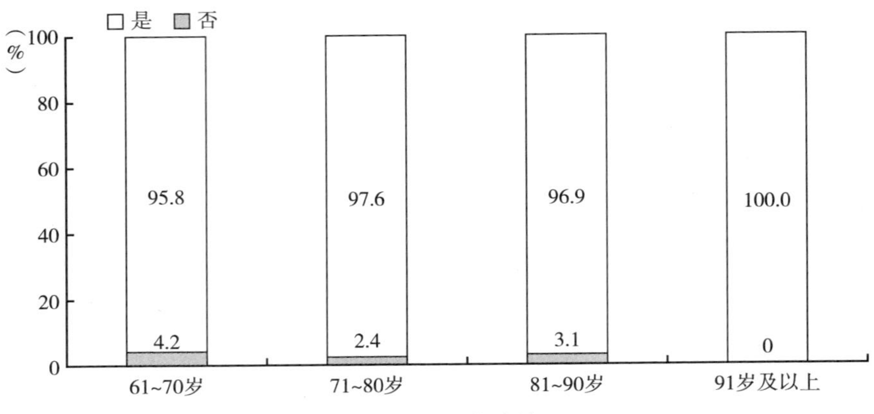

图 22　老年人体检情况

4. 患病就医状况

(1) 老年人慢性病患病情况

从慢性病患病情况看，高血压、骨关节病和心脑血管疾病依然是老年人中最常见的三大疾病（见图 23）。

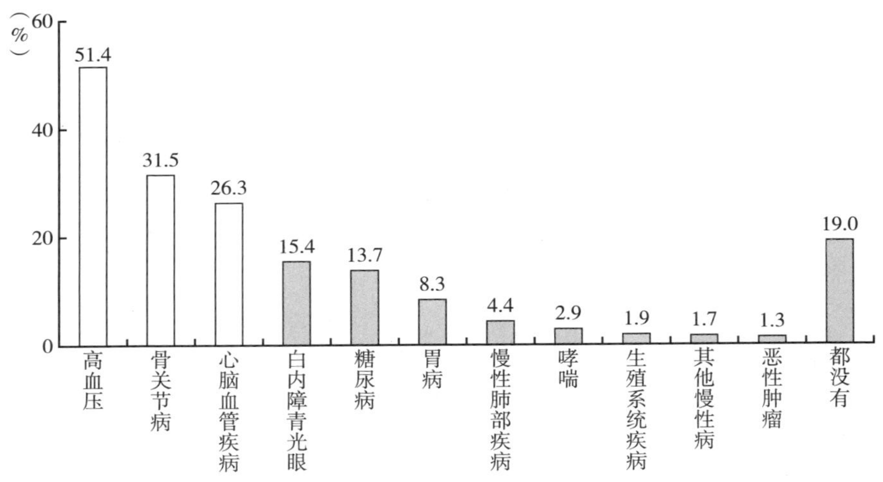

图 23　老年人慢性病患病情况

从两周内患病老年人的患病情况看，本次调查中共有 44.7% 的老年人表示在调查前两周内生过病。在这些老年人中，主要发病情况为慢性病延续到两周内和两周内新发生。老年人在患病后有 81.4% 的人选择找医生看病，13.3% 的人选择自我治疗，另有 5.3% 的人选择不处置（见图 24、图 25）。

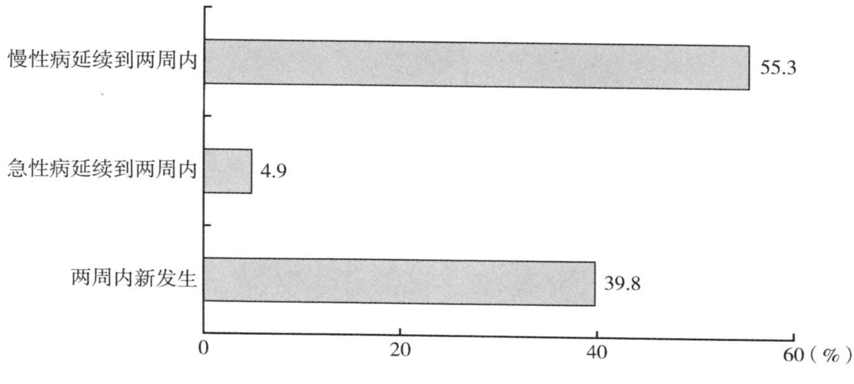

图 24　老年人两周内患病情况

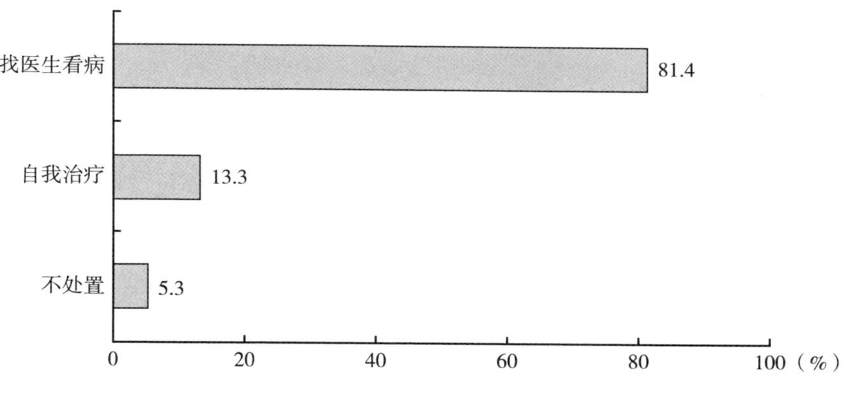

图 25　老年人患病后的处置情况

其中，自我治疗的老年人主要措施为自己买药，这部分人群占到 74%，但这造成了老年人病情加重的潜在风险，毕竟自己买药治疗的针对性要弱一些（见图 26）。

而不处置的老年人主要原因是自感病轻，认为不需要，这样的老年人占到 34.8%。其次是经济困难和医院太远、就医麻烦（见图 27）。

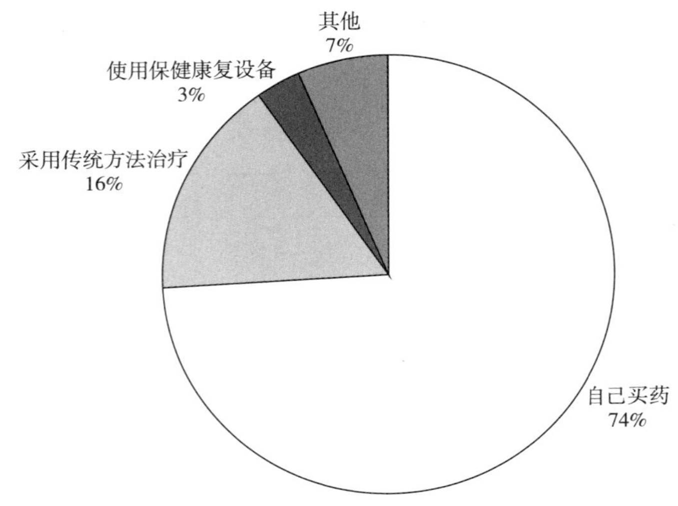

图 26　疾病的自我治疗措施

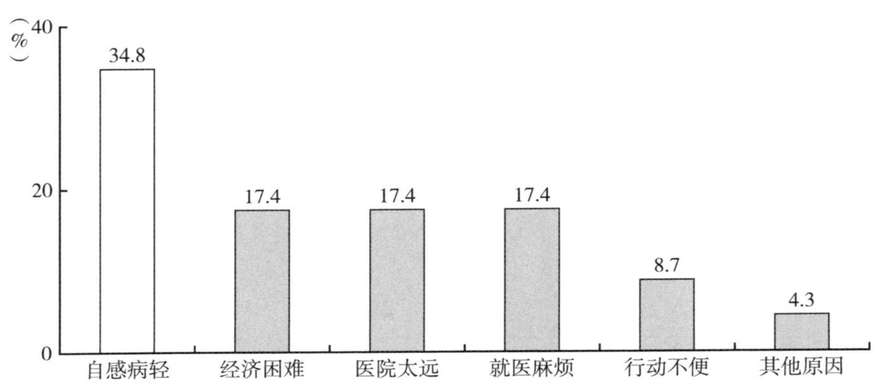

图 27　不处置的主要原因

（2）老年人就医地点的选择情况

从老年人就医地点的选择情况看，顺义区各街道或乡镇老年人平时看病主要是选择在社区卫生服务中心、乡镇街道卫生院和区级医院（见图 28）。

其中，老年人最常去的医疗卫生机构离家的距离不足一公里的最多。由此可见，距离是老年人选择医疗机构的主要原因之一（见图 29）。

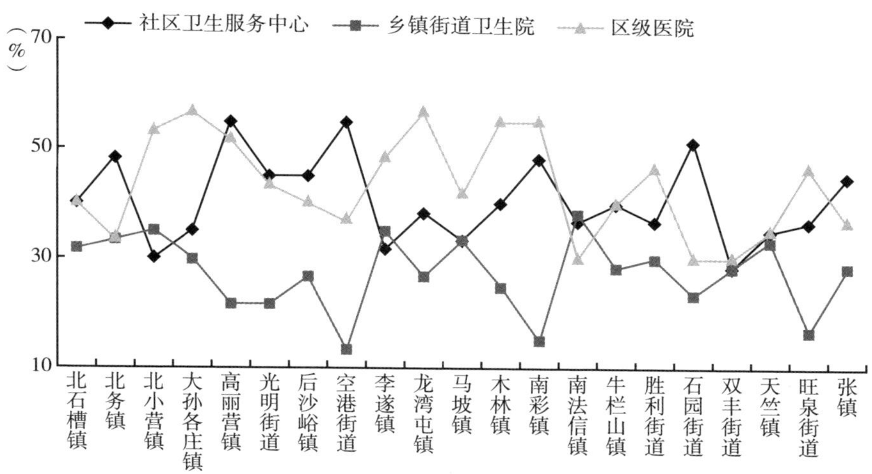

图 28　老年人就医地点的选择情况

注：私人诊所、卫生室/站、市级医院、其他所占比重较少未显示。

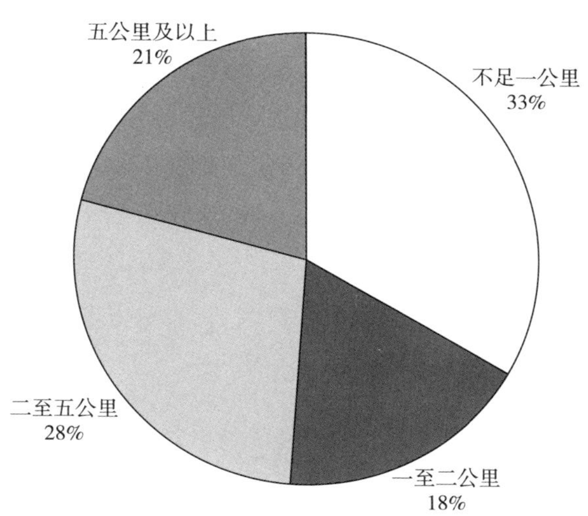

图 29　医疗卫生机构的距离分布

从老年人在医院或诊所遇到的主要问题看，占比最高的是排队时间太长，其次是手续烦琐和收费太高（见图 30）。

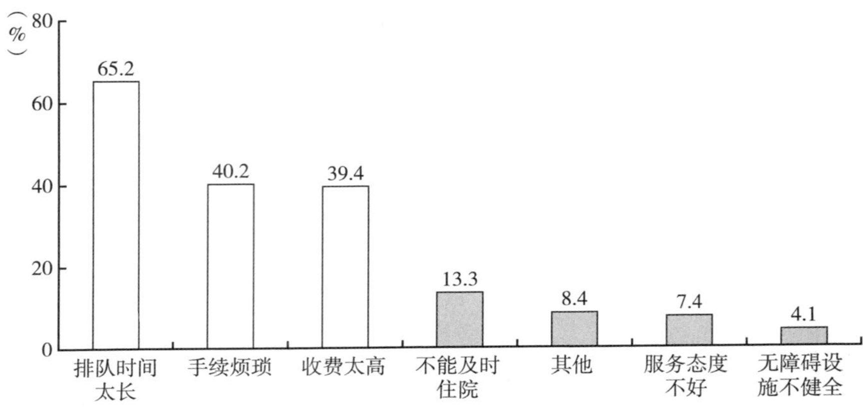

图 30　老年人在医院或诊所遇到的主要问题

从 2015 年老年人住院情况看，仅有 16% 的老年人住过院，84% 的老年人没有住院记录（见图 31）。

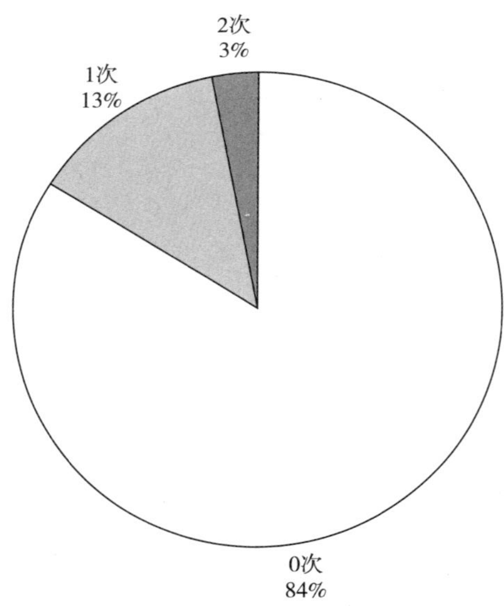

图 31　2015 年老年人住院情况

从老年人医疗保险情况看，顺义区城乡老年人主要的医疗保险是新型农村合作医疗保险、城镇职工基本医疗保险和城镇居民基本医疗保险。表示医药费用报销很方便的老年人占比为40.2%，认为医药费用报销比较方便的占比为35.2%（见图32、图33）。

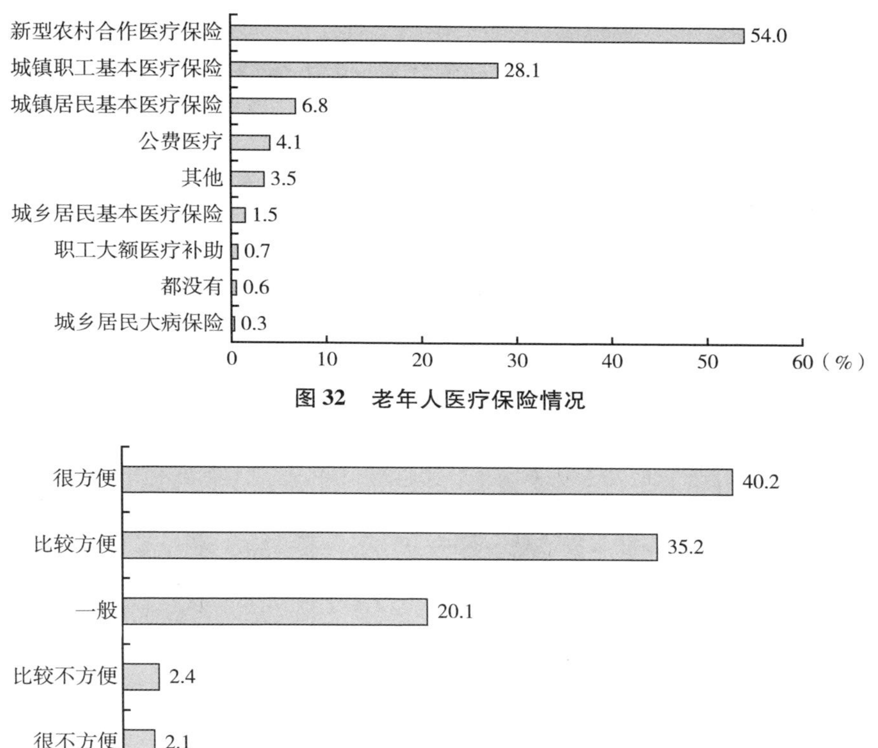

图32　老年人医疗保险情况

图33　老年人医药费用报销情况

（三）照料护理服务状况

从调研结果来看，85.9%的老年人都能完全自理，87.2%的老年人不需要日常照料，而在辅具使用上利用最高的仅仅只是老花镜（60.1%）。老年人的自愿购买服务的意识还有待进一步加强，仅有21.3%的老年人愿意入住养老机构，愿意承担的费用均在2000元以下，其中在空港街道、石园街道、牛栏山镇的老年人中超过10%的老人愿意承担的费用超过2000元，而社区的各项服务项目利用率也较低，其中需求最多的是上门看病服务，达到29.7%。

1. 老年人生活自理情况

从老年人生活自理情况看，大部分老年人均能自理，日常生活事项都可以做。但仍有小部分老年人表示做不了。其中，日常生活事项做不了的老年人主要集中在 80 岁以上，他们对日常购物、上下楼梯、乘坐公交车和提起 10 斤重物较难做到（见图 34、图 35）。

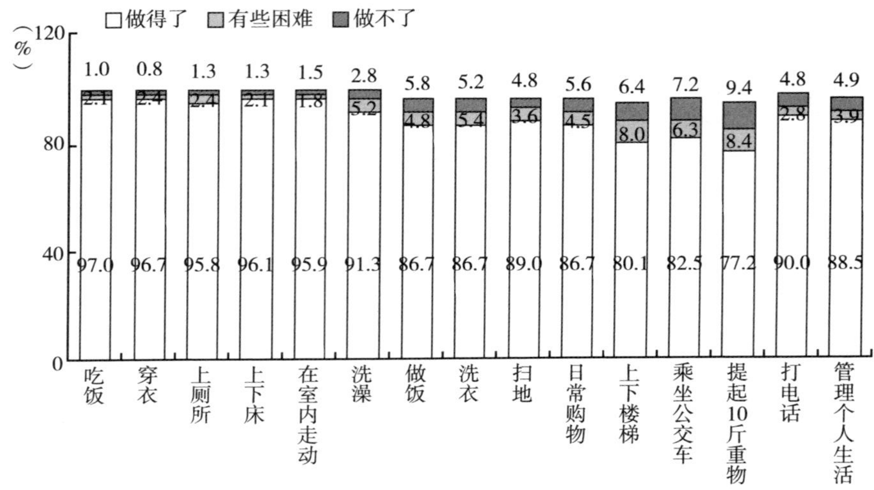

图 34　老年人生活能自理情况

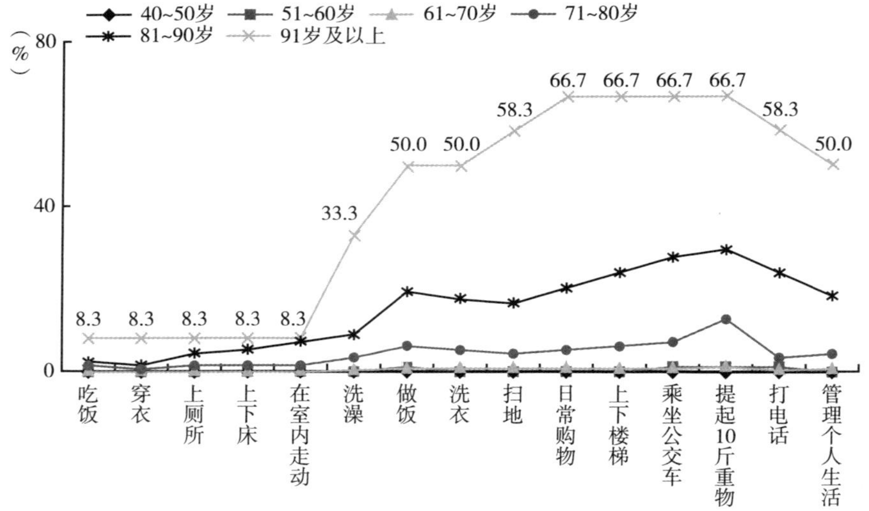

图 35　老年人生活不能自理情况

2. 老年人大小便失禁和使用辅具情况

从老年人大小便失禁和使用辅具情况看，92%以上的老年人表示没有大小便失禁的情况。在辅具使用上利用率最高的是老花镜（见图36、图37）。

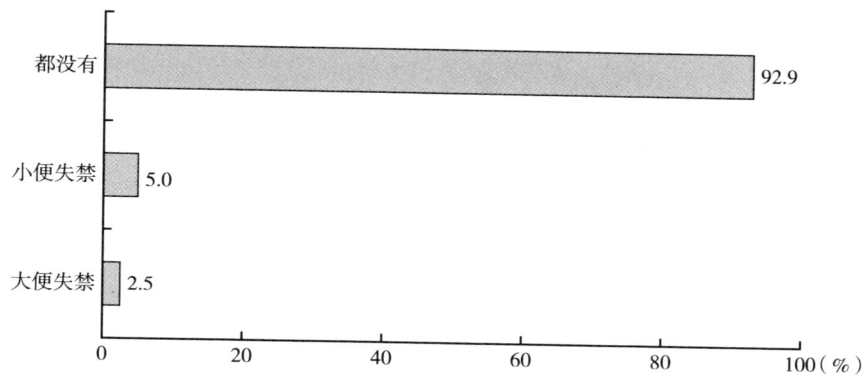

图36　老年人大小便失禁情况

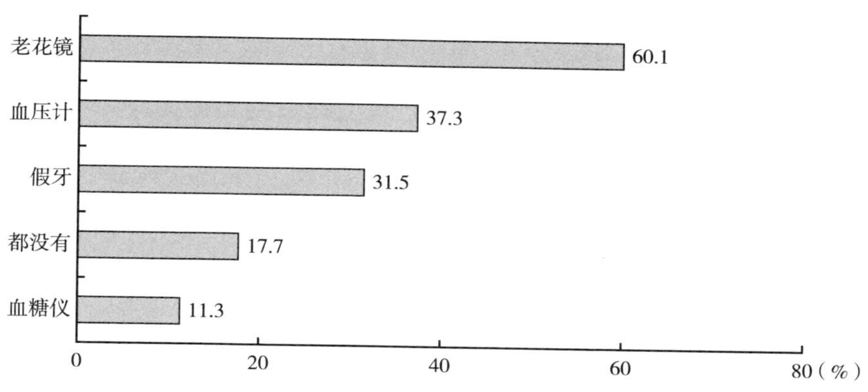

图37　老年人使用辅具情况

3. 老年人日常被照料情况

从老年人日常被照料情况看，大部分老年人不需要日常照料，比例占到87.2%，有12.8%的老年人表示需要照料。需要照料的老年人主要的照料者是儿子或是配偶（见图38、图39）。

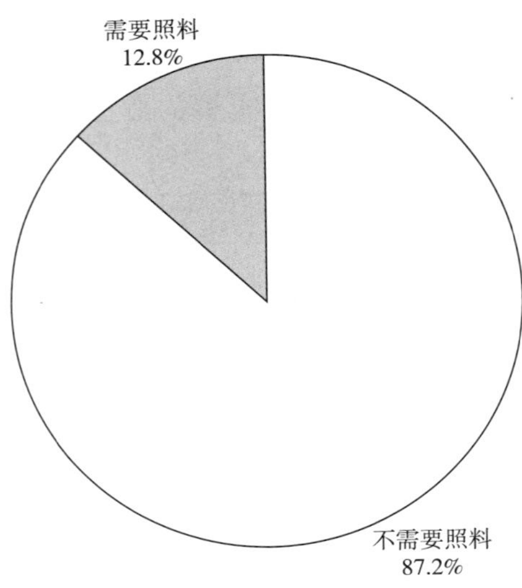

图 38　老年人被照料情况

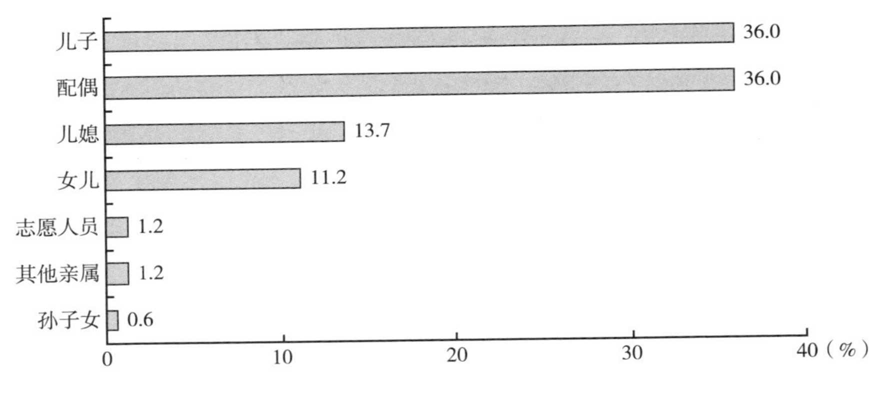

图 39　老年人的主要照料者

老年人愿意接受照料的场所是家里，无论是从环境还是习惯程度上来说，家里是最舒适的场所（见图 40）。

对选择养老机构的老年人，他们能承担的养老费用大部分在 2000 元以下（见图 41）。

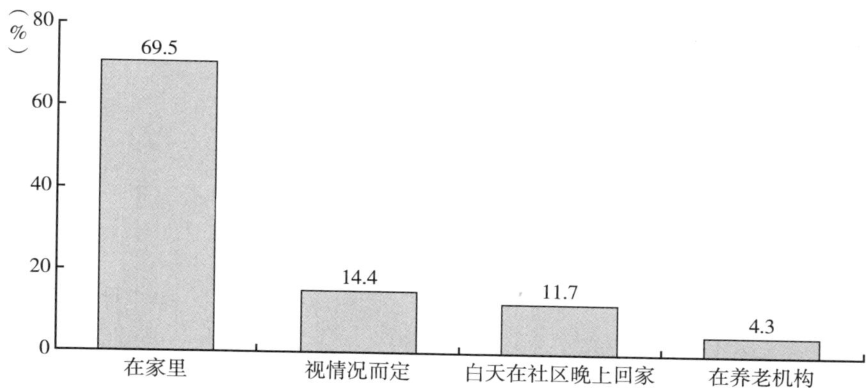

图 40　老年人对照料服务场所的偏好

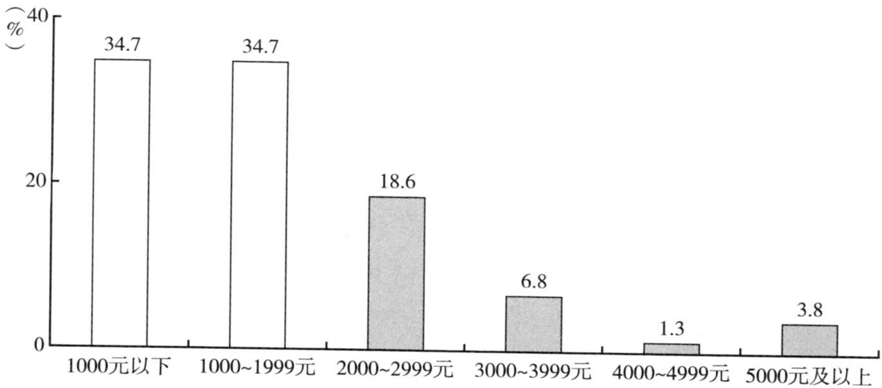

图 41　老年人对养老机构能承担的费用意愿

4. 老年人对社区老龄服务项目的选择

从对社区老龄项目服务需要、知晓和利用情况看，老年人对社区老龄服务项目中助餐服务的知晓情况占比最高，为 42.8%；对上门看病的需要占比最高，达到 29.7%；然而对各项服务项目的利用情况整体较低（见图 42）。

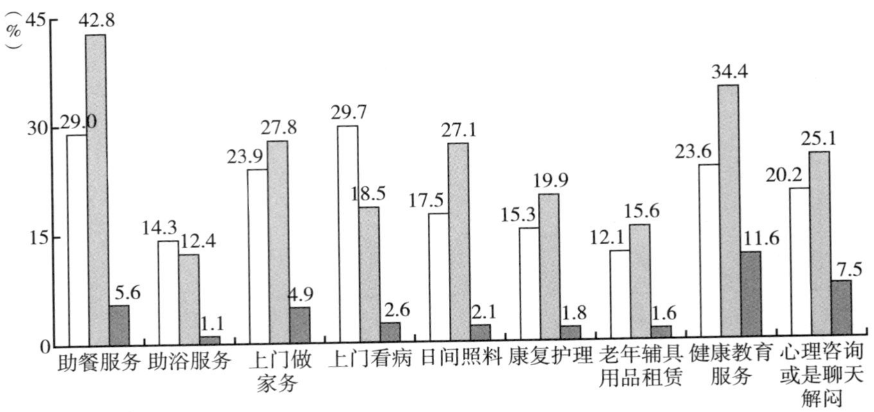

图 42 老年人对社区老龄服务项目的选择

（四）经济状况

在此次调查的顺义城乡老年人中，有 42.8% 的老人已经退休，退休年龄是在法定退休年龄，男性基本上是在 60 岁，女性是在 55 岁。在这部分退休人员中，退休前在国有企业和事业单位的比例最多，占到整体的 55.3%。现在老年人的投资观念相对保守，只有少部分的老年人会通过购买国债等产品用来投资理财。

1. 离退休基本情况

顺义区城乡老年人有 40.1% 的人表示从未有过正式的工作（不适用），未退休的有 17.1%、退休的老年人有 42.8%。退休老年人的主要退休年龄是 60 岁（见图 43、图 44）。

其中，离退休老年人在离退休前的工作单位性质以国有企业和事业单位居多，分别为 27.8% 和 27.5%（见图 45）。

2. 目前从事工作情况

从现在还在从事有收入的工作情况看，仅有 7.7% 的人目前还在从事有

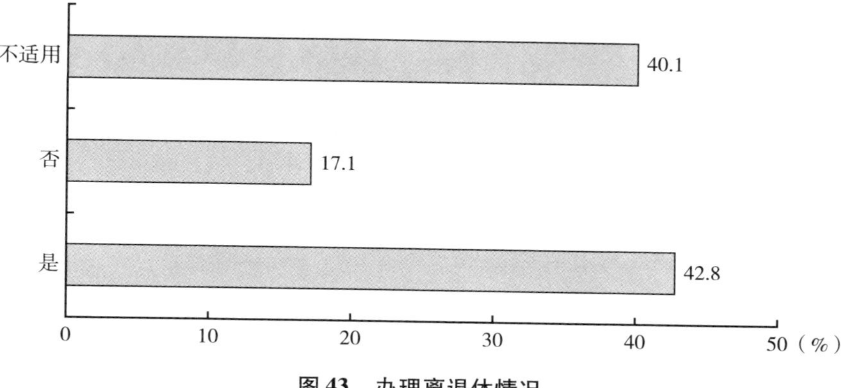

图 43 办理离退休情况

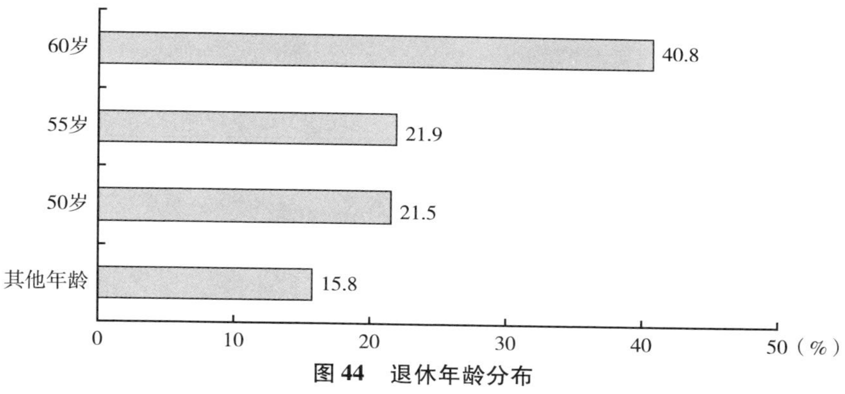

图 44 退休年龄分布

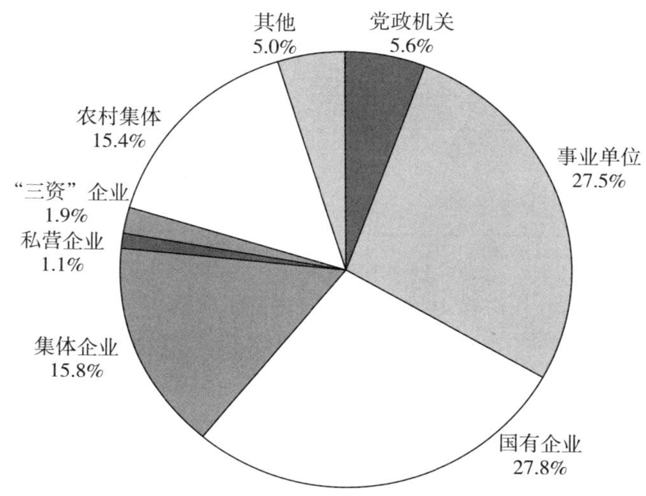

图 45 退休前企业性质状况

收入的工作，多数老年人则是赋闲在家享受老年生活，大部分老年人表示不愿意再从事有收入的工作。

这部分从事有收入工作的老年人获得工作的途径多为个人关系，从事的工作月收入在2000元以下的居多（见图46、图47）。

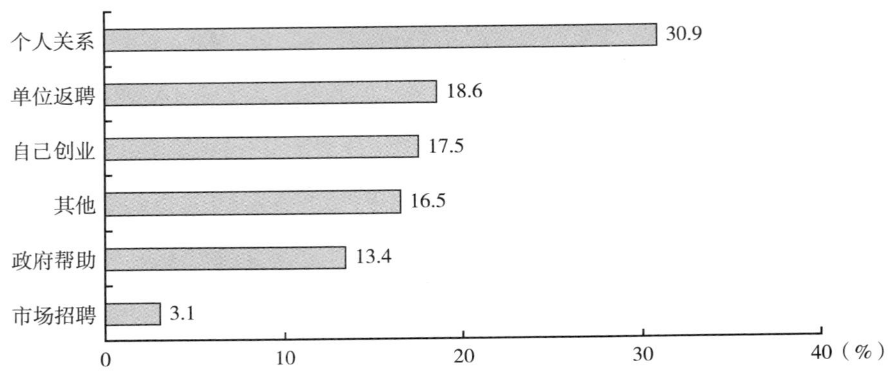

图46　获得工作的主要途径

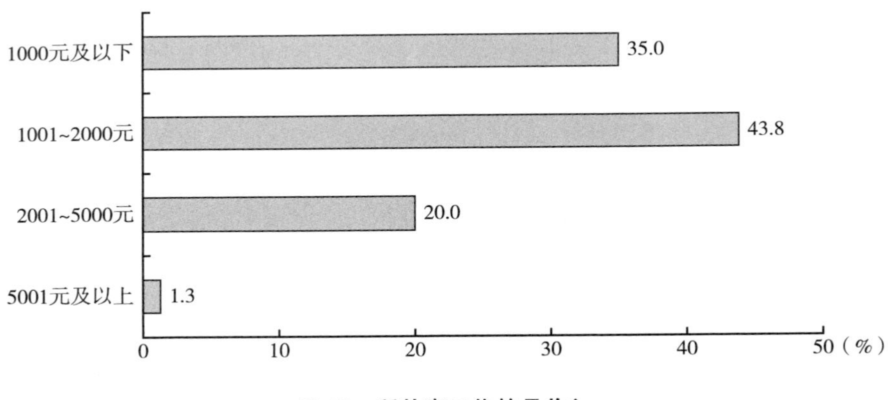

图47　所从事工作的月收入

3. 理财情况

从是否与老伴存有养老金情况看，有41.2%的老年人表示是（见图48）。

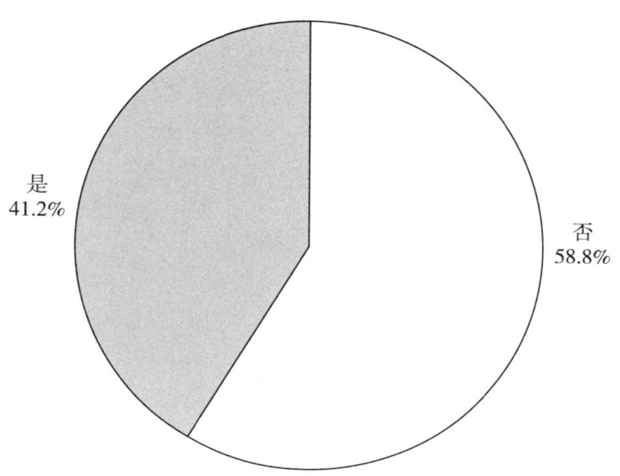

图 48　是否与老伴存有养老金情况

从投资理财情况看，大部分老年人均未购买任何理财产品。其中少部分购买理财产品的老年人，购买最多的理财产品是国债。超过九成的老年人未购买商业保险（见图 49、图 50）。

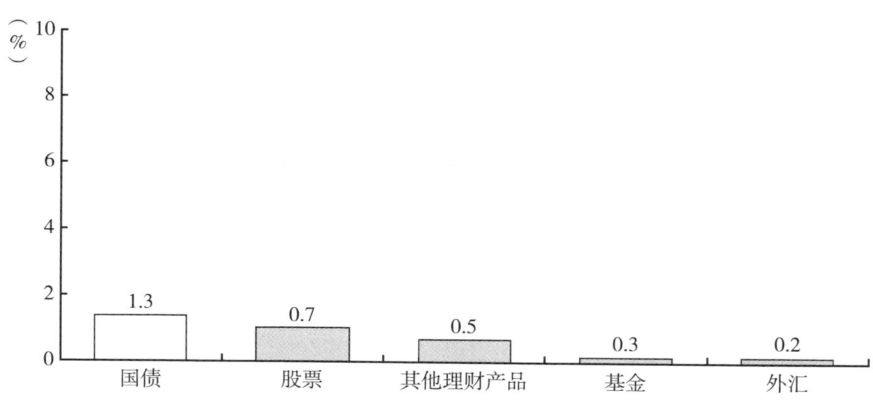

图 49　投资理财情况

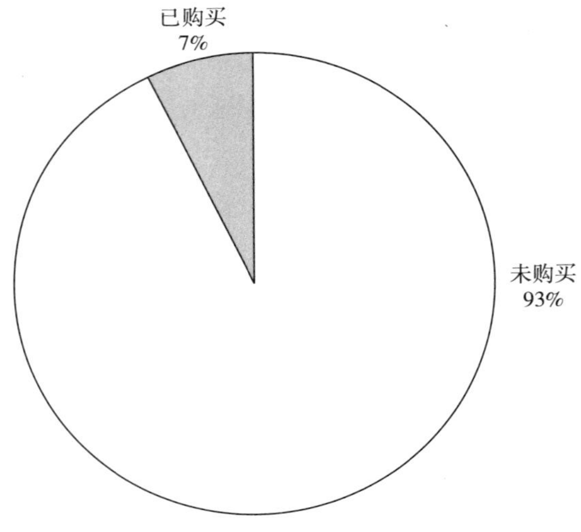

图 50　商业保险购买情况

4. 房产情况

从老年人拥有房子情况看，有 72. 3% 的老年人表示至少有一套属于自己产权的房屋。还有 27. 7% 的老年人没有属于自己产权的房屋（见图 51 ~53）。

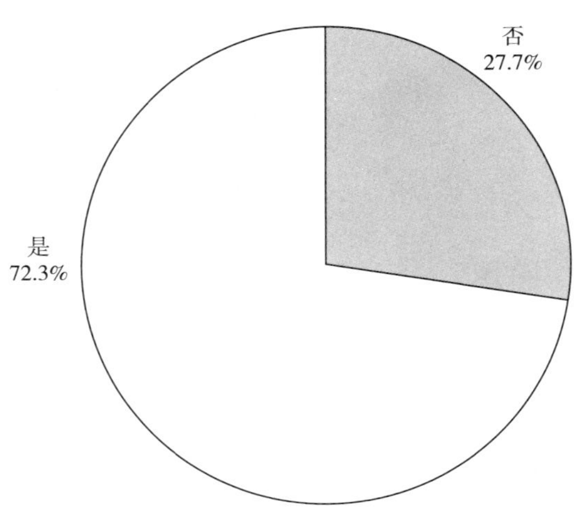

图 51　房产权属

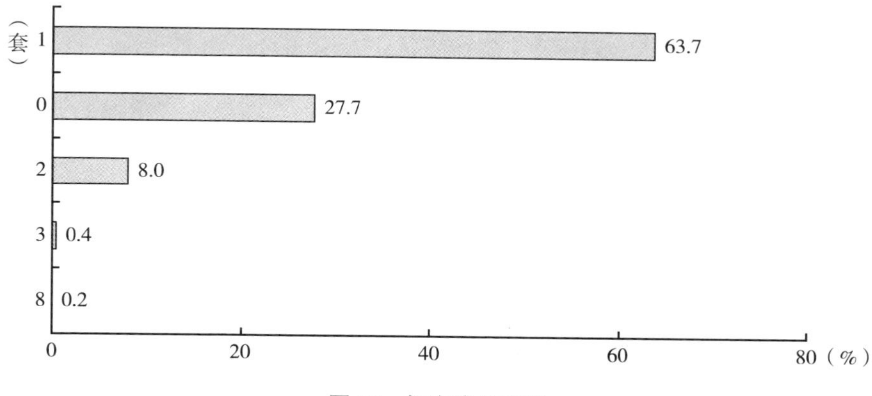

图 52　拥有房子套数

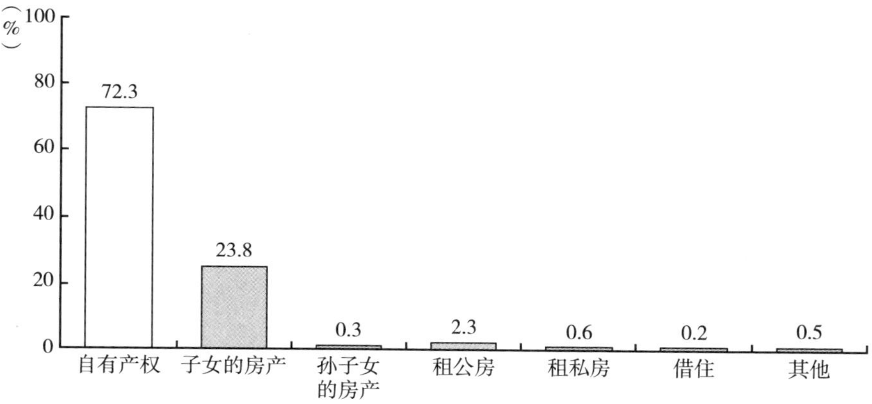

图 53　老年人居住房屋的情况

5. 经济状况感知

从啃老现象和自我感知经济情况看，超过九成老年人认为子女没有啃老，仅有少部分老年人表示有子女啃老的现象。有 72.7% 的老年人觉得自己的经济状况为基本够用（见图 54、图 55）。

（五）宜居环境状况

安全性是当前适老居住环境建设的重点，本次调研结果中，67.8% 的老

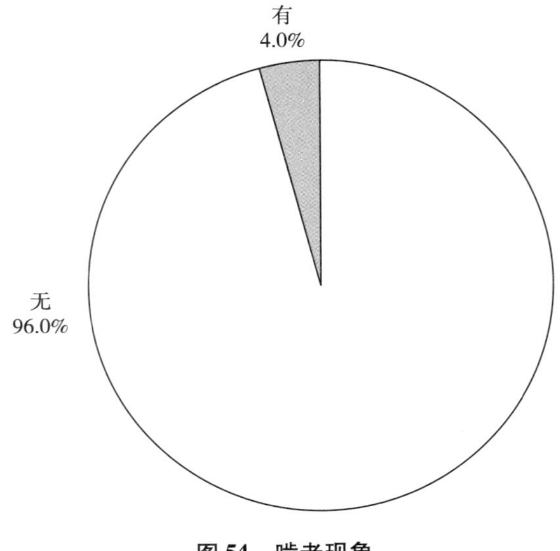

图 54 啃老现象

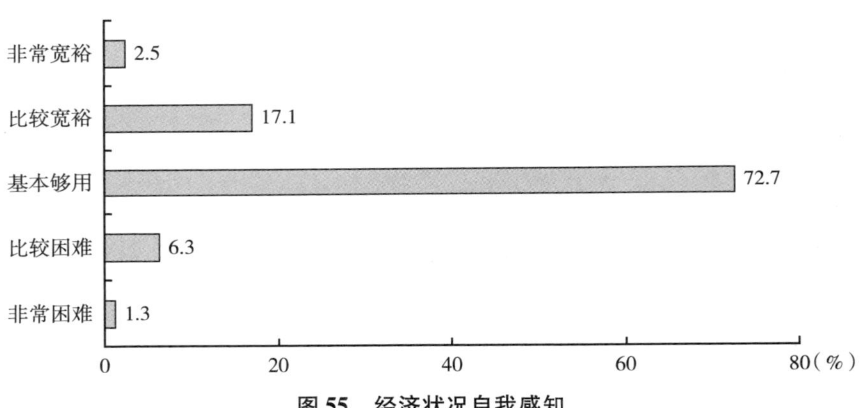

图 55 经济状况自我感知

年人居住的房子建于20世纪90年代后，生活设施配套仅是“标配”，而有95%的老年人表示2018年在家中的客厅、卫生间和卧室等地方有跌倒过，19.9%的住房均没有呼叫/报警设施，17.6%的住房没有扶手。因此，要加强对老年人住宅进行适老化改造，加装防护扶手、防滑地板、坐浴椅等防跌倒装置，紧急呼叫和监护网络等紧急救助装置，为老年人养老创造更舒适安全的环境。

1. 居住房屋设施状况

从房子年代和独立居住情况看，顺义区城乡老年人现在居住的房子 20 世纪 90 年代和 2000 年以后建立的占比最多。分别为 34.6% 和 33.2%。有 92.5% 的老年人和配偶有单独居住的房间（见图 56、图 57）。

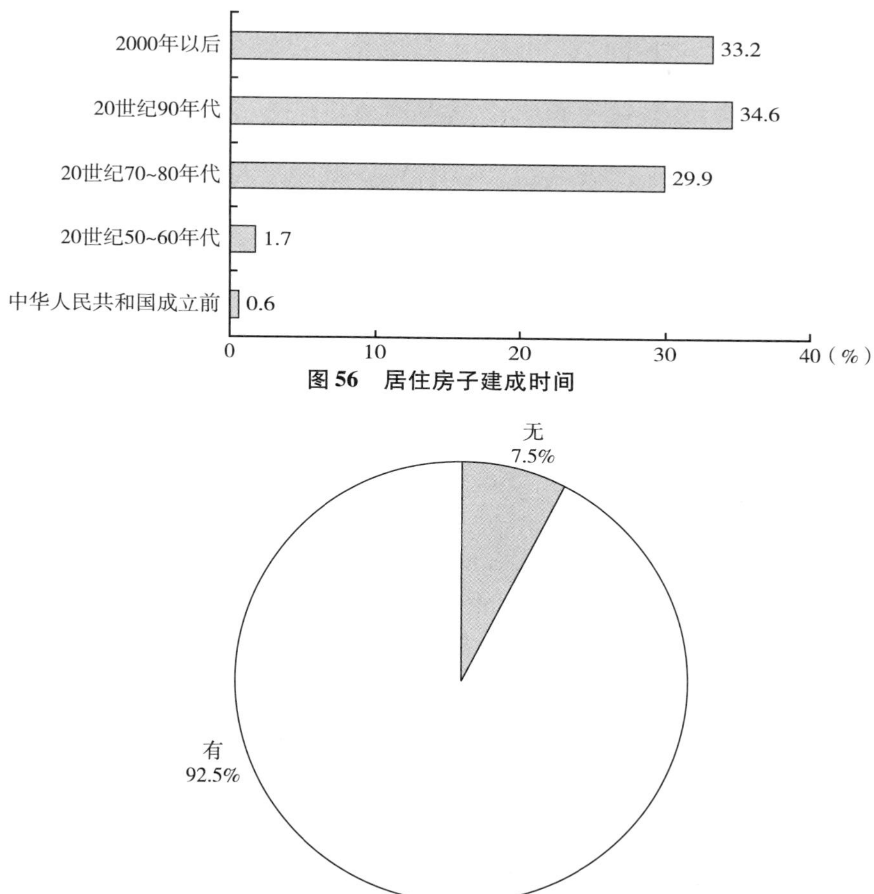

图 56　居住房子建成时间

图 57　老年人和配偶是否有单独居住的房间

目前 38.9% 的老年人居住的房屋类型为楼房，这其中有 95.6% 的老年人居住的是电梯房。基本生活设施配套多为自来水、暖气和煤气。电子产品和家用电器配有最多的是电视机、冰箱和洗衣机（见图 58 ~ 60）。

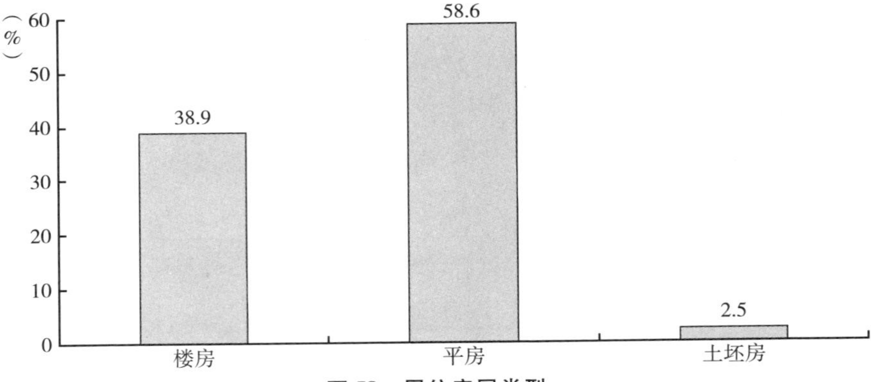

图 58 居住房屋类型

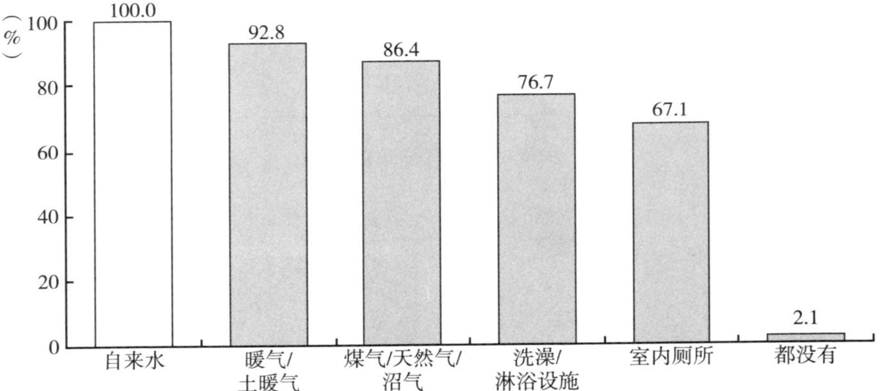

图 59 居住房屋生活设施配套情况

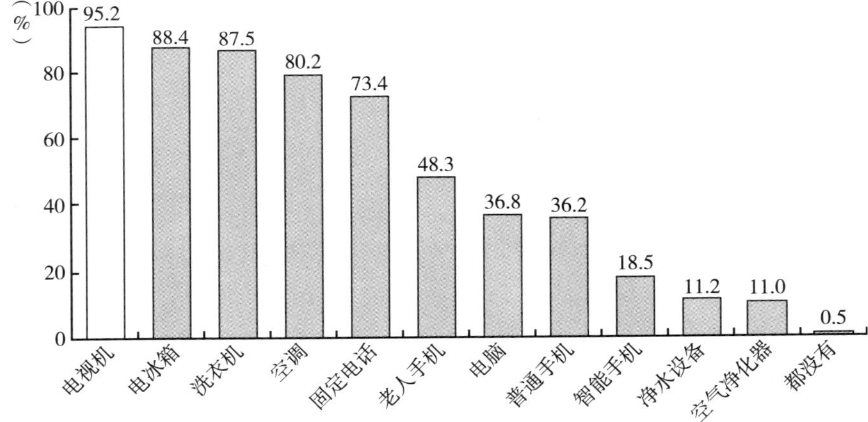

图 60 居住房屋电子产品和家用电器配套情况

由于大部分房屋都没有加装适老化配置，如呼叫报警设备和扶手等，95%的老年人均表示在自家的客厅、卫生间和院子等地方跌倒过（见图61～63）。

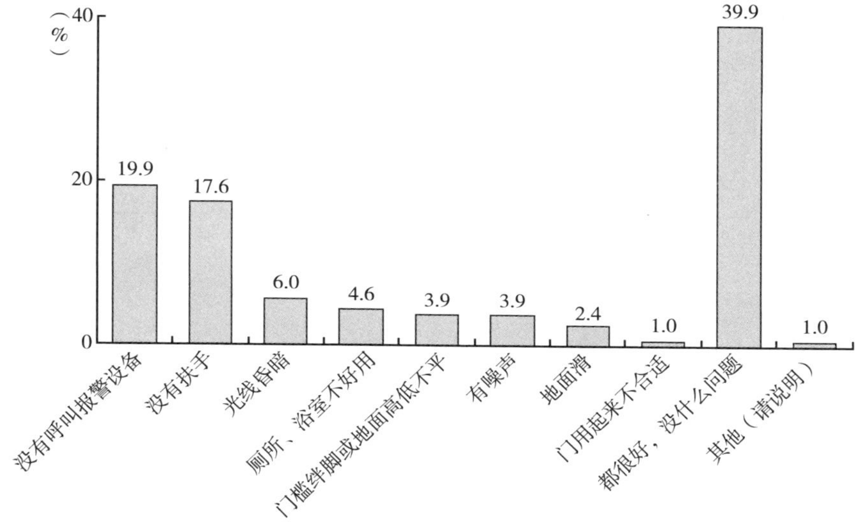

图61　居住房屋配套设施存在的情况

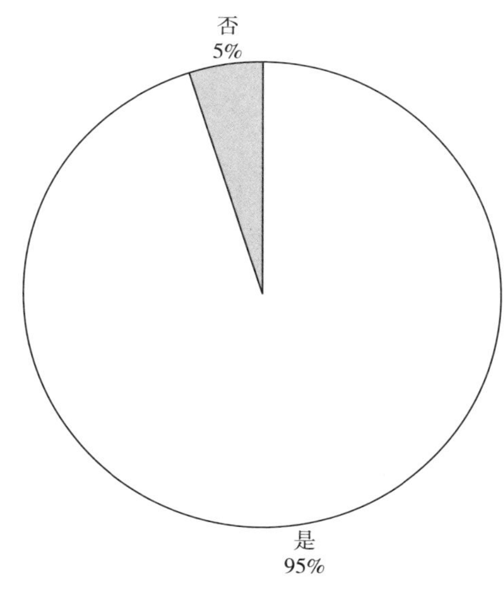

图62　跌倒情况

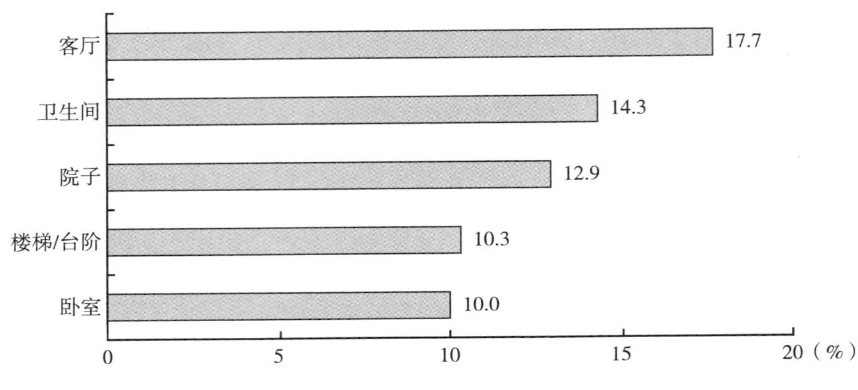

图 63　跌倒的地点分布

2. 居住环境状况

从住房条件和邻里关系情况看，顺义区城乡老年人有 62.9% 的老年人对目前的住房条件满意，与邻里的关系经常走动的占比最多（见图 64、图 65）。

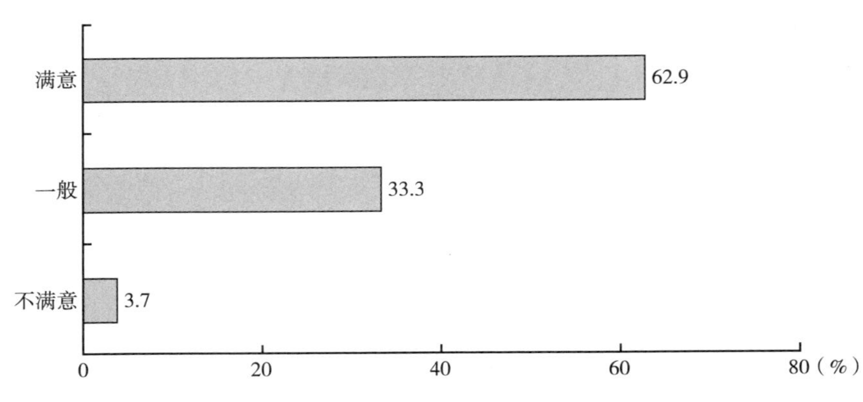

图 64　对住房条件的满意度

从本社区（村/居）满意情况看，对道路/街道照明的满意度最高，为 13.4%；其次对社区健身活动场所的满意度为 13.1%（见图 66）。

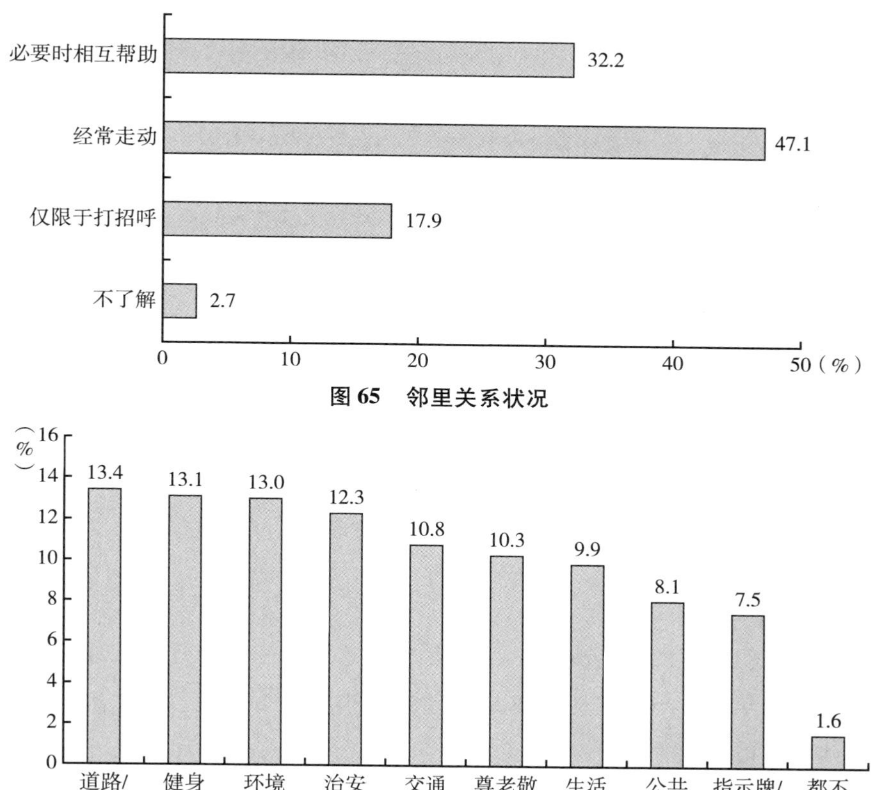

图 65　邻里关系状况

图 66　对社区环境状况满意度

（六）社会参与状况

顺义区城乡老年人中有 65.3% 的人有参与公益活动，主要以维护社区、社会治安为主，参与度较高。目前仅有 8.5% 的老年人表示有参加老年协会，而社区没有成立是老年人没有参加的主要原因，其中反映最多的是张镇、龙湾屯镇、马坡镇。

1. 公益活动参与状况

从公益活动参与情况看，顺义区城乡老年人维护社区社会治安的参与度最高，而有一半以上的老年人未参与公益活动（见图 67）。

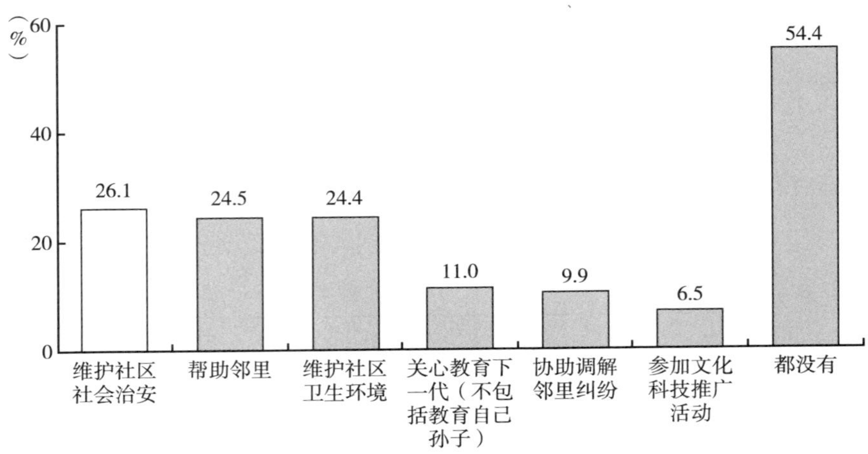

图 67　公益活动参与情况

2. 组织/团体参与状况

从参与组织或团体情况看，超过七成的老年人未参与任何组织或团体，参与过的老年人参与最多的团体是社区治安小组，帮助社区维护社会治安，做一些力所能及的事情（见图 68）。

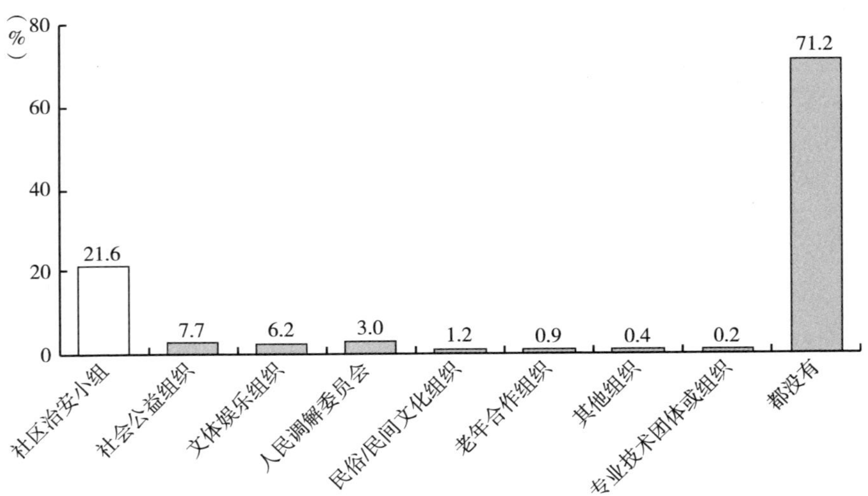

图 68　组织/团体参与情况

3. 家族/宗族参与状况

从参与家族/宗族活动情况看，有 94.3% 的老年人未参与任何家族/宗族活动，随着家族/宗族观念的淡化，这类活动的参与度将呈下降趋势（见图 69）。

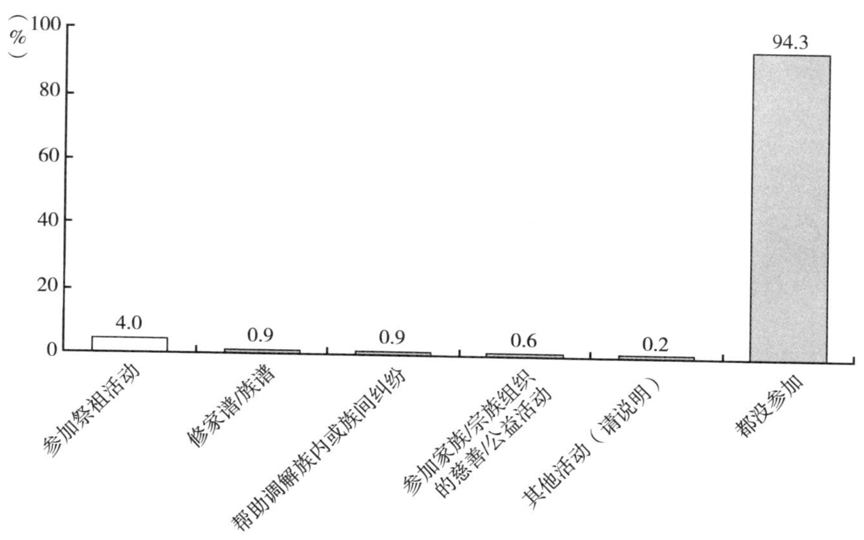

图 69　家族/宗族活动参与情况

4. 老年协会参与状况

从参加老年协会情况看，仅有 8.5% 的老年人表示参加老年协会，参与人数较少。参加的老年人对老年协会有 78.5% 的人表示非常满意或比较满意。而没有参加老年协会的主要原因是目前顺义区没有成立老年协会（见图 70～72）。

顺义区城乡老年人有 75.7% 的人表示希望老年协会开展学习/娱乐生活方面的活动（见图 73）。

从老年人对社区事务的参与情况看，他们对各类事务的参与意愿都比较高，其中他们对社区选举的参与度最高（见图 74）。

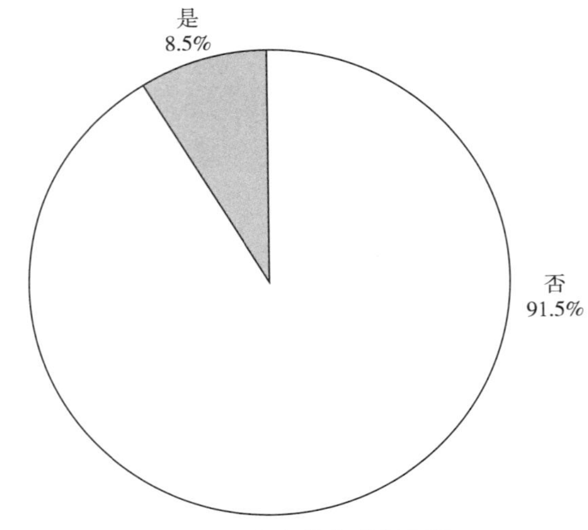

图 70　老年协会参与情况

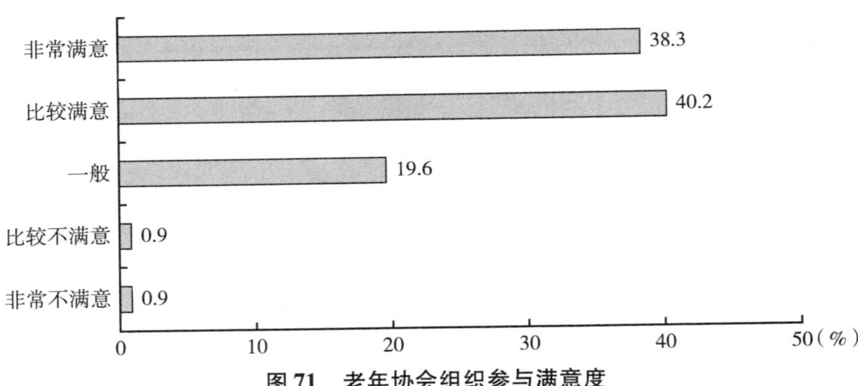

图 71　老年协会组织参与满意度

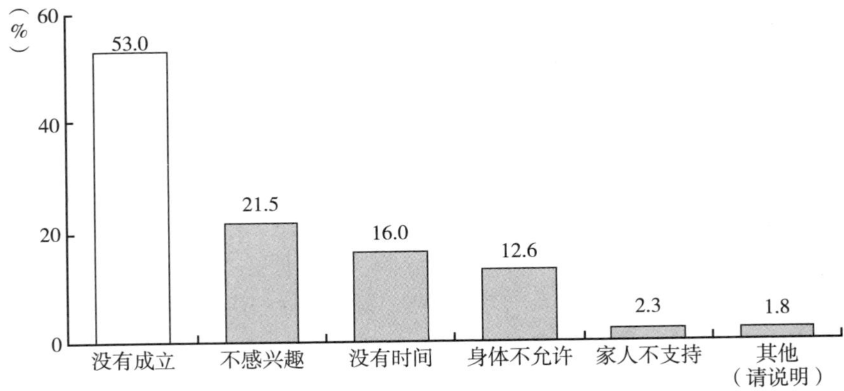

图 72　没有参加老年协会的原因

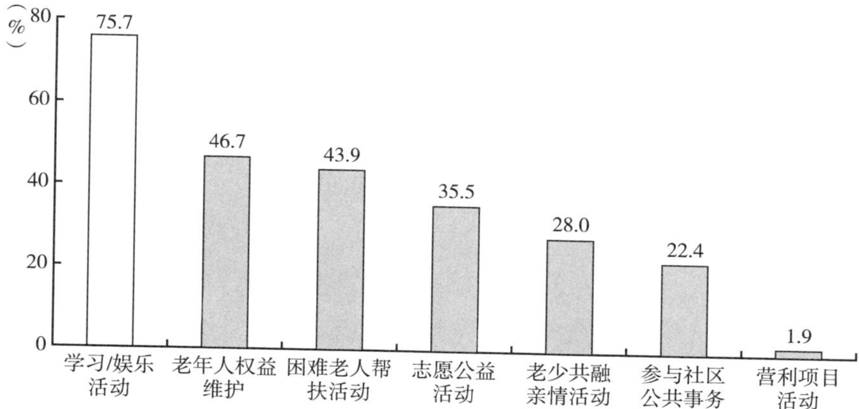

图 73　希望老年协会开办哪些活动

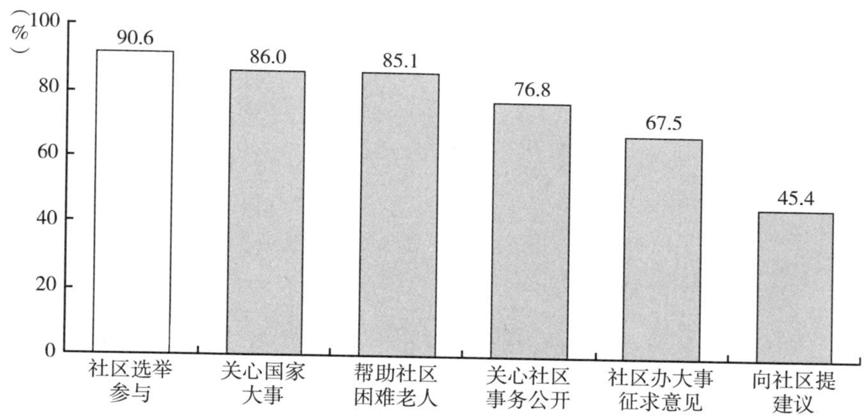

图 74　对社区事务的参与情况

（七）维权状况

随着国家对法律的普及，以及法律对自身的保障，55.6%的老年人知道《老年人权益保障法》，且有3.2%的老年人表示接受过法律援助。但是仍然会有部分老人会受到来自家庭的冷暴力以及家人的忽略忽视等情况，在这种情况下，大多数老年人只能自己承受委屈。

从《老年人权益保障法》认知和办理老年人优待证情况看，有一半以上的老年人知道《老年人权益保障法》，而且有94.4%的人办理了老年人优待证，对老年人相关法律的知晓度比较高，说明顺义区对老年人相关法律的普及工作开展比较深入（见图75、图76）。

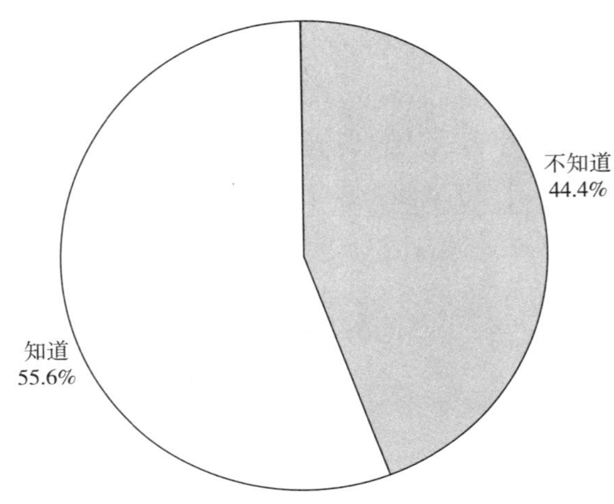

图75　老年协会参与情况

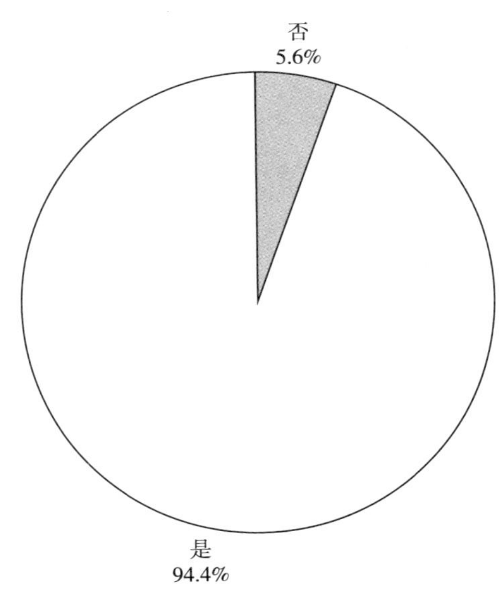

图76　老年协会组织参与满意度

从 2018 年老年人被家人对待情况看，大部分老年人未遭遇家人忽视或基本保障不提供等情况，整体表现优秀。但也有一小部分老年人表示有需要时不照顾、长期不探望和经常打骂等情况，但所占比重极低，而老年人主要的解决措施是自己委屈或找亲属调解（见图 77、图 78）。

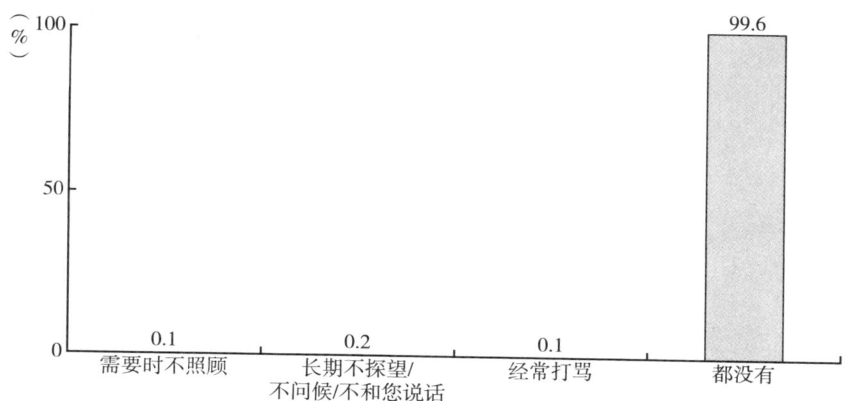

图 77　老年人被家人对待情况

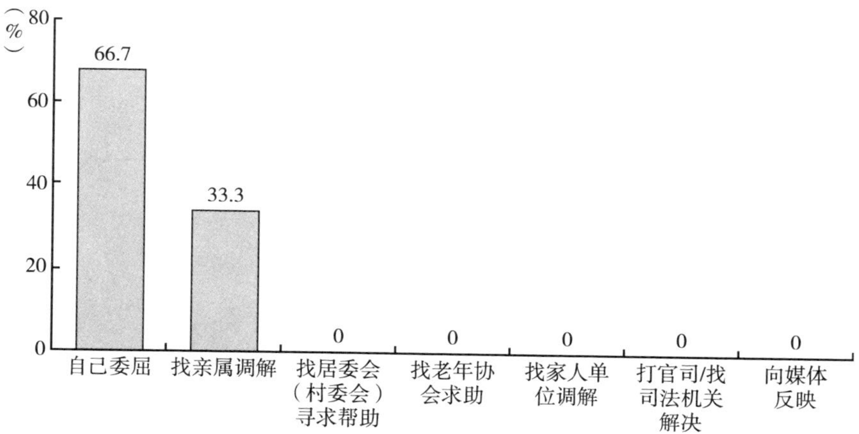

图 78　老年人在面对不公正待遇时的解决措施

从遭遇和法律权益情况看，顺义区城乡老年人基本没有遭遇过上当受骗、抢劫等情况。有 91.3% 的人表示合法权益得到了应有的保障，仅有 3.2% 的人接受过法律援助（见图 79、图 80）。

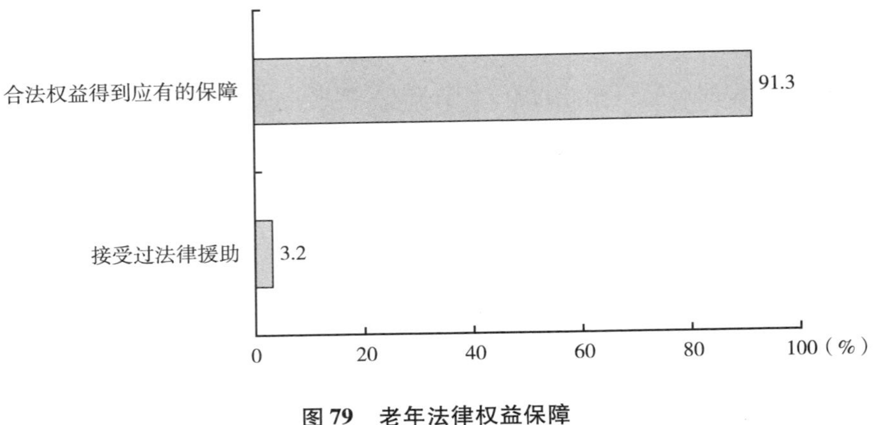

图 79　老年法律权益保障

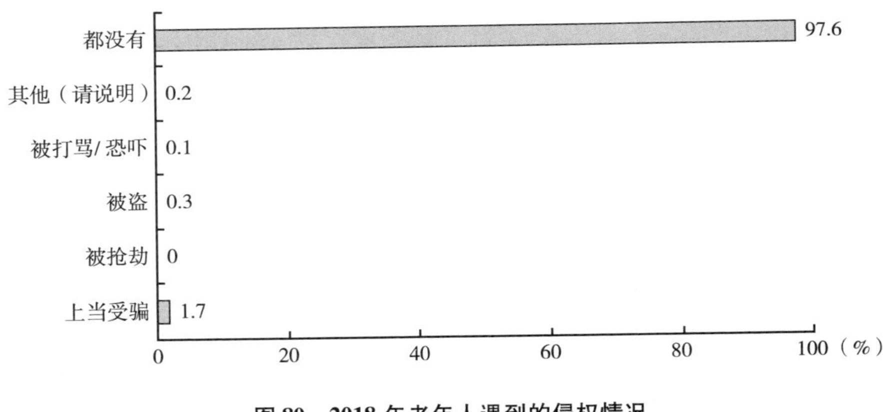

图 80　2018 年老年人遇到的侵权情况

（八）精神文化生活状况

老年人的闲暇生活越来越丰富，社区公共场所会配有健身场所、广场和文化站等设施，业余活动主要以看电视/听广播、读书/看报、散步/慢跑为主。越来越多的老年人认同自身应该自强自立（85.4%）、更多地参与社会服务等观点，因此，老年人的幸福感也越来越强，82%的老年人都认为自己是幸福的。

幸福感认知情况：在本次调查中，顺义区老年人对待生命都非常的珍惜，顺其自然，不轻生，由此产生的幸福感也非常强，82%以上的老年人都觉得自己是幸福的（见图81、图82）。

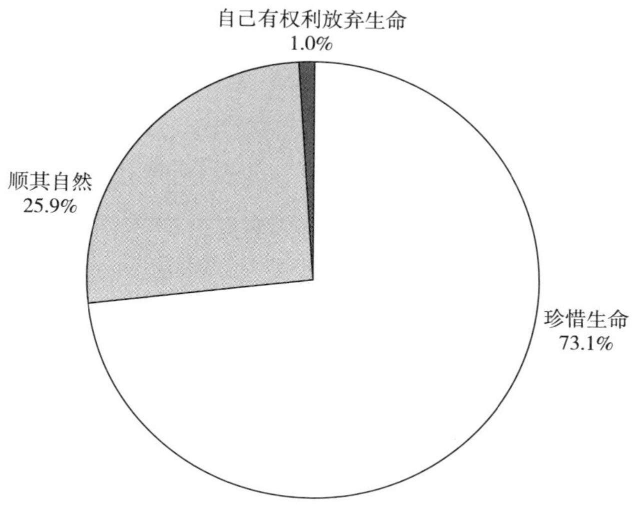

图81　老年人对轻生的看法

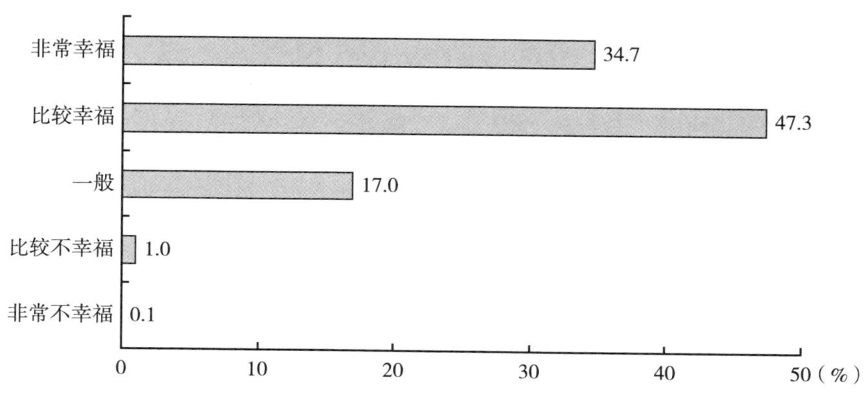

图82　老年人的幸福感

从经常参加的活动看，顺义区城乡各年龄段老年人在日常生活中经常参加的活动主要是看电视/听广播、读书/看报、散步/慢跑（见图83）。

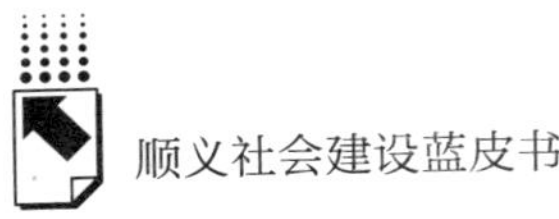

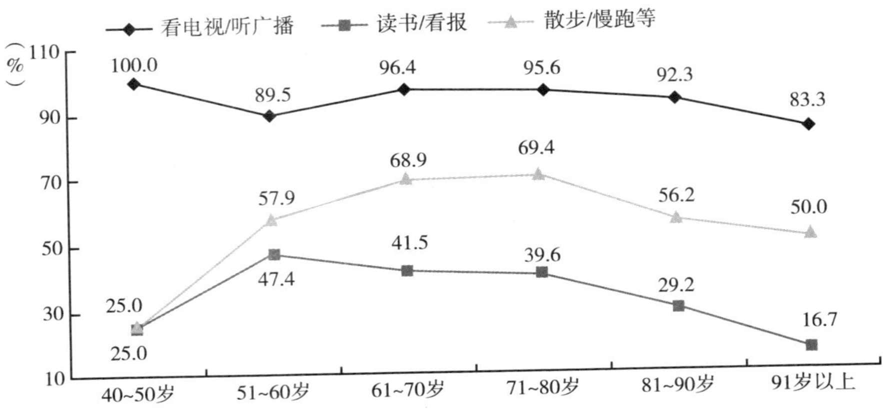

图 83 老年人经常参加的活动

注：主要列出参与情况较多的 3 个项目。

从上网和参加老年大学情况看，顺义区城乡老年人日常上网和参加老年大学的情况较少，分别为 9.7% 和 2.6%。结果显示，老年人对于网络相对比较陌生，上网的热情度也比较低，求知欲相对较低（见图 84、图 85）。

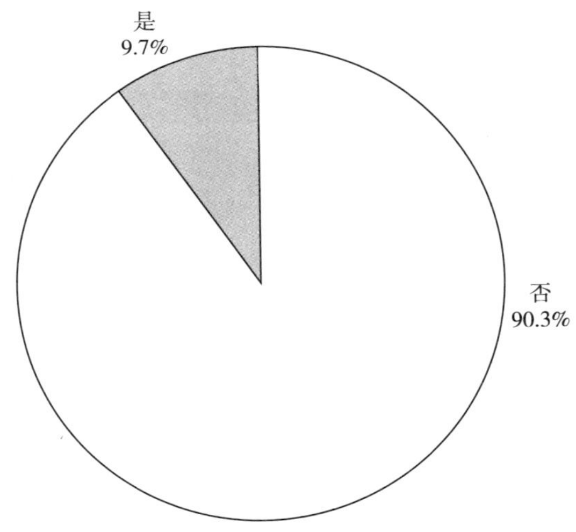

图 84 老年人上网的情况

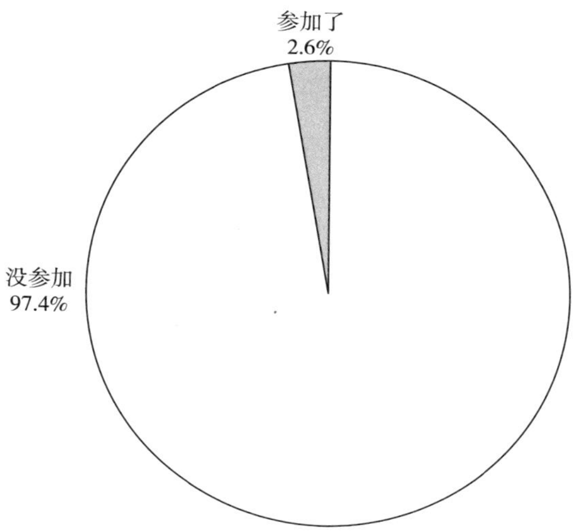

图 85　老年人参加老年大学的情况

从附近配有场所及使用情况看，公共场所配有最多的为健身场所、广场和图书馆/文化站，但老年人经常去的占比相对较低（见图 86）。

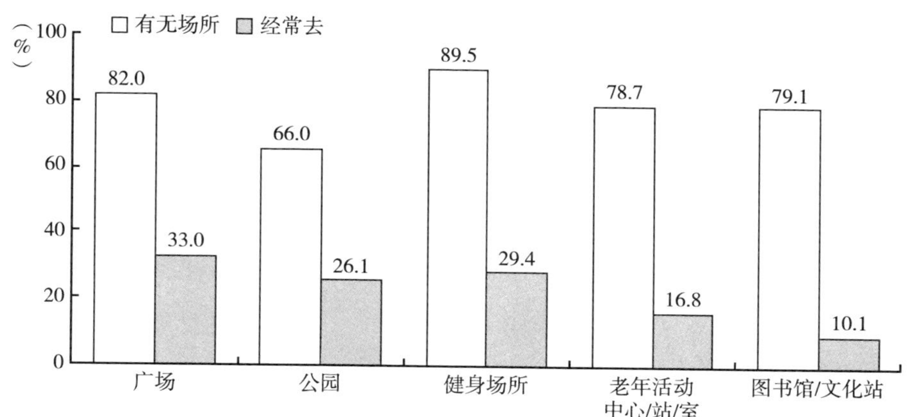

图 86　附近配有场所及使用情况

从老年人出游和孤独感情况看，大部分老年人无出游打算。有 74.1% 的老年人从不感到孤独，23.0% 的老年人有时会感到，仅有 2.9% 的老年人经常感到孤独（见图 87、图 88）。

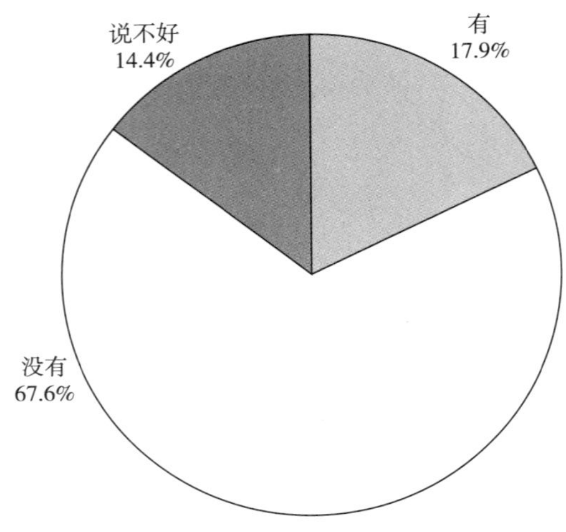

图 87　老年人的出游打算

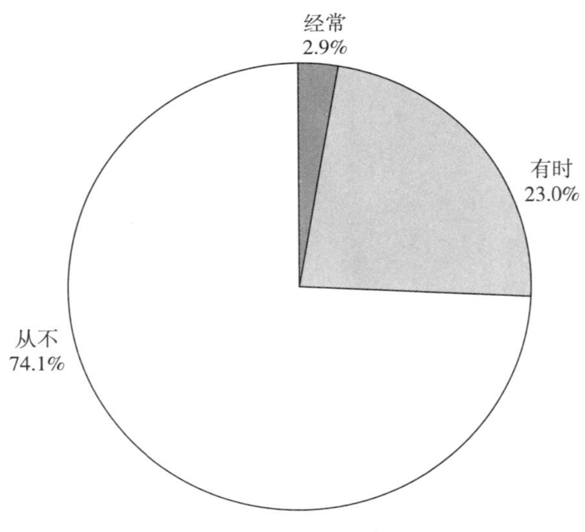

图 88　老年人的孤独感

从老年人认同感看，顺义区城乡老年人最认同的是老年人应该自强自立，尽可能不给子女和社会添麻烦（见图 89）。

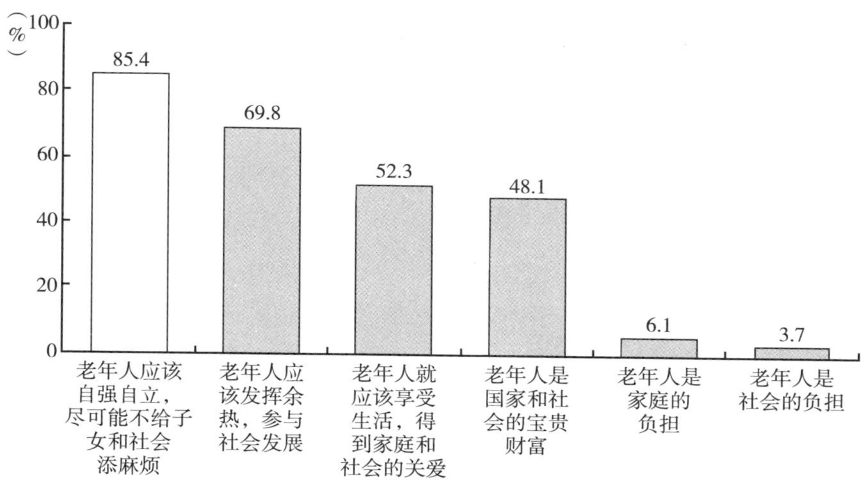

图 89　老年人的认同感

附件：被访者背景信息

1. 性别与年龄分布

被访者中男性和女性比例相对均衡，按 1∶1 分布，调研人群中以 61～70 岁人群为主，占 52.1%。其次是 71～80 岁（见图 90、图 91）。

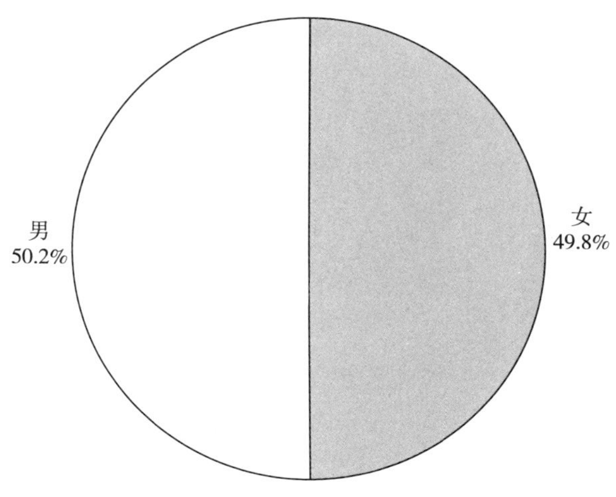

图 90　性别分布

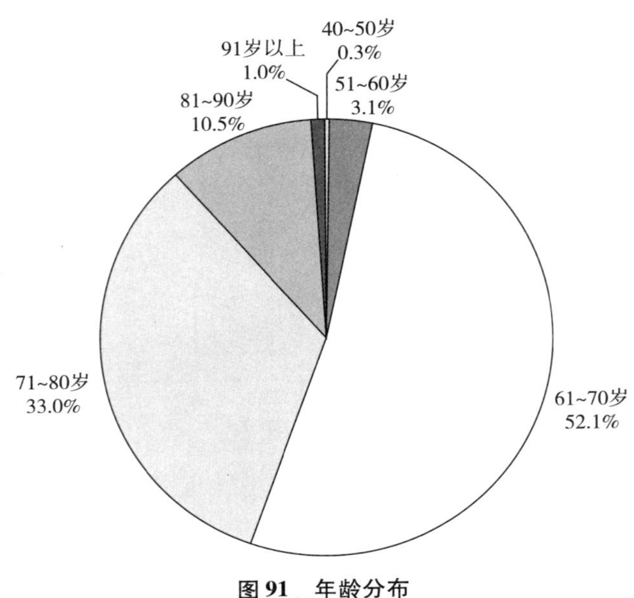

图 91　年龄分布

2. 民族与户籍类型分布

调研人群超过九成是汉族，而且农业人口占 56. 4%（见图 92、图 93）。

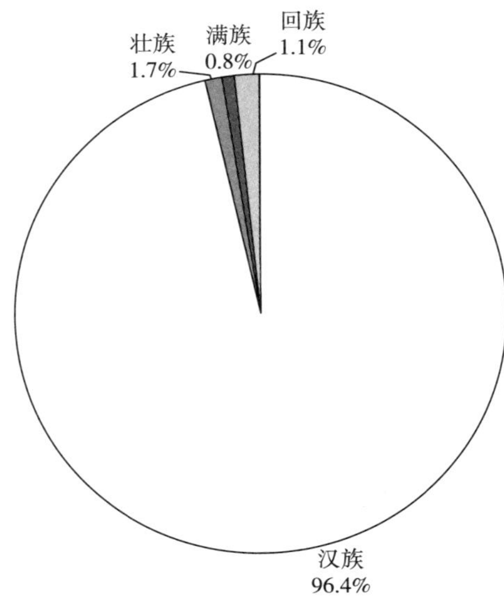

图 92　民族分布

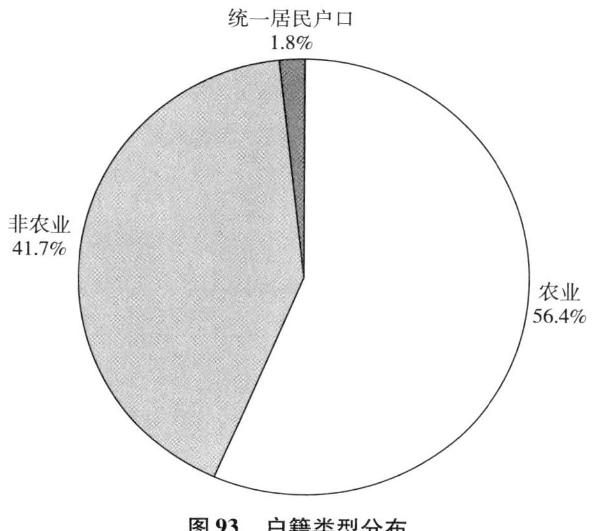

图 93　户籍类型分布

3. 文化程度和技术职称分布

在被访者中初中和小学学历人口占据近七成，大部分人没有技术职称，这是因为调研人群中农业人口居多（见图 94、图 95）。

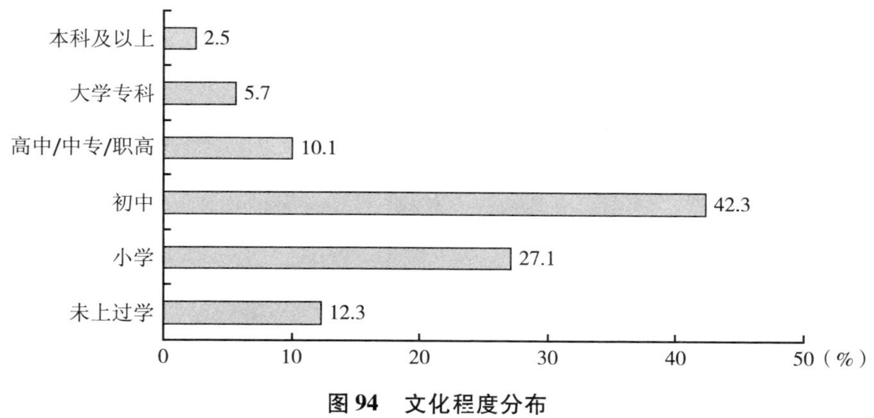

图 94　文化程度分布

4. 政治面貌和婚姻状况

被访者以群众为主，党员占比不足 1/3，超过七成被访者有配偶（见图 96、图 97）。

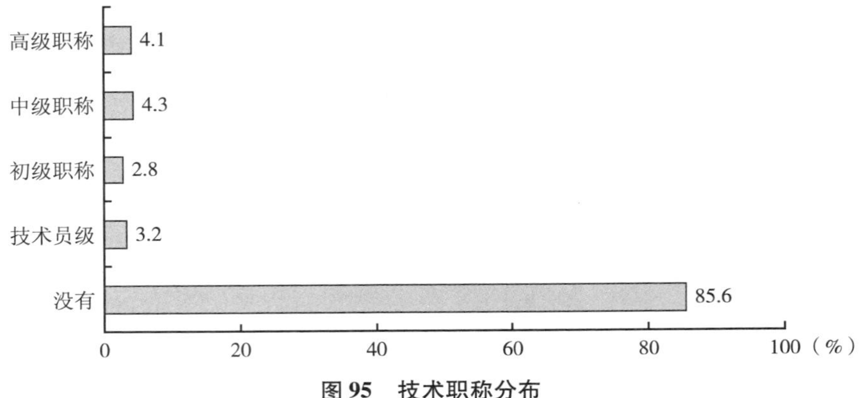

图 95　技术职称分布

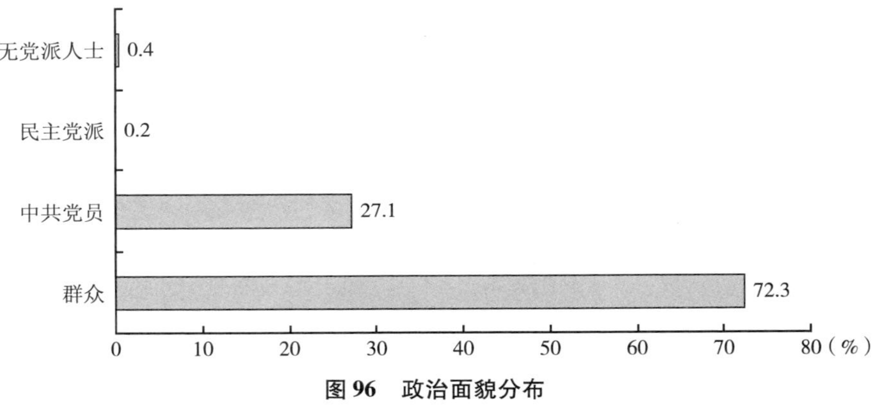

图 96　政治面貌分布

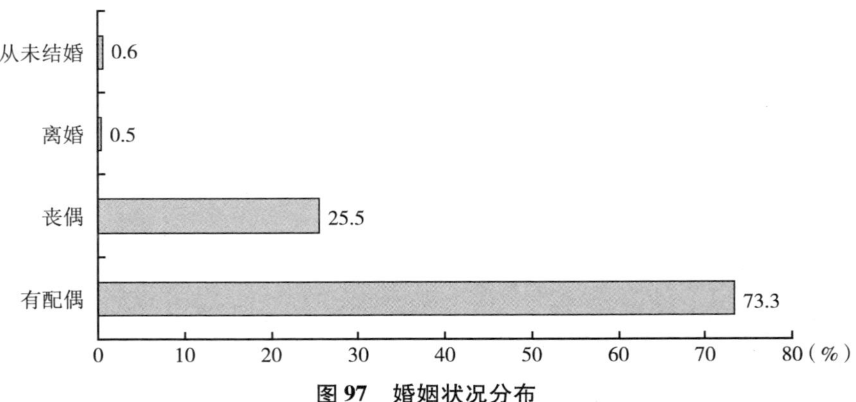

图 97　婚姻状况分布

B.15

顺义区“十三五”时期社会治理能力现代化对策研究

中关村长策产业发展战略研究院*

摘　要： 本文分析了“十二五”时期顺义区社会治理能力现代化建设取得的成绩及存在的问题，提出了“十三五”时期顺义区社会治理能力现代化的总体思路、指导思想、基本原则、主要目标，在推进社会治理能力建设过程中强调依法治理能力现代化、以德治理能力现代化与以学治理能力现代化有机结合，形成社会治理的合力，并提出了顺义区依法治理能力现代化、以德治理能力现代化、以学治理能力现代化三个层面的具体重点措施和对策建议。

关键词： 顺义　社会治理　治理能力现代化

党的十八届三中全会提出完善和发展中国特色社会主义制度，推进国家治理体系和治理能力现代化的全面深化改革总目标，党的十八届四中全会又做出全面推进依法治国的战略部署，明确要求必须在法治的轨道上推进国家治理。

社会治理与社会管理有许多相同之处，但两者也有很大的区别。一是社会治理的针对性更强，强调问题导向，针对一定的问题进行治理。二是社会治理主体多元，不是政府一家主体去治理，而是充分发挥社会自治组织、社

* 本文是顺义区委社会工委、区社会办委托给中关村长策产业发展战略研究院承担的顺义区“十三五”社会治理规划前期研究课题。

会组织、社会单位和广大群众的作用，共同推进社会治理，形成“党委领导、政府负责、社会协同、公众参与、法制保障”的社会治理新格局。三是社会治理强调分合衔接，社会现代化是一个社会不断分化的过程，要逐步实现政企分开、政社分开、政事分开，建立和完善现代企业制度、现代社会组织体制和服务型政府，在推进“职责分开”的同时，坚持党组织的政治领导核心地位，坚持党和政府对各项工作的主导、协调的职责，使社会分化与社会整合相互结合、相互衔接。四是协商共治，在社会治理过程中要充分发挥协商民主的作用。

社会治理可分依法治理、以德治理、以学治理三个层面，相对应是底线标准、中线标准、上线标准。社会治理体系是国家治理体系的重要组成部分。社会治理能力现代化是指各社会治理主体适应现代社会治理要求而必须具备的各种能力的现代化，包括了依法治理能力现代化、以德治理能力现代化、以学治理能力现代化。加强社会治理体系建设，必须大力推进社会治理能力现代化。

“十三五”时期，顺义区面临全新的发展阶段，必须适应当前国家治理和依法治理的新常态，坚持在党领导下多方参与、共同治理的理念，加强党委领导，坚持政府主导，鼓励和支持居民和社会各方面更加积极、有效地参与社会治理，推进社会领域体制机制改革，促进依法治理、以德治理、以学治理的结合，更加注重通过系统治理、依法治理、源头治理、综合施策；更加注重运用法治思维和法治方式推进全面深化改革，不断提升全区的治理体系和治理能力现代化水平。本课题的研究，旨在为“十三五”时期顺义如何加强社会治理，提出相关针对性强的对策，制定顺义区十三五时期社会治理规划提供参考。

一　“十二五”时期顺义区社会治理能力现代化建设的现状

（一）“十二五”时期顺义区社会治理现代化建设取得的成绩

“十二五”期间顺义区在市委、市政府的领导下，不断加大保障和改善民生力度，经历了从加强社会管理到提高社会治理水平、从创新社会管理体制到创新社会治理体制的逐步深化过程，不断推进社会治理能力现代化建设，在社会治理领域积极创新，取得显著的成绩，为“十三五”期间全区社会治理能力现代化建设奠定了良好的基础。“十二五”时期，顺义区社会治理取得的成绩主要有以下几方面。

法治顺义建设不断推进。2011 年顺义区政府制定了《顺义区关于加强法治政府建设的实施方案》，要求着力提高行政机关工作人员依法行政的意识和能力、建立健全科学民主决策机制，完善行政决策程序和制度，加强和改善行政执法工作，确保严格、规范、公正、文明执法。积极推动“法治顺义”创建规划的编制工作，由北京市法学会负责组织相关专家就“法治顺义”创建的目标、标准、框架等开展专门研究，设立建设目标、构建标准体系、形成建设方案。深入在全区基层党委、政府、企事业单位、学校、社区、农村进行法律培训、法律服务，提升依法治理水平。建立“基层法律顾问制度”，进一步发挥法律服务在基层社会治理中的作用。充分发挥“两法衔接”机制的作用，促进行政执法与刑事司法的紧密衔接。

平安顺义创建深入推动。公共安全体系进一步完善，圆满完成十八大、迎接中华人民共和国成立 65 周年、APEC 会议等保障任务。“十二五”期间，顺义区社会管理综合治理一直保持在较高水平，自 2002 年以来连续十二年获得“首都社会管理综合治理先进区县”荣誉称号。在食品药品监管方面，设立食品药品稽查大队，并在街镇设立 22 个监督所，不断推进属地政府、监管部门、企业、消费者各负其责的食品药品社会共治模式的建立，在全市率先提出创建国家药品安全示范区的目标，2014 年食品、药品抽检合格率分别达到 98% 和 100% 。在安全生产方面，深入推进安全生产示范城市创建，顺义区独家创办了“生产经营单位事故隐患自查自报管理系统”和“顺义区安全生产网络化动态监管系统”，形成了互联互通、资源共享、三级联动的网络化动态监管系统，纵向贯通北京市安监局、顺义安监局、街道（乡镇）、生产经营单位，横向扩展到顺义区其他行业管理部门，形成全区统一的安全生产综合监管服务平台，2014 年全区安全生产事故数下降 60%。顺义区安全生产分类分级自查自报管理模式在全国推广，成为全国首批 10 家安全发展示范城市（区）之一。扎实推进“平安顺义”建设，着力构筑全覆盖、立体化社会面防控体系，扎实推进治安重点地区排查整治，严厉打击各类违法犯罪，群众安全感、满意度不断提高，各类突发事件得到及时有效处置，城市运行安全平稳。深化治安防控体系建设，加强矛盾调处和信访积案化解，全区治安形势良好。全区有 374 个村庄建立了村级巡防队，全区村级巡防队人数达到 7200 人，不断推动村级巡防队职业化。化解社会矛盾体制机制进一步健全。积极推进重大决策社会稳定风险评估工作制度化建设，不断扩大评估覆盖面，努力从源头有效预防风险。由综治办牵头建立矛盾纠纷“大调处”联动工作机制，司法、信访、公安、街道、社区等各部门广泛参与，整体联动，有效预防和化解各类矛盾纠纷、维护社会稳定，形成“矛盾联调、治安联防、信息联动、问题联治、平安联创”的五联运行机制。积极推动公益律师进社区工作，实现每个社区进驻一名公益律师，推动基层矛盾纠纷的化解。建立信访工作街道、社区居委会、社区志愿者三级排查网络机制，信访工作整体可控。

文明顺义建设持续推进。大力开展精神文明创建活动，提高市民思想道德素质、提升区域文明程度。积极加强社会主义核心价值体系的宣传教育，“十二五”期间连续举办第四届、第五届“牛栏山杯”道德模范评选表彰活动，推出助人为乐、见义勇为、诚实守信、敬业奉献、孝老爱亲等五类共 20 名道德模范，在评选过程中充分发动公众参与，发挥道德模范的先进榜样作用。围绕文明素质提升、社会志愿服务、窗口文明服务、文明乡风营造、社会文化活动等五大内容开展文明村镇、文明社区、文明单位、军警民共建、城乡共建活动，取得显著成效。

民生保障力度不断加强。持续加大民生投入，着眼于统筹城乡发展，加快推进城乡一体化建设步伐，于 2012 年实现城乡低保标准统筹。2014 年全年公共财政用于民生保障的支出达到 144 亿元，占 82%。2014 年，城乡低保标准统筹提高到每月 650 元，大病救助最高封顶金额提高到 16 万元，新型农村合作医疗人均筹资标准提高到每人每年1000元，参合农民医疗保障水平进一步提高，有效保障了低收入群体和特殊病困群体生活，群众得到更多实惠。出台加快养老服务业发展实施意见和考评奖励办法，促进养老服务设施和环境进一步改善，全区百名60岁以上老人拥有床位数达到4.3张。制定农村公益性墓地建设意见，农村殡葬服务不断加强。“十二五”期间，顺义区通过完善就业工作机制，出台城乡统一的就业政策，完善均等化的就业服务体系、建立持续化的免费技能培训模式，使区域劳动者就业质量得到显著提升，2012年顺义区成为北京市首个充分就业区，并被人力社保部评为全国百家职业能力建设示范城市。2014年实现全市充分就业区“三连冠”。

人口服务管理成效突出。顺义区按照“新增城市人口以农转居为主、区内人口转移以农村人口向城镇转移为主、引进区外人口以产业发展需要人员为主”的“三为主”工作原则，坚持“以产引人、以业控人、以房管人”，发展高端产业促进就业人口合理流动，限制低端产业流动人口无序流入，探索了人口管理行之有效的经验。全区招聘专兼职协管员1900余人，实现了流动人口管理和服务全覆盖，并引入信息化管理手段，建立起流动人口管理平台，实现流动人口“来有登记、走有核销”，出租房屋“租有登记、停有核销”，建立责任考核机制，将流动人口和出租房屋管理工作纳入各镇、街道办事处经济社会发展考核体系，健全多项机制，促进各项工作的扎实有效开展。推动流动人口公共服务均等化，探索出租房屋公寓式管理、“四集中”管理、网格化管理和村企联管等多种居住服务模式，提升流动人口居住服务水平，并积极推进流动人口融合发展，以村、居委会为切入点，开展“同住社区、共建家园”系列活动，支持鼓励流动人口参与村（居）公共事务，切实增进流动人口与本地居（村）民的沟通联系和交往认同。强化高端人才服务，成立顺义区总部企业高管人员服务中心，实行“顺义绿卡”服务，促进人口与经济融合发展。

社会治理体制机制不断健全。把修订和完善村（居）规民约作为创新社会治理机制的重要抓手，全区426个村、98个社区完成村（居）规民约修订工作。作为北京市社会服务管理创新三个综合试点区之一，顺义区制定出台了《关于加强社会建设的意见》和《关于推进社会服务管理创新的意见》，制定了劳动就业、社会保障、流动人口管理、城市综合监管、村庄社区化管理等30余个配套实施方案，形成全面推进的工作格局。2012年顺义区在全市首创了社会服务管理创新指标体系，从顺义居民最关心、最直接、最迫切的民生问题入手，问需于民征集指标，突出居民参与需求的反映，推动公众参与，制定《顺义区网格化社会服务管理创新指标体系实施办法（试行）》《顺义区网格化社会服务管理创新指标体系实施方案》，确定了社会服务、社会管理、社会动员、社会关系、社会文明五大领域1060项指标，形成从指标征集、确认、发布、实施、考评到结果运用的科学工作流程，通过构建科学化、规范化、系统化的管理模式，努力打造顺义区社会服务管理长效机制，初步实现由单一的政府管理、服务向多元主体参与的社会治理模式转变，有效地动员公众参与，创新了社会治理机制。不断推进三网融合，在网格化指挥平台正式运行的基础上，将全区市政市容委、水务局、城管执法监察局等35家单位纳入网格化体系之中，并整合区内视频、网络等资源，初步搭建起社会服务、社会管理、社会治安三网融合的网格化工作体系。

社会组织活力得到激发。社会组织作为社会治理的重要主体，“十二五”期间，顺义区社会组织建设取得突出成绩。截至2014年底，全区在区民政局登记注册的社会组织共有314家，其中社会团体140家，民办非企业单位174家，涉及农业、商业、教育、卫生、社会服务等多个领域。在区民政局和街道备案的社区社会组织共有1221家，其中城区981家，农村240家。现全区已有15家社会组织认定为区级“枢纽型”社会组织，目前268家社会组织均已纳入“枢纽型”社会组织工作体系。不断完善“枢纽型”社会组织工作体系，全区6个街道全部成立街道级社区社会组织联合会、19个镇全部成立镇级社会组织联合会，实现城乡所有社区社会组织全部纳入“枢纽型”社会组织工作体系。为促进社区社会组织的发展，区委社会工委研究出台《关于进一步规范社区社会组织联合会及社区社会组织建设的指导意见》，对联合会的职责、工作机制、资金使用与管理等方面进行具体规定，按每个社区10万元的标准支持社区社会组织建设和活动开展，并制定《专项资金使用管理办法》，将社区社会组织纳入联合会管理工作体系。大力推动政府购买服务，制定《关于2014年度使用社会建设专项资金购买社会组织服务项目的实施方案》等相关文件，确保项目实施进度及专项资金的合理规范使用。2010年以来，全区共利用市、区社会建设专项资金2176万元购买社会组织公共服务，其中，市级资金共708万元，区级资金1468万元，累计向47家社会组织购买98个项目，向21家“枢纽型”社会组织购买“管理服务”项目51个。项目涵盖各个领域，其中公共服务类项目35个、公益服务类项目38个、社区便民服务项目13个、社会治理服务项目9个。2014年2月，顺义区被民政部确认为“全国社会组织建设创新示范区”。

城乡社区治理有序推进。“十二五”期间，积极推进“七型社区”建设，社区建设各项事业取得显著进展。完成第八届社区居委会及第九届村委会换届选举，城乡社区工作者队伍建设得到进一步强化。社区用房的规范化建设得到有力推进，截至2014年底，全区99个社区中有94个达到350平方米以上的建设要求，其中600平方米以上的有36个。完成19个市级社区示范点和16个农村社会服务管理创新试点创建工作。社区网站群、顺义学习网实现社区全覆盖，网上居委会、智能社区管理系统得到进一步推广，“电子健康档案”“公交信息实时查询”等信息技术应用为居民提供了便捷服务。

社会领域党建显著加强。推动非公企业党建工作，以“两本、两个活动、两支队伍、一个中心”为工作重点，组建了130名非公企业党建指导员队伍，截至2014年底，共建立非公企业党组织373个，其中党委4个、党总支8个、党支部202个、联合党支部159个，覆盖企业2381家，党组织覆盖率77.3%；规模以上非公有企业371家，单独建立党组织的129个，联合建立党组织的166个，覆盖率79.5%。加强社区党建工作，在推进社区“三级联创”活动的基础上，开展驻区单位党建联抓，将“六小门店”党建纳入社区党建范畴。建立社区党组织“一诺三公开”机制，“一诺”即党组织公开承诺，“三公开”即向居民公开承诺事项、公开责任人、公开完成时限，有力地推进了服务群众工作的开展。

学习型城区建设成效突出。全面推进各类学习型组织建设，“十二五”期间顺义区学习型机关、学习型企业、学习型街道、学习型社区（乡村）建设取得显著成绩，2014年成功争创北京市学习型城市示范区。在学习型城区建设中，积极开展角色转换教育，力图解决新居民不适应城市生活环境、二三产业转移劳动力不适应新的岗位要求、外来务工者不适应区域文化等问题，以社区教育提升城镇化进程中人的观念和素质，推动社会治理创新。顺义区要求每个学校参与社区教育工作的教师不得低于本校教师的20%，教师深入新建社区、城乡接合部农村和企业，分别对拆迁后的新居民、面临拆迁的农村村民和企业中外来务工者开展培训，宣传“同心向上、科学创新、脚踏实地、追求卓越”的顺义精神，帮助他们克服旧有思维观念及生活方式的束缚，以新的角色更好更快适应城市生活、工作环境和新工作岗位。

社会治理人才队伍建设逐步推进。全区干部队伍培训工作进一步加强，出台了《关于进一步加强和改进顺义区干部教育培训工作的意见》，坚持干部培训与干部队伍建设、干部选拔任用相结合的理念，做到学用结合、全程考核、失责惩戒，发挥教育培训的激励性、约束性作用。不断创新培训模式，全面推行培训需求调研制度，围绕城市管理、应急管理、生态环境建设、群众工作等重点任务及地区突出问题加强培训，加大案例式、现场式、体验式、模拟式、研讨式教学比重，开展以“百名研究生培养项目”和“百名专业型干部培养项目”为内容的全区战略人才培养工程。社区工作者队伍不断年轻化，专业化，到2014年底，全区99个社区共有社区工作者1072名，其中39岁以下734名（占68.5%），40～49岁共260名（占24.3%）；大专学历480名（占44.8%），本科学历457名（占42.6%），硕士研究生学历10名（占0.1%）。全区有450名社会工作者取得（助理）社会工作师资格，占比41.98%（见图1）。

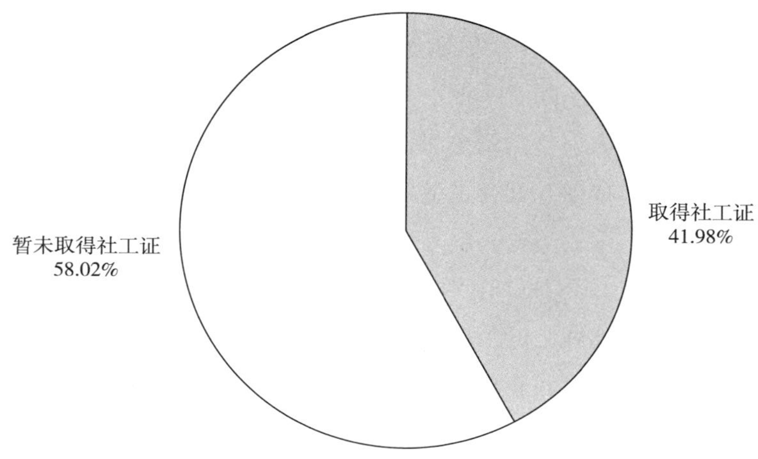

图1　社区工作者中取得（助理）社会工作师资格比例

（二）“十二五”时期顺义区社会治理能力现代化建设存在的问题

法治观念有待深化。各政府部门运用法治思维和法治方式统筹谋划工作的能力需要进一步加强。各社会治理主体用法治思维和法治方式处理社会问题、协调社会关系、化解社会矛盾的意识和习惯还需要进一步培养。

平安顺义建设存在薄弱环节。安全生产、市场监管、城市公共服务和精细化管理、基层治安等方面还存在一些薄弱环节和基础管理不扎实、不到位问题，与市民期盼不相应。随着新城的发展，一些新建社区、街道物防技防设施还没有配套建设，一些老旧小区的物防技防设施老化陈旧，部分农村地区技防物防建设还比较落后，城乡技防物防发展还不够均衡，还不能够做到全覆盖。在日常警务工作繁杂、繁忙的情况下，基层民警警力有限，很难做到各项工作无死角无盲区。拆迁村民回迁安置、老旧小区和回迁小区物业管理等问题积累矛盾多、解决难度大，城市精细化管理和公共服务还需要进一步提升，源头治理、综合施策有待加强。从城乡环境看，各类环境秩序问题时有发生，长效机制尚未根本形成；违建管控形势依然严峻，各类街面秩序问题仍然突出。一些镇村人口无序流入增势明显，违法建设问题突出，人口资源环境挑战与日俱增。截止到2014年底，全区常住外来人口达到38.8万人，比2013年增长4.02%。尽管全年调控目标可以实现，但人口流入增势明显。从未来走势看，随着一批重大产业项目的投产运营，产业人口进入仍将持续增加，全区人口整体调控面临巨大压力。

以德治理尚未成形。社会主义核心价值体系建设有待进一步深入。社会公德、职业道德、家庭美德、个人品德教育需要进一步加强，有效的道德约束机制在全社会尚未形成，个别突破“道德底线”的现象时有发生。村规民约、居规民约在实践中的约束力与执行力有待加强。行业和社会团体通过规约章程自我约束、自我管理，规范成员行为，依法维护成员合法权益作用发挥的还不够。

民生保障有待加强。社会福利的适度普惠有待提高，社会救助的保障力度有待于进一步加大。河东河西发展不平衡，城乡居民收入水平还需要进一步提高，卫生、文化等社会事业均衡化、优质化发展还需加强，医疗卫生事业服务质量与管理水平仍有很大提升空间。

社会治理体制机制还需进一步健全。社会治理的一些改革刚刚破题，体制机制不适应问题仍然突出存在，街道管理体制改革有待推进，完善社会治理结构还需进一步下功夫。一些领域体制机制不顺，基础管理较为薄弱。涉及社会治理的很多问题由于涉及多个部门，必须联合执法才能解决，造成效率低下，群众意见较大。在职能部门管理力量未达到的领域，由于街道职能职权有限，造成社会治理和服务的空白点。在目前的体制下，各部门在履行职责过程中存在着各自为政、互不通气等现象，不利于社会治理的整体推进。

治理理念有待强化。部分干部在方式上侧重于政府对社会进行管理，主体比较单一，各职能部门习惯于对被管理对象进行命令和控制，习惯于“各自为政”的管理方式，对源头治理、综合施策认识不够。不少干部还没有充分认识到社会治理的主体是多元的，包括党委政府、社会组织、企事业单位、社区以及个人都是社会治理的重要主体，共建、共治、共享理念有待进一步树立。对社会组织重视程度和培育支持力度有待进一步加强，以更好地发挥社会组织在社会治理的重要作用。

城市治理问题急需突破。城市发展过快，城市建设在软硬件方面存在着较大差距，设施、设备先天不足，在全区经济快速发展同时，宜居水平和公众满意度没有得到同步提升。在城乡发展中，既有别墅区、高档小区、商品房小区，还有回迁小区和待拆迁村并存，由于待拆迁，环境比较脏乱。伴随着大规模的征地拆迁，大量农民搬迁上楼，产生大批回迁社区，这些社区在地域和外观上属于城市，但在管理方式上依然是农村。虽然在地域上迁入城市，但很多回迁社区的居民仍然保留着农村的生活方式和固有观念，不缴物业费和水电气热费的现象普遍存在，不少回迁小区居民养鸡养鸭、绿地种菜，影响小区的正常运行管理；另一方面，不少拆迁村党组织和村委会对城市社区管理不熟悉，仍然习惯沿用旧有的农村管理模式，制约了回迁社区治理能力现代化步伐。此外，农村人口流向城区、农业劳动力流向二三产业、外来务工者流向顺义，带来了新居民不适应城市生活环境、转移劳动力不适应新的岗位、外来务工者不适应当地文化等问题。城镇化过程中如何提升人的素质，实现拆迁农民向社区居民转换、农业劳动者向二三产业工人转换，外来常住人口向顺义新市民转换，增强区域凝聚力，培养新市民任务艰巨。

社会组织实力较弱。顺义区社会组织发展较快，但大多数社会组织仍处于初创阶段，由于缺乏启动资金、管理经验、专业知识、实施能力、社会信任等，专业素质不高，欠缺承担专业社会服务的基础条件。在社会组织中，社区社会组织占多数，以社区居民为主要成员，其中大部分为社区老年居民，年龄结构老化，文化层次不高，提供专业性社会服务的能力有限。部分社会组织依赖心理较强，人治意识较重，内部缺乏规范，工作缺乏创新，参与社会治理的各项表现与社会发展要求不相适应。尽管近年来加大了对社会组织的扶持力度，但资金不足仍是影响各种社会组织发挥作用的共性所在。一些社会组织的专业人才少，成员素质低，适应市场经济发展和推动社会治理的能力不强，民主意识和创新能力均不能适应时代的发展。很多社会组织影响不大，群众认同有限，与顺义重点发展产业相关的社会组织培育力度不够。

社区管理亟须改善。社区目前仍承担较多的行政事务，与居民自治的各种体制机制有待进一步建立健全，居民参与还有待于进一步提高。对社区还存在比较多的不必要的考核，使社区工作者疲于应付准备资料，没有更多的精力从事居民自治工作。物业管理存在的问题较多，老旧小区建成时间比较长，一些管线等基础设施都已老化，跑、冒、滴、漏等问题经常发生，且老旧社区普遍存在物业费收费标准低、收缴难，由于机制不健全缺乏监督管理等问题，物业服务企业在应对突发维修问题时难以及时解决，造成业主的不满。政府直管小区由于责任主体不明确，居民反映的物业问题经常无法得到及时的解决，新建小区由于社区居住主体日益多元化，业主和物业公司沟通机制不健全，部分小区业主和物业公司矛盾较大。当前，居民与物业公司之间的矛盾很大一部分是由于物业公司服务不到位引起的，而镇政府或街道办事处又缺乏对物业公司的监管手段，致使有些问题未能及时有效地解决，造成矛盾升级，形成不稳定因素。

社会领域党建有待加强。社区党组织人才配备力度有待进一步加强，组织建设有待进一步加强，社会化党建的协调机制有待进一步完善。社会领域党建覆盖力度有待进一步加强，组织形式有待进一步创新，社会组织党的建设急需加强，社会领域党建制度建设的科学化水平仍需提高。

社会治理人才建设不够。当前，适应全区社会治理的新形势，社会治理人才建设有待进一步加强。当前全区社会管理还是以行政管理、经验管理为主，尚未形成一个行之有效的治理模式；社会治理体现的是系统治理、依法治理、源头治理、综合施策，提升社会治理能力，需要加强干部队伍素质建设。

二 “十三五”时期顺义区社会治理能力现代化建设面临的新机遇与新挑战

（一）国家治理体系建设给顺义社会治理能力现代化带来了新机遇

党的十八大报告提出城乡社区治理和加快形成党委领导、政府负责、社会协同、公众参与、法治保障的社会管理体制。十八届三中全会通过的《决定》指出“全面深化改革的总目标是完善和发展中国特色社会主义制度，推进国家治理体系和治理能力现代化”，明确提出创新社会治理体制、提高社会治理水平，并要求改进社会治理方式，强调坚持系统治理、依法治理、综合治理、源头治理，在社会治理中激发社会组织活力、创新有效预防和化解社会矛盾体制、健全公共安全体系。

2014 年 2 月 17 日，中共中央总书记、国家主席、中央军委主席习近平在省部级主要领导干部学习贯彻十八届三中全会精神全面深化改革专题研讨班开班式上发表重要讲话，强调必须适应国家现代化总进程，提高党科学执政、民主执政、依法执政水平，提高国家机构履职能力，提高人民群众依法管理国家事务、经济社会文化事务、自身事务的能力，实现党、国家、社会各项事务治理制度化、规范化、程序化，不断提高运用中国特色社会主义制度有效治理国家的能力。

北京市委十一届四次全会通过的《中共北京市委关于认真学习贯彻党的十八届三中全会精神全面深化改革的决定》（简称《决定》）要求创新社会治理体系，改进社会治理方式。《决定》提出，按照三中全会精神，全面深化各项改革，要牢牢把握方向，大胆探索实践，加强统筹协调，分类有序推进，要求近两年在创新社会治理体制等方面取得突破性进展。

中央和北京市委关于全面深化改革、推进国家治理体系建设、加强社会治理的这些精神，将带来社会领域的深入改革，突破一些体制机制障碍，为顺义“十三五”时期的社会治理能力现代化建设带来了新的机遇。

（二）顺义新的发展阶段对社会治理能力现代化提出了新动力

《北京城市总体规划（2004 年—2020 年）》对顺义新城作了“东部发展带的重要节点，北京重点发展的新城之一”的功能定位，顺义新城是北京重点发展的新城之一，是面向国际的首都枢纽空港，是带动区域发展的临空产业中心和先进制造业基地。

习近平总书记 2014 年 2 月视察北京时，就推进北京发展和管理工作提出5点要求。一是要明确城市战略定位，坚持和强化首都全国政治中心、文化中心、国际交往中心、科技创新中心的核心功能，深入实施人文北京、科技北京、绿色北京战略，努力把北京建设成为国际一流的和谐宜居之都。二是要调整疏解非首都核心功能，优化三次产业结构，优化产业特别是工业项目选择，突出高端化、服务化、集聚化、融合化、低碳化，有效控制人口规模，增强区域人口均衡分布，促进区域均衡发展。三是要提升城市建设特别是基础设施建设质量，形成适度超前、相互衔接、满足未来需求的功能体系，遏制城市“摊大饼”式发展，以创造历史、追求艺术的高度负责精神，打造首都建设的精品力作。四是要健全城市管理体制，提高城市管理水平，尤其要加强市政设施运行管理、交通管理、环境管理、应急管理，推进城市管理目标、方法、模式现代化。五是要加大大气污染治理力度，应对雾霾污染、改善空气质量的首要任务是控制PM2.5，要从压减燃煤、严格控车、调整产业、强化管理、联防联控、依法治理等方面采取重大举措，聚焦重点领域，严格指标考核，加强环境执法监管，认真进行责任追究。随后在26日召开的座谈会上，习近平总书记就推进京津冀协同发展提出7点要求，强调京津冀协同发展意义重大，对这个问题的认识要上升到国家战略层面，增强推进京津冀协同发展的自觉性、主动性、创造性，增强通过全面深化改革形成新的体制机制的勇气，继续研究、明确思路、制定方案、加快推进。

当前，全区正处于认真落实习近平总书记视察北京重要讲话精神，落实首都城市战略、推动京津冀协同发展、加快转型升级的历史发展阶段，这不仅为全区各项发展提供了更广阔的空间，同时也对社会治理提出更高的要求。

结合当前顺义经济社会发展形势，区委提出“把握三个阶段性特征，推动四个转型升级”的要求，当前，顺义的发展面临“三个阶段特征”，即“经济发展进入提水平、上档次的新阶段，城市发展进入完善功能、提升品质的新阶段，社会建设进入深化服务、创新治理的新阶段”，推动“四个转型升级”即以改革创新精神，“加快推动临空经济区向首都国际航空中心核心区转型升级；加快推动现代制造业向创新创造转型升级；加快推动经济发展向投资、消费协调拉动转型升级；加快推动城乡发展向城乡一体化转型升级”，全面推动区域发展转型升级。“十三五”期间，顺义经济发展将迎来新的阶段，社会领域的投入将进一步加大，为加强全区社会治理能力现代化提供了新机遇。

与此同时，“把握三个阶段性特征，推动四个转型升级”给社会治理提出了新要求，顺义社会治理和治理能力现代化建设要适应“三个阶段性特征”，着力为推动“四个转型升级”服务。社会治理体系建设在顺义区经济社会发展全局中具有重要的地位。顺义全区经济、文化、生态建设发展需要社会发展的支撑。社会治理发挥社会方方面面的力量，共同管理社会公共事务，既是一个实现好、维护好、发展好顺义居民根本利益的过程，也是一个协调社会关系、规范社会行为、解决社会纠纷、化解社会矛盾、促进社会公正、应对社会风险、保持社会和谐稳定，保障经济又好又快发展的过程。推动社会治理，将充分发挥政府、企业、社会在经济社会发展中的作用，进一步巩固顺义区经济社会发展成果。

（三）社会服务需求的多元化给社会治理能力现代化提出了新要求

随着人们生活水平的提高，居民的需求日益多元化，其利益诉求也日益多元化，这对政府部门的公共服务能力提出新的要求。尤其随着城乡一体化、基本公共服务均等化及老龄化进程加快，传统的服务形式已满足不了广大人民群众多样化、个性化需求，需要一大批社会组织协助提供专业化、职业化、精细化的服务，需要进一步加强社会治理，培育发展社区社会组织，发挥社区社会组织在协助提供社会服务中的重要作用。

利益诉求的多元化也带来了社会矛盾的多元化。经济社会发展进程到一定阶段，进入了一个社会矛盾频发、社会问题集中的高风险时代，许多深层次的矛盾和问题逐渐显现，社会不稳定因素显著增加。如工业化发展与当地人居环境间的矛盾、城市化与耕地保护间的矛盾、现代化与传统生活方式间的矛盾、产业转型升级与中小企业生存和发展间的矛盾、本地居民和外来流动人口间的矛盾，等等。这个时期，群众的权利意识迅速提升，利益主体和利益诉求日趋多元，导致社会矛盾日益复杂，对社会治理提出了新的挑战。面对多元化社会的挑战，要求党和政府在社会转型的关键时期必须采用新的思维和手段，需要发挥全社会智慧、动员社会力量，创新社会治理，提高社会治理水平，确保人民安居乐业、社会安定有序。

（四）网络社会的快速发展给社会治理能力现代化带来了新挑战

当今时代，互联网深刻影响着人们的思想观念和思维方式。党的十八大报告中提出“加强和改进网络内容建设，唱响网上主旋律。加强网络社会管理，推进网络依法规范有序运行。”加强网络舆情管理与引导成为各级党委政府社会治理能力的重要体现，同时也是我们当前亟须研究和破解的问题。互联网巨大的社会动员功能对虚拟社会管理提出的挑战前所未有，给社会治理带来新挑战。随着移动互联网的快速发展，手机上网用户可以随时随地发出信息，信息传播速度加快，信息集聚能力增强，每个用户都可以是自媒体，都可以是信息传播中心，并且相互影响、相互激荡，对虚拟社会的管理带来巨大的压力。

三 “十三五”时期顺义区社会治理能力现代化的总体思路、指导思想、基本原则、主要目标

（一）总体思路

“十三五”时期，顺义社会治理将按十八届三中全会通过的《决定》指出的“系统治理、依法治理、源头治理、综合施策”要求，统筹规划、总体协调，坚持以下整体思路：

积极把握三个阶段性特征，深入推进四个转型升级，在深化改革中推进社会治理，提升社会治理能力，推动政府职能转变，发挥企事业单位、社会组织、居民的作用，实现治理主体多元化；在治理中充分发扬协商民主，通过多元主体的相互沟通、合作，共同推进社会治理，全面推动依法治理能力

现代化、以德治理能力现代化、以学治理能力现代化。

依法治理能力现代化，包括政府部门的依法行政，也包括居民、企事业单位遵守法律，加强法制宣传教育，培育社会治理主体与群众用法治思维和法治方式处理社会问题、协调社会关系、化解社会矛盾的意识和习惯。依法治理能力是社会治理能力的底线标准。

以德治理能力现代化，包括了三个方面的内容，一是在推进社会治理过程中要加强道德建设，弘扬社会主义核心价值观；二是坚持“以人为本”的原则，实行“德政”，积极改善民生，寓治理于服务之中；三是强调“善治”，积极稳妥地推进社会治理体制机制改革，充分发挥各社会治理主体的作用，充分体现民主自治原则，实现人民当家做主。以德治理能力是社会治理能力的中线标准（见图2）。

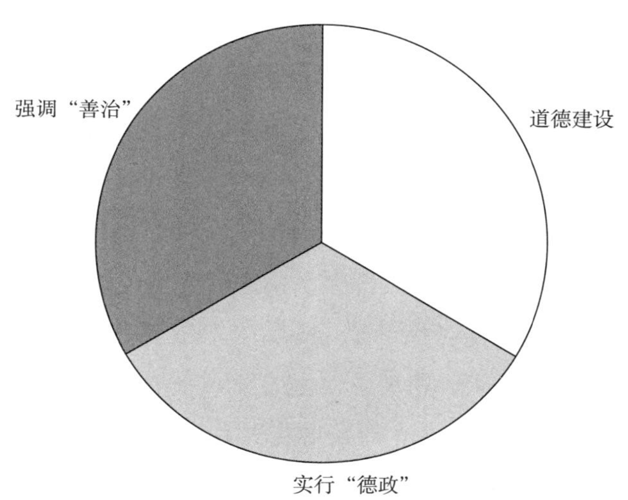

图2　以德治理能力现代化的三个方面

以学治理能力现代化，既包括政府各社会治理部门推动学习，以学习转变思想观念，以学习推动治理思路创新，创新性地解决社会问题，也包括全体居民通过学习，转变心智模式，提高素质，包容协作，协商共治，从源头上减少社会治理问题的发生。以学治理能力是社会治理能力的上线标准。

在推进社会治理能力建设过程中强调依法治理能力现代化、以德治理能力现代化与以学治理能力现代化有机结合，形成社会治理的合力（见图3）。

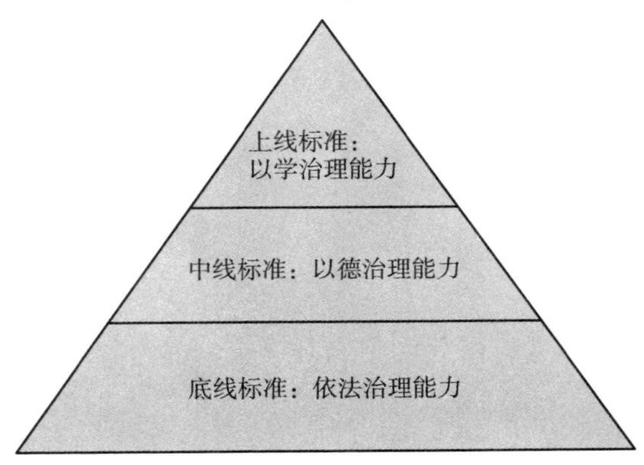

图3　社会治理能力现代化的三个层次标准

（二）指导思想

全面贯彻落实党的十八大和十八届三中、四中全会精神，以邓小平理论、“三个代表”重要思想、科学发展观和习近平总书记系列重要讲话精神为指导，按照“四个全面”战略部署，紧紧围绕“建设绿色国际港，打造航空中心核心区”的奋斗目标，深入落实“把握三个阶段性特征、推动四个转型升级”工作总要求，积极主动适应发展新常态，在深化改革中加强社会治理，提升社会治理能力，加强党委领导，坚持政府主导，激发社会活力，着力强化政策落实和社会治理突出问题的解决，建设和谐宜居新城和美丽乡村，推动顺义全面建成小康社会、全面深化改革、全面依法治区、全面从严治党的进程。

（三）基本原则

解放思想、谋划全局。进一步解放思想，自觉把社会治理置于经济社会发展全局中来谋划、来推进，不断推动社会治理领域的制度创新、理论创新、实践创新，不断提升全区干部的治理能力和治理水平。加强顶层设计，创新社会治理体系，突出创新体制机制，改进社会治理方式。

以人为本、服务居民。坚持以人为本，突出人民在顺义社会治理中的主体作用，把维护、实现和发展好人民群众的根本利益，作为推进社会治理能力现代化建设的最终目的。在推动社会治理中，提升治理能力，推动民生问题的解决，真正使群众享受到实惠。

多方参与、共同治理。坚持党领导下多方参与、共同治理的理念，推动用平等对话、协商沟通的方式来化解社会矛盾，用服务、民主的方式来解决社会问题，在管理中体现服务，在服务中实施管理，实现社会治理的根本转变。鼓励和支持人民群众和社会各方面更加积极、有效地参与社会治理，变单纯自上而下的管理方式为自上而下与自下而上相结合的治理模式，推动各方参与，形成政府、市场、社会等多方合作的治理机制，实现政府治理和社会自我调节、居民自治良性互动。

依法治理、综合施策。在推进社会治理的过程中，牢固树立依法治理的理念，以法治精神引领社会治理，用法治思维谋划社会治理，用法治方式破解社会治理难题，把社会治理纳入法治轨道，推动社会治理法治化、规范化、科学化。在加强依法治理的同时，加强道德建设、推动以德治理，加强以学治理，推动学习型城区建设。通过以德治理发挥道德教化的软性约束作用，促进社会成员自律。通过以学治理一方面促进全区人口素质的整体提高，激发社会活力，另一方面促进干部队伍素质的提高，更好地创新解决社会治理难题。

（四）主要目标

以持续改善民生、解决社会治理中存在的各项问题为重点，在党的领导和政府主导下，突出创新体制机制，不断推动社会领域制度创新，转变政府管理模式、推动服务型政府建设、培育多元治理主体、增强社会自治能力、促进社会功能发育、扩大社会参与，加快形成科学有效的社会治理体制，在深化社会治理体制改革上实现新的突破，以引领首都郊区科学发展排头兵的标准，构建既有秩序又有活力的多元共治社会格局，努力创造具有顺义特色、全市领先的社会治理体系和治理能力现代化建设模式。具体目标如下。

——治理方式得到优化。全面转变治理模式，推动“系统治理、依法治理、综合治理、源头治理”，到2020年，全面形成依法治理、以德治理、以学治理相结合的格局。

——公共安全体系日趋完善。公共安全应急机制和社会治安防控体系进一步建立健全，公共安全保障能力、管理水平和预防能力明显增强，人民群众安全感显著上升。到2018年，公众安全感达93%以上；社会矛盾纠纷调处成功率达95%以上。

——民生保障力度加强。民生投入持续增长，社会福利进一步适度普惠，使发展成果更多更公平惠及顺义居民，群众对教育、卫生、就业等公共服务的满意度进一步提高，城镇登记失业率控制在1.5%以内。

——政府治理能力进一步提升。政府依法治理全面推进，治理能力现代化建设得到进一步增强，服务型政府建设进一步加强，政府职能进一步转变，政府购买服务力度进一步加大。

——社会组织活力激发。积极培育发展社会组织，发挥社会组织在社会治理中的主体作用，实现顺义重点产业社会组织全覆盖。到2020年，万人拥有社会组织数达10个以上。

——基层治理深入推进。社区软硬件建设得到进一步改善，到2018年前，实现全部社区办公和服务用房面积达450平方米以上，基层自治得到大力推进，村（居）规民约作用发挥显著，居民参与大大加强。“十三五”期间，社区选举户代表选举的达60%以上，到2020年，各居（村）都建立起协商议事制度化载体。加强基层社区工作者队伍建设，持（助理）社会工作师证书的占60%以上。

——社会领域党建全面加强。深入推动基层党建创新，基层党组织在基层治理中发挥作用显著，区域化党建工作进一步加强。区管党员回社区报到率达95%以上，参与率进一步提升。“十三五”时期顺义区社会治理主要指标和一般指标详见表1、表2。

表 1 “十三五”时期顺义区社会治理主要指标

指标名称	“十三五”指标值	“十二五”指标值	指标性质（预期性指标或约束性指标）
公众安全感	93%以上	未列入（市“十二五”目标≥90%）	预期性指标
社会矛盾纠纷调处成功率	95%以上	未列入（市“十二五”基层社会矛盾纠纷调处率目标≥95%）	预期性指标
食品安全监测合格率	98%以上	98%以上	约束性指标
药品抽检合格率	99%	99%	约束性指标
万人社会组织数	10个以上	未列入（按2013年底顺义户籍人口60.07万计，2014年全区正式登记社会组织314个，估算2014年万人社会组织数在5.22个）	预期性指标
城镇登记失业率	1.5%以内	1.5%以内	约束性指标
户代表选举率	60%以上	未列入（2012年第八届户代表选举率41%）	预期性指标
社区办公和服务用房面积达450平方米以上	100%	未列入（2014年全区98个社区中有94个达到350平方米以上）	约束性指标
持社工师证书的社工占社区工作者比例	60%以上	未列入（2014年比例41.98%）	预期性指标
党员回社区报到率	95%以上	未列入	约束性指标
顺义居民对党和政府工作的满意率	90%以上	未列入	预期性指标

表 2 “十三五”时期顺义区社会治理一般指标

指标名称	“十三五”指标值	“十二五”指标值	指标性质（预期性指标或约束性指标）
可防性案件同比下降率	10%	未列入	预期性指标
全区初次信访转送交办率、受理告知率、按期办结率	100%	未列入	约束性指标
重复信访率	25%以内	未列入	预期性指标
建立心理咨询工作室的社区比例	50%以上	未列入	预期性指标
养老、助残、医疗救助城乡社区覆盖率	100%	未列入	约束性指标
出租房屋登记备案率	95%以上	未列入	预期性指标
流动人口增长率	3%	未列入	预期性指标

续表

指标名称	“十三五”指标值	“十二五”指标值	指标性质（预期性指标或约束性指标）
城乡劳动力二、三产业就业率	96%	95%	约束性指标
充分就业社区（村）比例	90%以上	未列入	约束性指标
充分就业街道（乡镇）比例	95%以上	未列入	约束性指标
新农合医疗保险参合率	98%以上	99.7%	约束性指标
新农合稳定参合率	95%以上	未列入	约束性指标
城镇职工五项保险参保率	99%	98%	约束性指标
城乡居民养老保险参保率	96%以上	95%	约束性指标
城乡教师年交流比例	5%以上	未列入	约束性指标
社区卫生服务机构覆盖率	100%	未列入	约束性指标
社区中医药服务覆盖率	100%	未列入	约束性指标
慢性病规范管理率	85%以上	未列入	预期性指标
居民电子健康档案建档率	90%以	未列入	预期性指标
家庭医生式服务重点人群签约率	90%以上	未列入	预期性指标
新城家庭医生式服务覆盖率	100%	未列入	预期性指标
每个村文化中心面积	300平方米以上	未列入	约束性指标
每个社区文化活动中心面积	90平方米以上	未列入	约束性指标
社区健身器材安装率	100%	未列入	约束性指标
每个社区配备文化体育专职指导员数量	2~3名	未列入	约束性指标
全区养老床位数	12000张以上	每百名老人拥有床位数不低于北京市3.8张的标准	约束性指标
社区服务站标准化建设完成率	100%	未列入（市“十二五”城市社区规范化建设达标率目标100%）	预期性指标
新城300米公交站点覆盖率	90%以上	未列入	约束性指标
农村500米公交站点覆盖率	85%以上	未列入	约束性指标
学习型社会组织达标率	80%	未列入	预期性指标
顺义区社会组织示范基地数量	15个	未列入	预期性指标
每年投入政府购买社会组织服务的资金	不低于1500万元	未列入（现投入资金数待统计）	约束性指标
注册志愿者人数占全区常住人口	8%以上	未列入	预期性指标
培育较为成熟的社会企业	10个	未列入	预期性指标

续表

指标名称	“十三五”指标值	“十二五”指标值	指标性质（预期性指标或约束性指标）
“七型”社区达标率	80%以上	未列入	预期性指标
城市社区“一刻钟服务圈”建设覆盖率	70%以上	未列入（顺义现状需进一步核实，14年北京市城市社区覆盖率达到60%，15年目标70%）	约束性指标
社会组织和非公有制经济组织党组织覆盖率	100%	100%	预期性指标

四 “十三五”时期顺义区社会治理能力现代化的重点措施和对策建议

结合顺义实际，本重点措施和对策建议按三个层次划分。

第一个层次是依法治理能力现代化，即运用法治方式进行社会治理，这是社会治理能力的底线治理，包括“加强依法治理，推动法治顺义建设”“推动平安创建工作，保障居民安居乐业”两部分内容。

第二个层次是以德治理能力现代化，这是社会治理能力的中线标准，包含了三个方面内容：一是在推进社会治理过程中要加强道德建设，弘扬社会主义核心价值观，包括“加强思想道德建设，营造社会治理良好氛围”；二是坚持“以人为本”的原则，实行“德政”，积极改善民生，寓治理于服务之中，包括“积极改善民生，推动公共服务均等化”；三是强调“善治”，积极稳妥地推进社会治理体制机制改革，充分发挥各社会治理主体的作用，充分体现民主自治原则，实现人民当家做主，包括“推动社会治理体制机制改革，优化城市管理体制机制”，“激发社会活力，促进社会组织培育发展”“加强基层治理，提升治理水平”“加强社会领域党建工作，提升基层党组织服务水平”等四部分内容。

第三个层次是以学治理能力现代化，这是社会治理能力的上线标准，通

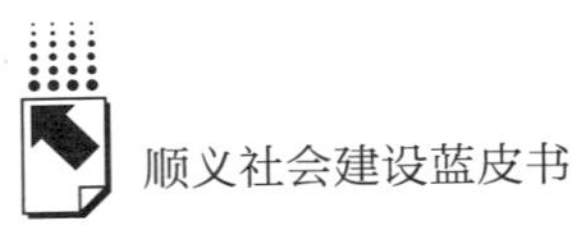

过学习提高人口素质，通过学习提高干部队伍素质，不断解决社会治理中出现的各种新情况、新问题，包括“推动各类学习型组织建设，提升社会治理能力现代化水平”这部分内容。

依法治理能力现代化、以德治理能力现代化、以学治理能力现代化三个层面的具体重点措施和对策建议有以下几点。

（一）加强依法治理，推动法治顺义建设

1. 深化法治顺义创建活动，推动多层次多领域依法治理

把法治要求落实到社会治理各层次、各领域，发挥好法治对社会治理的引领、规范和保障作用。深入推进多层次多领域依法治理，用法律上的事实判断是非、用权利义务关系衡量对错，推动不同层次不同领域社会关系得到规范协调，社会主体能够依法理性表达诉求，社会矛盾纠纷能够依法按程序公正解决。

深入开展多层次多形式法治创建活动，大力推动各级政府部门和各行业普遍开展依法治理，实现依法治理对部门行业的全面覆盖，促进各级政府部门依法行政、社会各行业依法办事、诚信尽责。落实企事业单位和人民团体法律顾问制度。开展依法治理示范单位评选活动。

2. 坚持依法行政，推进法治政府建设

用法治思维和法治方式履行政府职能，推动改革发展，建设现代政府。坚持依法行政，政府职权法定，依法行政，按法履职，公正执法。政府部门带头维护宪法法律权威，履行职能的全过程都必须符合法律规定，让行政权力在法律和制度的框架内运行。加强政策出台前的审查，确保各项政策的内容都符合法律的规定。

深入推进依法行政。坚持依法履职，严格依照法定职责和程序办事，在区、街、镇各个层面上推进社会治理法治化，用法治精神引领社会治理，用法治思维谋划社会治理，用法治方式破解社会治理难题，不断提高社会治理法治化水平，防范社会治理领域越位、错位、缺位。开展全区依法治理大调查，针对薄弱环节，加强建章立制，推动依法治理。完善政府法律顾问制

度，保障决策依法科学。加强重大合同审查备案管理。切实强化行政执法，依法办事、严格执法。坚持依法行政，将依法行政贯穿于决策、执行、监督和服务的全过程，全面推进政务公开，在保护国家信息安全、商业秘密和个人隐私的前提下，依法公开在行政管理中掌握的信用信息，建立有效的信息共享机制。

建立科学的权力配置机制、规范的权力运用机制、有效的权力制约机制、严密的权力监督机制、完善的腐败惩治机制等，规范权力运行的方法、步骤、时限等工作。坚持依法治区、依法执政、依法行政共同推进，坚持法治顺义、法治政府、法治社会一体建设，实现科学立法、严格执法、公正司法、全民守法，促进全区治理体系和治理能力现代化。以规范和约束公权力为重点，加大监督力度，做到有权必有责、用权受监督、违法必追究，坚决纠正有法不依、执法不严、违法不究行为。探索建立科学完备的政府部门依法治理指标体系。根据政府部门类型和特点，科学确定衡量政府部门依法治理的指标，分类研究制定依法治理指标体系，对政府部门依法治理情况进行评估，推动全区依法治理的开展。

3. 保障社会公平正义，依法维护群众权益

维护社会公平正义，把维护社会公平正义作为法治社会建设的核心价值追求，在各项政策的制定和执行过程中充分体现公平正义原则。坚持法律面前人人平等，坚持司法为民、公正司法，努力让人民群众在每一起司法案件中都感受到公平正义；把依法维护群众权益作为各项工作的根本出发点和落脚点，依法保障群众切身利益。强化法律在维护群众根本利益、解决群众诉求、化解社会矛盾的权威地位，提高执法机关执法水平、保障公平正义，使法律的裁决得到全社会的普遍尊重。到 2018 年底推动形成信赖司法、尊重司法、支持司法的制度环境和社会氛围。

深化司法体制和工作机制改革，推进执法规范化建设，严密执法程序，坚持有法必依、违法必究和法律面前人人平等，提高司法工作的科学化、制度化和规范化水平。推进强制执行案件信息公开，完善执行联动机制，提高生效法律文书执行率。充分发挥法律监督职能作用，加大查办和预防职务犯

罪力度，促进诚信建设。充分发挥人大、政协和社会公众对司法工作的监督作用，完善司法机关之间的相互监督制约机制，强化司法机关的内部监督，实现以监督促公平、促公正、促公信。

完善“基层法律顾问制度”，进一步建立健全法律服务体系和依法维权、化解纠纷机制，确保人民群众在遇到法律问题或者权利受到侵害时获得及时有效法律帮助，解决好群众最关心最直接最现实的利益问题。健全完善公共法律服务网络，拓展公共法律服务领域，努力满足广大人民群众的基本法律服务需求；大力发展法律援助事业，扩大法律援助覆盖，努力满足困难群众和特殊案件当事人的法律需求。

4. 积极培育法治文化，营造良好法治氛围

加强法制宣传教育，实现全区社区和农村法制宣传橱窗全覆盖。积极引导和支持社会组织踊跃参与法治顺义建设，通过政府购买服务的方式，寓教于乐，采取生动活泼的形式深入城乡社区开展法律宣传，进一步强调法律在社会生活中的至上地位，在全社会树立依法办事、守法光荣的风尚，引导群众理性合法表达利益诉求，使法律规范成为社会运行的基本准则。推动顺义国际鲜花港法治文化基地建设。培养知法懂法守法的现代公民，建设社会主义法治文化，把法治教育纳入国民教育体系和精神文明创建内容，让法治进校园、进教材，将法治精神和道德建设结合起来，提高普法教育的有效性，从知法懂法进而到信法、尊法、用法，牢固树立起对法治的信仰。推动社会成员遵纪守法，在享受权利的同时，认真履行义务，牢固树立有权力就有责任、有权利就有义务的观念。推动企事业单位、居民等各治理主体守法用法，恪守自身的法定权力和责任、履行应尽的权利和义务，成为自觉遵守法律、善于运用法律的社会治理主体，使社会治理各主体各归其位、各尽其责，形成合作共治的良好关系。把社会治理纳入法治化轨道，运用法治思维和法治方式化解社会矛盾，引导和支持人们依法理性表达诉求、依法按程序维护权益，强化法律在维护群众权益、化解社会矛盾中的权威地位，推动形成行止有法、办事依法、遇事找法、解决问题靠法的良好社会氛围。

（二）推动平安创建工作，保障居民安居乐业

1. 健全公共安全体系，有效防范各种风险

创新立体化社会治安防控体系。坚持打防结合、预防为主、专群结合、依靠群众的方针，以社会化、网络化、信息化为重点，健全点线面结合、网上网下结合、人防物防技防结合、打防管控结合的立体化社会治安防控体系，实现可防性案件同比下降率10%。充分发挥公安机关在社会治安防控中的主导作用，加强重点地区、重点场所的社会治安综合治理。注重发挥城乡社区在社会治安防控中的基础作用，推进平安社区建设，组织治安积极分子、保安、志愿者、居民等力量开展群防群治，形成人人参与社会治安防控的局面，筑牢社会治安防控体系的根基。建立健全源头治理、动态协调、应急处置相互衔接、相互支撑的社会治安综合治理机制。

加强食品药品安全监管。强化政府的食品药品安全监管责任，对食品药品安全实施有效的统一监管，食品安全监测合格率达到98%以上，药品抽检合格率达99%。落实企业在食品药品安全中的主体责任，建立让生产经营者真正成为食品药品安全第一责任人的有效机制。推进食品安全检（监）测能力建设项目建设，提升全区食品安全检（监）测能力，有效保障全区食品供应安全。加强食品药品安全风险监测评估预警，充分发挥群众参与作用，健全食品药品安全多渠道投诉举报和突发事件快速反应机制，依法惩治食品药品领域违法犯罪活动。“十三五”期间完成国家药品安全示范区创建工作。

落实政府安全生产监管责任和企业安全生产主体责任，严格安全生产目标考核和责任追究，实行重大隐患治理逐级挂牌督办和整改评价制度，严格查处非法违法或违规违章生产经营建设行为。加强从业人员特别是高危行业从业人员的安全教育，提高全社会安全意识，夯实安全生产基础。建立健全隐患排查治理体系和安全预防控制体系，大力开展安全生产大检查、事故隐患排查活动，切实掌握各类风险隐患情况，落实好防范和整改措施。

加强应急管理，提高保障公共安全和处置突发公共事件的能力。加强突

发事件风险管理，建立健全突发事件总结评估和趋势分析会商、重要预警信息研判机制。发挥各类主体和各层各级的作用，加快构建政府主导、条块结合、全社会共同参与的应急管理工作格局。进一步完善社会动员机制，加强应急志愿者队伍建设，发挥社区自治组织、红十字会、慈善组织和行业协会等社会组织的作用，鼓励各类主体有序参与突发事件应对工作。完善社会动员机制，加强对全区市民危机应对能力的教育和培训，开展市民风险防范和自救互救教育，发挥社会力量在应急管理中的作用。完善部门协同、上下联动、社会参与、分工合作的防灾减灾救灾机制，坚持灾前预防与应急处置并重，推进常态减灾与非常态救灾结合，提高应对极端天气、地质灾害、突发公共安全事件的处置能力。

2. 创新矛盾化解机制，促进社会安定有序

完善重大决策社会稳定风险评估机制。坚持“谁主管、谁负责，谁决策、谁负责，谁审批、谁负责”的原则，在研究决定涉及群众利益、影响面广或容易引发社会不稳定的重要政策、重大改革举措、重点工程建设项目等重大事项前，都要充分听取群众意见，把社会稳定风险评估作为必经程序，做到应评尽评。凡是与群众切身利益密切相关、对大多数群众不理解、不支持的事项暂缓出台或不出台，防止因决策不当而损害群众利益。健全行政复议案件审理机制，纠正违法或不当行政行为。切实解决土地征用、房屋拆迁、企业改制、劳动关系、教育医疗、社会保障、环境保护、安全生产、食品药品安全、城市管理等方面群众反映强烈的问题，维护好群众的切身利益。

畅通诉求表达机制。为各利益主体提供充分的表达利益诉求的制度性平台，使各个利益主体的利益诉求能够通过正当的、规范的渠道进入公共决策过程中。充分利用民意调查制度、信息公开制度、听证会制度、协商谈判制度等，完善诉讼、仲裁、行政复议等诉求表达机制，发挥人大、政协、人民团体、社会组织、基层群众自治组织以及新闻媒体等的社会利益表达功能，畅通和拓宽群众诉求表达渠道。在涉及群众的利益问题上，尤其是在处理社会公共利益、长远利益与群众眼前利益的尖锐矛盾时，在耐心做好宣传教育

的基础上，充分协商，尊重群众意愿，通过公开的民主表决方式，获得群众支持的最大公约数，减少决策实施过程中的矛盾震荡，避免群体性事件的发生。

完善社会矛盾纠纷排查化解机制。按照统一领导、分级负责，集中梳理、归口管理，责任明确、措施到位的要求，进一步完善领导干部接待日制。综合运用各种有效手段，做到矛盾纠纷排查化解常态化管理，努力把矛盾化解在基层，解决在萌芽状态。大力加强人民调解工作，着力加强行业性、专业性人民调解组织建设，深入开展矛盾纠纷排查调解工作，把更多矛盾纠纷化解在基层、解决在萌芽状态。完善人民调解、行政调解、司法调解联动工作体系，建立调处化解矛盾纠纷综合机制，促进人民调解向纵深发展，充分发挥人民调解的比较优势，不断增强行政调解的公信力。综合运用各种手段调处矛盾纠纷，让社会矛盾、利益纠纷在制度化、法治化轨道上得以化解。到2018年，社会矛盾纠纷调处成功率达95%以上。

做好信访工作，进一步完善解决特殊疑难问题的协商会办制度、第三方参与信访工作机制。深入开展全区领导干部大接访活动，依法规范和完善信访工作，加大信访积案化解力度，把涉法涉诉信访纳入法制轨道解决，建立涉法涉诉信访依法终结制度。综合运用法律、政策、经济、行政等手段和教育、协商、调解等办法，促进信访问题的解决。推动将信访工作纳入法治轨道，制定信访受理范围界定意见，规范信访办理行为，依法维护正常信访秩序，切实提高依法做好信访工作的水平。强化对信访案件的依法处理，切实解决群众合情合理合法的诉求。通过各种方式加强对信访群众的教育，引导群众通过写信、网络等便捷方式，依法有序地逐级反映问题。全区初次信访达到100%转送交办、100%受理告知、100%按期办结，重复信访率控制在25%以内。对违法违规行为坚决依法惩戒，改变个别群众中存在的群体上访、越级上访有用的错误观念。

完善心理干预机制。广泛宣传普及个人心理健康知识，建立心理危机干预预警机制。进一步探索社区心理教育的新机制，成立心理调适专家指导队伍，培育社区心理咨询人员，针对社区百姓生活、工作中常见的矛盾、问题，开展心理调适讲座及个案咨询，定期为社区居民排忧解烦，“十三五”期间，力争50%以上的社区建立心理咨询工作室，配备专兼职心理咨询人员。通过心理干预，使处于心理危机状态的个人能够及时得到适当的心理援助，培育理性平和的社会心态，防范和降低心理危机引发的社会风险。

3. 加强网络舆情引导与管理，积极传播网络正能量

完善网络舆情分析研判工作体系，对涉及顺义的网络舆情进行分类、分级和定位，实施全方位动态监控，及早发现倾向性、苗头性问题，开展专题性、综合性分析，研判舆情走向、发展趋势和网民关注点、关注热度，制定不同层级和部门的专项应急预案，推进网络舆情应对协调联动机制。

进一步丰富顺义网城、顺义学习网、顺广传媒网等区内重点网站内容，增强舆论引导能力。进一步做实顺义社区网站群，丰富内容，增加点击量。进一步完善社区网站群的管理，发挥社区信息化在提升社区自治和服务功能方面的积极作用，通过信息化手段了解、掌握并迅速回应群众合理诉求。适时启动顺义农村网站群建设。加强网络文明建设，积极开展网络主题实践活动。整合各方力量，组织各有关部门、社会团体和各类网络服务提供者共同参与文明网站、文明频道、文明版主创建活动，精心设计活动主题，精心选择新颖时尚的活动形式，促进网民参与，在全社会树立良好的网络道德风尚。

逐步建立政府各部门网络新闻发言人制度，加强网络发言人队伍建设，及时公开信息、实时监看舆情、分析研判舆情、组织舆论引导、推动科学决策，主动占领舆论高地。推广使用政务微博、微信，及时阐释方针政策，回答热点问题，提高舆论引导能力，积极运用新媒体传播正能量。组织网络正面宣传，充分利用网络媒体，宣传展示区域经济社会发展成果，提升区域整体形象，提升绿色国际港的影响力和知名度。加强各级领导干部网络舆情应对能力培训，建立和完善各级政府部门负责人与网民对话交流制度，积极稳妥推行网络问政。

4. 推动基层平安建设，夯实平安顺义基础

突出源头治理，建立健全监测预警体系，加强对各类突发事件发生、发

展及衍生规律的研究，提高综合监测和预警水平，做到早发现、早报告、早预警、早防范、早处置。坚持预防为主的方针，推动应急管理关口前移，着力解决影响基层平安建设的源头性、根本性、基础性问题，提高应急管理工作的预见性、科学性和有效性，最大限度减少各类突发事件发生。

深入开展基层平安创建活动，深化社会治安重点地区排查整治。切实加强各级基层综治组织、机关、团体、企事业单位治安防范力量建设。进一步做实做强派出所，保证派出所有足够警力、精力组织、指导群防群治组织开展工作；督促村、社区及企事业单位完善群防群治队伍建设，督促各单位完善安全保卫责任制，明确防范职责和防范重点，落实各项防范措施。到2018 年，公众安全感达 93% 以上。

（三）加强思想道德建设，营造社会治理良好氛围

1. 加强精神文明和思想道德建设，大力弘扬顺义精神

以社会主义核心价值观引领精神文明建设。全方位、多领域、广角度的宣传社会主义核心价值观，用社会主义核心价值观引领社会思潮、凝聚社会共识，打造社会治理的思想基础，以强大的价值观力量引导社会行为，培育人们追求真善美的积极心态。加强公共文明建设，消除不文明陋习，着力提升市民公共行为文明素养和城市公共环境文明程度。大力弘扬“爱国、创新、包容、厚德”的北京精神，大力弘扬“同心向上、科学创新、脚踏实地、追求卓越”的顺义精神，充分发扬顺义报效家乡、服务群众的执政文化，自强不息、攻坚克难的创业文化，尊重知识、敏而好学的尚学文化，海纳百川、大气融合的开放文化，进一步传承和发展顺义独具特色的区域文化。

注重发挥思想道德建设在社会治理中的作用。以社会主义核心价值观为统领，加强社会公德、职业道德、家庭美德、个人品德教育，弘扬中华传统美德，引导人们自觉履行法律义务、社会责任、家庭责任，努力营造诚信、友爱的社会环境。通过强化道德约束，规范社会行为，调节利益关系，协调社会关系，解决社会问题，防范居民的行为突破“道德底线”。推动形成具

有顺义特色的以德治理道德规范。继续推动顺义“道德模范”评选活动。以文明村镇、“和谐家庭、绿色家庭”创评及环境整治分类评比等为主要载体，提升各文明单位的创建水平。引导群众学习“道德模范”“全国五好文明家庭”等先进典型，并不断拓展经验推广的层面，延伸范围，使先进典型效应转换为社会普遍效应，传递学习先进、崇尚模范、见贤思齐、争先创优的正能量，培育自尊自信、理性平和、积极向上的社会心态。

2. 倡导自我约束，增强社会自律

制定完善行业规章、团体章程，推动可以通过社会成员契约自我规范或解决的问题交由社会规范或契约解决。引导和支持城乡社区基层组织、行业和社会团体通过规约章程自我约束、自我管理，规范成员行为，依法维护成员合法权益。鼓励企事业单位推行服务承诺，树立品牌形象。培育居民权利义务相对等的观念，加强居民自觉自律，提高居民整体素质，提升全区文明程度。

3. 推动顺义信用体系建设，营造良好社会信用环境

在各级各类教育和培训中进一步充实诚信教育内容。大力开展信用宣传普及教育进机关、进企业、进学校、进社区、进村庄、进家庭活动。鼓励和调动社会力量，广泛参与，共同推进，形成社会信用体系建设合力，在全社会广泛形成守信光荣、失信可耻的浓厚氛围，营造诚实、自律、守信、互信的社会信用环境，使诚实守信成为全民的自觉行为规范。推动志愿服务，总结光明街道、胜利街道开展志愿服务时间储蓄、星级反哺的经验，在全区推广，记录每位志愿者参与志愿服务的时间、项目等内容，为志愿者累计积分，将居民参与志愿服务情况作为社会诚信的重要内容之一。大力开展重点行业领域诚信问题专项治理。深入开展道德领域突出问题专项教育和治理活动，针对诚信缺失问题突出、诚信建设需求迫切的行业领域开展专项治理，坚决纠正以权谋私、造假欺诈、见利忘义、损人利己的歪风邪气，树立行业诚信风尚。到 2020 年建立全区的法人诚信系统，建立失信惩戒制度，建立各行业黑名单制度和市场退出机制，推行违法行为、不良记录联网运行，守信激励和失信惩戒机制全面发挥作用。完善社会舆论监督机制，加强对失信

行为的披露和曝光，发挥群众评议讨论、批评报道等作用，通过社会的道德谴责，形成社会震慑力，约束社会成员的失信行为。

（四）积极改善民生，推动公共服务均等化与优质化

1. 创新社会服务提供方式，优化政府的服务效能

转变政府服务方式，加快电子政务建设，建好政务服务平台、公共资源交易平台、电子政务平台。推行并联审批、网上审批、电子监察，简化行政运作的环节和程序，形成政府系统的新型格局，减少政府各环节的工作量。

推进政府购买服务。创新公共服务提供模式，加大政府购买公共服务力度，重点从公益性和公共性较强的教育、就业、医疗卫生、社会保障、社会服务、住房保障、文化体育等公共服务领域中，选择适宜采取市场化方式提供、社会力量能够承担的公共服务，交由群团、社会组织、市场主体等社会力量提供。进一步形成政府主导、社会参与、市场竞争的政府购买社会公共服务新格局，促进公共服务的多元化供给，建设服务型政府。

2. 推动社会福利的适度普惠，提高社会福利水平

继续完善社会救助体系，不断完善以最低生活保障为依托，各类专项救助为基础，临时救助、社会捐助、社会慈善为补充的全方位、多层次的社会救助体系，有效保障困难群体的基本生活。“十三五”期间，实现养老、助残、医疗救助城乡社区覆盖率100%，进一步完善涵盖生活、医疗、住房、教育、取暖、临时等多领域的综合性救助制度，力争在更大范围、更广领域满足全区贫困群体的生活、生产需求。按照北京市统一要求，结合顺义经济发展、物价上涨水平及百姓实际需求，建立社会救助动态调整机制，全面保障区域内困难家庭基本生活权益。健全与经济发展和物价水平相适应的救助标准动态调整机制，完善城乡低保分类救助制度，加大对农村五保对象、老人、残疾人等特殊困难群体的救助力度。逐步建立城乡一体的医疗、教育、住房、采暖等低收入家庭专项救助制度，拓宽专项救助的范围和内容，适度提高救助水平。进一步完善针对农村低收入户的扶持和救助政策，建立健全城乡一体化的养老、医疗等保障制度，适时提高新型农村合作医疗筹资标

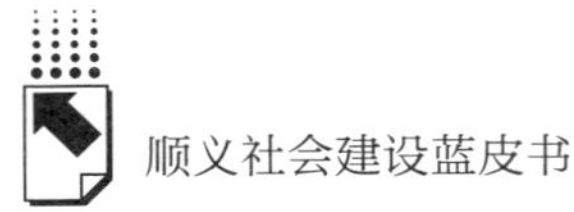

准，提高重大疾病保障水平。

制定分类救助相关政策和配套措施，探索将支出型贫困家庭纳入救助网。把完善大病救助政策作为解决“支出型”贫困家庭的突破口，探索制定“支出型”救助测算公式，科学设置家庭收入、医疗支出、生活支出等各项指标比重，合理测算医疗救助系数和额度，防止其因病致贫。

建立救助资源供需对接机制。推动建立社会救助联席会议制度，解决各职能部门互不统属，信息孤立的问题，建立全区统一的综合救助信息管理系统。积极与区残联、区总工会、团区委、区妇联、区慈善协会等部门沟通，实现信息共享、困难共救，避免多头救助、重复救助现象，发挥救助资源的最大效用。进一步整合社会慈善资源，建立全区帮扶机构的资源信息库，搭建社会救助工作平台，定期将政府救助后仍有困难的家庭信息反馈给各社会慈善帮扶机构，实现政府与社会救助的有效对接，推动形成政府主导救助和慈善组织补充救助的机制，促进慈善捐赠和政府救助有效衔接，共同做好慈善救助事业。

完善心理关怀救助工作机制。探索社会救助服务向心理关怀延伸，积极联合区妇联、团区委、义工联以及各类社会团体和公益类组织，开展为困难家庭成员提供心理慰藉、就业引导和未成年人的“陪伴成长”等心理关怀服务，通过多种方式提高贫困群体自救能力，依靠自身力量真正摆脱困境，减少救助依赖和“养懒汉”现象，善用多种方式提升救助效能，促进社会和谐稳定。

3. 完善实有人口服务与管理，促进基本公共服务均等化

统筹区域发展格局，加强对实有人口的有序调控，推动人口、资源、环境相协调。探索建立“三重大”人口分析制度、人口调控资源补偿机制、人口动态监测机制和人口联席会议制度，注重源头调控、成本调控、管理调控，综合运用经济、法律、行政等多种手段，引导人口合理分布，提高人口治理能力。加强实有人口服务管理，更多运用市场化、法治化手段，促进人口有序流动，控制人口总量，优化人口结构。

继续完善“以产引人、以业控人、以房管人”的管理模式，不断提高

人口宏观调控与服务管理水平。重视源头调控，坚持把产业调控、就业调控、建设调控、证件调控及规划调控等各项工作结合起来，运用综合手段，统筹推进。落实好产业准入制度，把人口评估作为产业准入的一个关键环节。完善流动人口的服务，通过提供房源信息、计生服务、政策咨询等“一站式”服务，吸引房主、流动人口主动登记，“十三五”期间，出租房屋登记备案率95%以上。加强流动人口信息采集工作，实现流动人口基础数据互联互通和信息共享，发挥各类证件在统筹流动人口服务管理中的作用。对分散居住的流动人口，探索推广村（居）民自治管理，充分发挥村居委会自治组织的作用，督促房主遵守村民公约，把好房屋出租关。以“村规民约”的形式，建立资源补偿机制，解决流动人口的水、电、气、暖等资源过度消耗，教育、医疗等基本公共服务和垃圾清运等社会管理成本增加问题。“十三五”期间，流动人口增长率稳定在3%的水平。

建立就业服务协调机制，保障流动人口劳动合法权益。不断强化流动人口的公共就业服务。切实维护流动人口劳动报酬权益，强化劳动保障监察执法，加大对企业劳动合同的监督管理力度，进一步提高劳动合同的签约率。努力提高流动人口劳动争议处理效能。建立健全流动人口劳动争议预防、调解、仲裁和诉讼快速处理相结合的长效机制。加强对劳动争议多发的重点行业、重点企业的监控，及时发现和处理争议苗头隐患；建立流动人口劳动争议处理“绿色通道”，对部分劳动报酬、医疗费等案件，实现劳动争议快立、快调、快审、快结。

推动流动人口享受基本公共服务。按“全日制公办校随班就读为主，民办校接收为辅”的工作方针，保障流动人口子女接受义务教育的权利。加强流动人口医疗卫生服务，开展流动人口健康教育，大力推进区级定点医疗机构即时结算报销工作，方便流动人口异地就医及结算报销。加强流动人口计划生育服务管理，推进流动人口计划生育基本公共服务均等化，扩大计划生育基本公共服务覆盖面。推进产业园区配套公租房项目建设，满足企业流动人口职工住房需要。

转变管理理念，努力促进流动人口社会融合。丰富流动人口精神文化生活，引导流动人口更好地融入顺义，继续推动公共文化服务设施免费向流动人口开放，支持鼓励流动人口参与社会公共事务，切实增进流动人口与本区居（村）民的沟通联系和交往认同，大力宣传流动人口参与顺义经济社会发展和城市建设的优秀典型。培育发展服务流动人口的社会组织发挥其为流动人口提供优质服务、反映诉求、促进社会融合的积极作用。以社区为载体，打造本地居民与流动人口交流融合的平台，提高接触频率，深入推动社会融合。

完善外籍人员的管理与服务，社区在为外籍居民提供日常基本服务的同时，针对各国文化差异及外籍居民生活习惯，提供形式多样的个性化服务于管理与服务之中；促进中外文化交流，促进别墅区与普通社区结对交流，推动社区融合，求同存异、扩大参与，引导各方居民在社区事务中发挥作用。

4. 推动社会事业全面发展，加强各项民生保障工作

加强就业工作，针对就业困难人员、长期失业人员、残疾人、应届高校毕业生组织开展精细化服务促就业，多渠道开发就业岗位。“十三五”期间，全区城镇登记失业率控制在1.5%以内，城乡劳动力二、三产业就业率达到96%，充分就业社区（村）比例在90%以上，充分就业街道（乡镇）比例在95%以上。适应顺义新城发展的需要，切实做好转非工作，促进更多的农村劳动力纳入城镇社会保障体系。坚持城乡一体的就业促进政策，大力开发绿色岗位，推进农民员工化就业，确保农民“签合同、上保险、保工资”，通过提高就业质量增加农民收入。加强对低收入农户的动态跟踪服务，强化职业培训、职业介绍及就业奖励等方面的政策扶持，按照年龄、知识结构开展免费培训，提高市场就业能力，积极引导低收入农户劳动力实现充分、稳定就业，消除零就业家庭和纯农就业家庭。

完善社会保障体系，推行工资集体协商，进一步扩大社会保障覆盖范围，稳步提高社会保障待遇水平，完善覆盖城乡居民的社会保障体系。“十三五”期间，实现全区新农合医疗保险参合率达98%以上，新农合稳定参合率在95%以上，城镇职工五项保险参保率达99%，城乡居民养老保险参保率在96%以上，城乡居民养老保险（男45岁、女40岁以上人员）续保

率在98%以上。

提升教育发展水平。创新人才培养方式、改进教育教学方法、转变资源配置模式，统筹义务教育资源公平配置，进一步提升教育体制机制活力，促进教育改革向多领域拓展、向深层次推进，打造顺义绿色生态教育强区，满足市民快速增长和日益多样化的教育需求。引入优质教育资源，提升办学水平。加快特色学院建设，积极引进在京知名大学或研究机构到顺义办分校，形成办学体制机制灵活多样、现代大学制度日益健全、产学研紧密结合、学校和企业协同创新的现代知识创新体系。大力促进教育公平，统筹城乡义务教育资源均衡配置，建设与现代化相适应的教育信息化体系。健全经济困难学生资助体系。完善全区校长、教师交流轮岗机制，促进优秀校长、骨干教师在学区内学校之间的均衡配置。“十三五”期间，城乡教师年交流比例在5%以上。

加强公共卫生服务体系建设，进一步提升优质医疗资源总量、提升基层网底服务能力、提升专科医疗服务质量、提升卫生人才技术水平、提升医疗卫生管理水平，基本形成与新城功能相协调、与群众服务需求相适应的医疗卫生服务网络和管理机制。采取联建、建立分院等形式，进一步推动三甲医院落户顺义，完成友谊医院顺义分院建设。完成区中医院迁建工程建设，实现区级医疗资源有效扩容，提高顺义综合医疗卫生服务水平。加强基层卫生服务站建设，实现社区卫生服务机构覆盖率100%，社区中医药服务覆盖率100%。做好基层公共卫生服务，“十三五”期间，慢性病规范管理率85%以上，居民电子健康档案建档率90%以上，家庭医生式服务重点人群签约率90%以上，新城家庭医生式服务覆盖率100%。

构建现代公共文化服务体系。建立公共文化服务体系建设协调机制和群众评价反馈机制，推动文化惠民项目与群众文化需求、基层公共文化服务设施与城乡建设、大型公共文化服务设施与市场消费有效对接。明确不同文化事业单位功能定位，建立法人治理结构，完善绩效考核机制。推动图书馆、博物馆、文化馆等组建理事会，吸纳各方资源参与管理。鼓励社会力量、社会资本参与公共文化服务体系建设，培育文化非营利组织。发挥顺义文化特色，打造特色文化社区（村）。加强基层文化活动场地建设，“十三五”期间，实现每个村文化中心面积在300平方米以上，每个社区文化活动中心面积在90平方米以上，社区健身器材安装率100%，每个社区配备文化体育专职指导员数量2～3名。进一步办好“二月新春”、“五月鲜花”和“十月金秋”三大系列品牌文化活动，进一步扩大群众参与规模，创新活动内容和形式，真正成为顺义群众文化活动精品项目。推进五彩浅山滨水国家登山步道建设，打造“生态旅游休闲区”。

推进公办养老机构运营体制改革，不断推动养老服务由补缺型向适度普惠型转变。完善社会力量参与养老体系建设的机制，积极发展社会化养老和养老服务产业，建立医养结合和异地养老模式，实现养老保障的社会化、均衡化和普惠化。通过改革发展，全区养老机构形成以公办养老机构为基础、民办养老机构为主力，以社会化运营为主要方式，以政府监督、管理、扶持为保障的新格局。到2020年，全区床位数达到12000张以上，建成满足老年人多层次、多样化需求的养老服务供给机制，充分满足全区老年人实际需求，建成3家以上规模较大、服务完善、有示范效应的养老机构，在全市处于领先行列。

落实《顺义区关于加强物业管理工作的实施意见》，加强物业管理工作。提高物业管理市场的准入门槛，引入物业管理的市场竞争机制；加强物业管理市场整顿，对不具备物业服务资质、不按规定提供物业服务的企业，坚决吊销执照，注销上岗资格证书，维护良好的市场秩序。规范划分物业管理区域，对多家物业服务企业共同提供物业服务以及物业管理与单位自管并存的社区实施统一、规范的物业管理。建立属地政府参与物业管理检查考核工作机制，加强属地对物业服务企业的监督与指导。通过教育培训、宣传引导、开展文体活动等各种方式促进居民转变观念，逐渐引导和培养居民对购买物业服务的认同。试行物业主管部门和街道（镇）对物业公司的共管机制，加强对物业公司约束，对物业公司进行资质审查、等级评定和执照年检时必须征求物业公司所在地政府或政府派出机构的意见，把物业公司在社会管理与服务发挥的作用作为资质审查和等级评定、年检的重要依据，对由于物业公司自身原因造成地区重大不稳定事件的物业公司实行降级等处理措施。在资质审查和等级评定时把财务公开情况作为重要指标之一。成立专题解决物业管理问题的联席会议，理顺物业机制。加大老旧小区配套设施改造建设力度，建立老旧小区配套设施改造维护的长效机制。

分类推进新农村建设。加强整体规划和土地用途管制，合理调控村庄开发规模和节奏，注重保留村庄传统风貌，延续历史脉络。推进农民就地就近城镇化。坚持“农业生产规模化、都市农业工厂化、农业合作组织化”发展思路，积极推进农业发展向三次产业融合，不断延伸和拓展主导产业链条，巩固和提高顺义农业的优势地位。拓展农业生产、生态和生活功能，把农业设施作为城市基础设施，建设城市型生态农业，实现经济效益、社会效益、景观效益和生态效益的全面提升。加快发展农民专业合作社，不断提高农民的组织化程度，鼓励采取“合作社 + 合作社”、“科研院所 + 合作社”以及“龙头企业 + 合作社”等形式，促进农民合作社向综合化发展，向联合社方向发展，使合作社形成农产品生产、质量追溯、购销和超市销售等环节的全产业体系，促进农业增效，农民增收。加强农村公共服务，深入开展农村社区服务站标准化建设，“十三五”期间，农村社区服务站 100% 完成标准化建设。

（五）推动社会治理体制机制改革，提升城市管理水平

1. 推进社会治理体制创新，加强部门协调与配合

推动社会治理体制机制改革，注重改革的系统性、整体性、协同性，注重各部分之间改革的相互依赖和彼此协调。以有利于调动市场和社会组织的参与，实现政府、市场、社会三者良性互动的原则推动社会治理体制创新，加快形成科学有效的社会治理体制，确保顺义社会安定有序、充满活力。改变行政化的社会管理方式，发挥基层自治组织、社会组织的作用，与政府共同管理社会事务，建立与市场经济相配套的社会治理模式。完善社会综合治理机制，坚持系统治理，加强党委领导，发挥政府主导作用，鼓励和支持社会各方面参与，实现政府治理和社会自我调节、居民自治良性互动。

进一步推进社会服务管理创新指标体系，依托信息化工作平台，健全支撑保障体系，完善领导责任制、部门责任制、目标管理责任制和奖惩机制，切实把完善社会治理结构、推进依法治理等重点任务逐级落实到位，切实解决好人民群众最关心最直接最迫切的热点、难点问题，真正做到有目标任务、有责任分工、有协调配合、有措施办法、有进度要求，确保工作实效。

建立各部门在社会治理中的权力和责任清单，在区委、区政府的统一领导下，各有关部门按照“谁主管、谁负责”原则，认真履行本部门在社会治理中的职责，切实做好职能范围内的工作，同时加强各部门的统筹协调机制，避免政出多门与社会治理的真空地带，推进社会治理的有序化开展。建立相关机制，凡属一个部门职能范围内解决的，由该部门负责解决；凡涉及多个部门解决的，由首先受理的部门牵头，召集相关部门协调解决；部门难以解决的问题，由区社会建设领导小组协调解决，或提请区委、区政府领导协调解决。

推进街道管理体制改革。着眼构建与现代化重点新城相适应的城市管理机制，做实街道、强化社区，稳步推进街道管理体制改革，加强街道对辖区事务的统筹力度，加快构建以街道管理为基础的城市管理体制，落实街道“统筹辖区发展、监督专业管理、组织公共服务、指导社区建设”的职能定位。完善街道与区职能部门的协调机制，合理划分事权。按照“费随事转”原则，健全财税管理办法，推进街道财政体制改革。

深化行政执法体制改革，探索形成“大”执法格局，整合执法主体和执法事项，相对集中行政执法权，继续推进和完善综合执法。完善执法协作机制，继续探索跨部门、跨行业综合执法新模式，力争解决交叉执法、多层执法、多头执法等问题，更好地增强行政执法在化解问题方面的有效性。完善行政执法程序，规范执法自由裁量权，完善行政执法与刑事司法衔接机制，加强行政处罚案件信息公开工作。健全行政复议工作机制。

探索建立保障民生的政府兜底机制。设立专项资金，克服解决群众问题中由于职责不清解决群众反映的问题中无经费的问题，由于职能不清相关职能部门无此经费预算的，由专项资金先行垫付。

理顺政府热线解决机制，改变信访件直接交由属地政府进行处理的现状，与相关职能部门直接进行沟通。

2. 完善村（居）规民约，创新治理载体

发挥村（居）规民约在创新基层治理中的作用。根据各村（居）实际情况，不断丰富完善村（居）规民约的内容，使其成为基层治理的重要抓手。采取生动活泼的形式，加强村（居）规民约内容的宣传。探索道德谴责、通过协商的方式设定违约责任，增强基层自治组织对村（居）规民约的执行力。探索将遵守村（居）规民约的情况纳入居民诚信建设体系。推动党员干部率先垂范、以身作则，自觉遵守村（居）规民约，运用村（居）规民约进行基层治理。在执行过程中，探索推行村（居）民自我监督、自我执行。积极动员群众参与、广泛凝聚群众意志，保证村（居）规民约真正维护群众利益、满足群众需求，真正被群众接受，内化于心、外化于行、固化于制，确保落实效果。推动村（居）规民约的落实，每年评选村（居）规民约实践示范村。

3. 健全参与机制，发挥治理主体作用

健全人民团体、社会组织、企事业单位参与社会治理的机制。发挥顺义企事业单位在社会治理中的积极作用。推动企业承担更多的社会责任，包括企业周边的环境责任、提供就业机会的责任、参与所在社区建设的责任、帮助社会弱势群体的责任等。

推动政府为民办实事工程中进一步吸收社会参与，在制定公共政策采用问卷调查、座谈讨论、网络商议、科学论证等多种形式，使不同利益群体充分表达意见、集思广益，通过顶层设计与基层探索并举的方式寻求最佳制度设计。将公共决策的制定和实施公开化、透明化，赋予人民合理的表达权、参与权与监督权。扩展公民参与社会治理的监督领域；把人民群众的参与度和满意度作为评判社会治理工作的根本标准。注重综合运用市场、行政、法律、道德、舆论等手段，引导广大群众参与到环境建设、安全生产等各项工作中来。

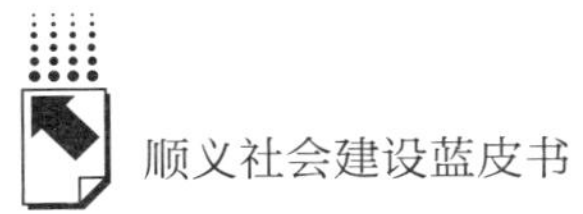

4. 推进城市管理精细化，提升城市发展品位

科学管理城市。推进城市管理的精细化、智慧化、智能化，推进城市管理网格、社会服务网格、社会治安网格有序对接，健全问题发现、处置、反馈、监督、评估长效机制，努力实现管理广覆盖、服务“零距离”。探索推进城市管理、市场监管综合执法、联合执法，提升城市管理执法效果。推进执法力量下沉、管理重心下沉、职能权力下沉，进一步强化基层基础管理。推动城管执法监察实现“六个转变”，即实现执法监察维度由城乡区分向城乡一体化转变，城管巡查从被动查处向主动发现解决问题转变，城管执法从单独查处向多部门协同处置转变，城管队伍从单一严格履职向兼顾提供人性化服务转变，城管履职从简单执法向亲民化管理转变，履职氛围从受群众质疑向得到群众广泛理解支持转变。大力推进城镇交通治理，制定实施交通治理行动规划，远近结合、系统推进城镇交通规划、建设和管理，打造安全快捷出行的城镇交通网络体系，新城 300 米公交站点覆盖率 90% 以上，农村 500 米公交站点覆盖率 85% 以上。加大建设统筹力度，推进“智慧顺义”建设。加快水电气热等设施建设，理顺水电气热服务机制，增强居民监督，提升城乡基础设施承载和服务保障能力。加强各部门市政施工的统筹协调及联系机制，同一路段进行统一施工，避免城市道路反复拉锁现象。培养一批专家型的城市管理干部，用科学态度、先进理念、专业知识去建设和管理城市。

5. 推进协商共治，扩大有序参与

构建程序合理、环节完整的协商民主体系，拓宽政府部门、政协组织、党派团体、基层组织、社会组织的协商渠道。在基层最直接、最广泛的民主实践中进一步深入探索协商民主，更为有效、广泛地实现人民当家做主，不断提高群众的民主素质，推动基层群众自治制度的完善与发展。用协商民主的方法解决经济社会发展中的各种问题，解决和群众切身利益相关的实际问题。

围绕经济社会发展重大问题和涉及群众切身利益的实际问题，在政府部门、政协组织、党派团体、基层组织、社会组织开展广泛的协商。对涉及民生和群众利益的政策、规划、方案等出台，召开听证会，广泛征求和采纳民众的合理意见建议，扩大公民有序参与。

完善重大决策前充分协商、广泛听取社会反映和意见的制度，探索实行民意调查和专家咨询制度，保障人民群众的知情权、参与权、表达权、监督权，促进决策水平提高。在决策过程中加强与群众的沟通与协商，畅通社会信息传播与反馈的渠道，增强决策过程的科学性。通过决策方案实施过程的跟踪、反馈等途径，及时修改、完善决策方案，确保民主决策更加客观实际，决策方案实施收到更多实效。

推进协商民主广泛多层制度化发展。进一步拓宽协商渠道，增加协商密度，规范协商内容和协商程序，积极推进行政协商、参政协商、社会协商、基层协商，在全社会开展广泛协商，提高协商成效。在全区推动协商知识的普及，在《顺义时讯》或顺义网城开设协商话治理专版。

（六）激发社会活力，促进社会组织培育发展

1. 完善社会组织管理体制，推进社会组织分类管理

推动政府相关职能部门转变观念，逐步将部分行业管理的职能，通过转移、授权或委托给符合条件的行业协会商会，真正发挥行业协会商会的行业管理职能，确保社会组织有更多发挥作用的自由空间。严格执行党政机关领导干部不得兼任社会团体领导职务的规定，减少行政干预，充分发挥社会组织的社会性和独立性。厘清政社关系，到 2016 年底以前，实现行业协会商会与行政机关真正脱钩，去除行业协会商会的行政色彩，发挥其积极作用。

重点培育和优先发展四类社会组织。行业协会商会类、科技类、公益慈善类、城乡社区服务类社会组织在符合相关法律规定的前提下，可以直接向民政部门依法履行申请登记。建立健全社会组织法规政策体系，监管机制、评估机制，实现对社会组织的科学管理，促进社会组织健康发展。

切实加强对社会组织的监督管理。构建法律规制、政府监管、社会监督有机结合的监管体系，完善社会组织内部治理结构，提高自我管理、自我约

束能力，确保社会组织有序发展、规范运行。政府加强监管力度，规范社会组织运营，完善社会组织法人治理、资金管理、信息披露、年度检查等制度，实行社会组织分类评估，制定社会组织合作活动等行为规范，完善行政执法制度，依法查处社会组织的违法违规行为；规范引导社会组织涉外活动。

加强社会组织的分类管理。根据顺义区社会组织的特点，将社会组织分为若干类进行管理，分类的目的是便于管理，有助于更好的发挥社会组织作用，加强有针对性的培育和发展社会组织，促进现代社会组织体制的形成。一是基于社会组织功能定位角度的分类管理，划分为枢纽型社会组织和一般社会组织，枢纽型社会组织重在打造其枢纽地位，加强对一般社会组织的管理服务；二是从登记制度改革角度的分类管理，按照社会组织与政府、市场关系的不同特点，把社会组织分为低度政社分开的社会组织和高度政社分开的社会组织，前者如境外非政府组织在京代表机构、政治法律类、宗教类社会组织社科领域的社会组织仍然实行双重管理制度，后者可以直接登记；三是从购买服务的角度，针对社会组织类型的不同，在购买程序上，政府可以采用不同的方式购买社会组织的服务，包括采取承接政府职能转移或非竞争性的定向购买的社会组织、为重点培育而加大政府购买服务的力度的社会组织、为促进发展和孵化而采取扶持性购买服务的社会组织、因社会组织资金实力强而政府不购买服务的社会组织；四是从改进年检工作角度的分类管理，实行分类年检，对不同类型的社会组织重点关注不同指标，经济往来多的社会组织，重点关注其财务指标的规范性和业务活动的非营利性，与政府部门关系密切的、垄断性高的、具有一定公权力的社会组织，重点关注其组织治理的民主性和业务活动的廉洁性与透明度，涉外类社会组织（境外非政府组织在京代表机构）、政治法律类、宗教类社会组织重点关注其政治性，关注资金使用来源和用途、活动情况和领导人名单，民生服务类社会组织，重点关注其（专业规范）服务规范性以及提供服务的数量和质量。对于年度检查不合格的，要区分情况对待；五是从改进评估工作的分类管理，实行等级分类管理的管理模式，3A 以上的社会组织具有政府购买服务资格，申请获得公益性捐赠税前扣除资格，申请社会组织示范基地，4A 和 5A 具有一定优先权，且简化年检手续，对 2A 社会组织，本着整顿提高的原则，给予相应扶持资金。对 1A 社会组织，启动退出机制，或者对政府和社会需要领域的社会组织进行指导、培育和扶持。

继续完善枢纽型社会组织工作体系。进一步加大枢纽型社会组织人才建设力度，支持枢纽型社会组织引入专业人才，提升服务能力，不断提高指导社会组织发展、提升社会组织内部管理和项目运作的能力。避免枢纽型社会组织的行政化倾向，推动枢纽型社会组织采用社会化方式开展管理与服务。通过枢纽型社会组织，有效发挥同类社会组织的整体合力，积极反映诉求、参与政府决策、协调利益关系。加强对枢纽型社会组织的经费支持，通过系列培训、政策解释、咨询服务、专题讲座、业务指导等，充分发挥枢纽型社会组织对其他社会组织能力建设的支撑作用，加强对同类社会组织成员的指导和服务，经常性开展活动，增强认同感，推动以枢纽型社会组织为纽带，以促进社会组织加强社会治理、推动自治管理为核心的全区社会组织工作体系。扩大枢纽型社会组织的影响力，各类政府购买服务申报须通过枢纽型社会组织渠道申报。探索建立业务主管（指导）单位培育发展枢纽型社会组织，发挥枢纽型社会组织对同类社会组织建设支持作用的考核机制。建立枢纽型社会组织业务主管（指导）单位与区委社会工委的信息报送及沟通机制，共同支持枢纽型社会组织发展。建立枢纽型社会组织负责人与所指导社会组织负责人的联席会机制，每年召开联席会四次以上，解决本领域社会组织发展中存在的问题。不断总结枢纽型社会组织建设经验，适时召开全区枢纽型社会组织建设经验交流会。发挥工会、共青团、妇联等在社会治理中的作用，开展形式多样、方法灵活的平等对话、协商谈判、规劝疏导，化解不同利益主体之间的矛盾和冲突。为各街道和镇级社会组织联合会配备社会组织孵化指导人员，由专业社工和经验丰富的退休基层干部组成，加强这些人员的培训，成为指导孵化基层社会组织的中坚力量。探索以政府购买服务方式，向“枢纽型社会组织”派驻专业社工，实现每个“枢纽型社会组织”有专业社工两名以上。

2. 推动社会组织培育发展，打造顺义社会组织品牌

引导社会组织规范合理布局，促进社会组织在顺义经济社会中作用的发挥。培育扶持服务民生的公益组织、符合产业导向的行业组织、参与基层社会建设的社区社会组织、促进社会和谐的社会组织。进一步发挥区社会组织服务发展中心的作用，为创业初期的中小型社会组织提供办公场地、设备等共享服务，搭建培育发展平台。根据顺义产业发展，重点培育汽车、电子、临空经济、物流、会展、文化创意等方面的社会组织，在推动行业治理中发挥作用。到 2020 年，万人拥有社会组织数达到 10 个以上。

加大社区社会组织培育发展力度。从扶持引导、典型示范着手，大力培育一批组织健全、制度完善、运作规范、服务功能较强的社区社会组织示范点。积极开展社区社会组织优秀带头人评选活动，树立典型，提升优秀社区社会组织带头人的示范作用，结合实际情况，因地制宜，培育各具特色的典型，并通过多种形式，宣传推介先进典型和先进经验，充分发挥典型引路和典型示范作用。探索建立社区社会组织孵化基地，力争“十三五”期间实现每个街道建立一个孵化基地，每年重点培育若干个社区社会组织，加强社区服务类如养老服务、物业服务等社会组织的培育，推动较为成熟的社区社会组织正式注册。加强社区社会组织诚信自律制度建设，完善社区社会组织的日常管理、决策、信息公开等制度，按照有关法规政策和章程要求，把自身的各项事务纳入制度化、规范化管理的轨道，探索对社区社会组织开展规范化建设评估工作。

以政府购买服务促进社会组织培育发展。建立健全政府购买服务机制，非基本公共服务领域，凡是适合社会组织承担的，都可以通过竞争性选择的方式交给社会组织承担。制定政府向社会购买服务的指导性目录，明确政府购买服务的种类、内容和方式，并及时进行动态调整。逐步加大政府购买基本公共服务领域的教育、就业、社保、医疗卫生、文化体育、残疾人服务等公共服务的力度。“十三五”期间，每年投入政府购买社会组织服务的资金不低于1500 万元，建立政府购买社会组织服务资金的增长机制，实现逐年增长。加强各部门政府购买社会服务资金的整合，形成合力，探索建立全区统一的政府购买社会组织服务项目申报及审批平台，避免重复购买。推动基层民生需求与社会组织的有效对接，推动形成社会组织服务民生、保障民生、满足民众日益增长的公共服务需求的长效机制。建立健全由购买主体、服务对象及专业机构组成的综合性评审机制，对购买服务项目数量、质量和资金使用绩效等进行考核评价，并将评价结果向社会公布。适时出台《顺义区购买社会组织服务考核评估实施办法》，进一步规范政府购买服务的考评工作，使评估工作进一步规范化、科学化，加强财政资金的监管，增强购买服务资金服务民生、培育发展社会组织的效果，进一步促进政府购买服务工作的顺利开展。

提升社会组织承接项目能力。适应政府购买社会组织服务的需要，进一步加强社会组织能力建设力度，引导、扶持、培育社会组织，提升社会组织自主发展、自我管理、筹资和社会服务等能力。采取孵化培育、人员培训、项目指导、公益创投等多种途径和方式，提升社会组织承接政府购买服务的能力。通过组织培训学习等方式搭建平台，为社会组织更好地参与政府购买服务提供必要的技术、信息及政策支持，帮助社会组织提高申请服务项目的承办能力和水平。推动政府购买社会组织服务的项目式管理。推动政府购买项目的总结交流，组织政府购买服务的经验交流活动。对同类项目，在项目中及项目结束后组织相关的交流活动，促进社会组织之间执行项目的经验交流，相互提升能力。

加强社会组织自身建设。引导社会组织建立健全自身行为规范和行为准则，推动社会组织规范化建设，建立社会组织的自我管理评估制度，落实社会监督机制，促进社会组织的自律，推动建立现代社会组织体制。加强社会组织人才队伍建设，开展从业人员的业务培训，提高业务素质和能力，并建立起内部激励机制、竞争机制和有利于人才开发、使用的管理机制。持续开展学习型社会组织建设，到2020年使全区80%的社会团体和民办非企业单位达到学习型社会组织的标准。

打造社会组织品牌，通过重点扶持等手段，打造一批可学、可看、可示范的顺义区社会组织品牌，打造顺义区社会组织示范基地。到 2020 年，建立 15 个左右的顺义区社会组织示范基地，发挥示范作用，更好地提高顺义区社会组织整体水平。

3. 发挥社会组织积极作用，实现多元主体共治

发挥社会组织在化解民间纠纷、协调各方利益关系、调解社会矛盾等方面的重要作用，通过组织化、制度化的表达方式协调不同群体利益，推动公众行为规范有序，最大限度增加和谐因素，确保社会安定有序。

引导和支持社会组织参与依法治理，发挥社会组织在法治社会建设中的积极作用。建立健全社会组织发挥作用的机制和制度化渠道。将社会组织代表纳入听证会、论证会、咨询会和通报会范围，提高社会组织对公共事务的参与程度。在人代会、党代会增加社会组织代表比例，探索在政协设立社会组织界别。充分发挥顺义区义工联、顺义区志愿者联合会的作用，在全区大力倡导开展志愿服务，构建制度化服务平台，到 2018 年，注册志愿者人数占全区常住人口 8% 以上。鼓励支持社会组织参与社会事务、维护公共利益、救助困难群众、帮教特殊人群、预防违法犯罪。

大力培育发展行业协会商会类社会组织。进一步推进政社分开，使行业协会商会真正成为组织健全、制度完善、权责明确、运行规范的社会主体，发挥行业自律和专业服务功能，为会员和社会公众提供方便快捷的专业化服务，规范和促进行业健康有序发展。指导本地区符合条件的行业组建行业协会，对行业协会组建给予政策支持。探索在行业协会商会类社会组织中建立调解专业委员会，发挥行业协商商会在行业调解中的积极作用。在临空经济开发区、中关村顺义园设立企业家顾问委员会，发挥企业家在园区治理中的积极作用。

增强社会自我调节功能。推进以行业规范、社会组织章程为基本内容的社会规范建设，充分发挥社会规范在协调社会关系、约束社会行为、保障群众利益等方面的作用，通过自律、他律、互律，使公民、法人和其他组织的行为符合社会共同行为准则。

4. 推进社会创新，发展社会企业

积极引入社会企业[①]理念，培育发展社会企业，提高社会组织造血能力。探索社会组织培育发展社会企业的模式，发挥社会企业机制在社会组织发展中的作用，指导社会组织遵循市场经济价值规律、供求规律、竞争规律等市场化原则运作，壮大经济实力，为社会组织发展注入更多的后劲。在政府部门普及社会企业的新理念，充分认识培育发展社会企业是推进社会创新的新举措，在实际行动中采取各项措施支持社会企业的发展。在社会服务业、民办非企业等社会组织中进行社会企业理念的宣传，开展社会企业理论与实务培训，引导这些机构拓展运营思路，运用社会企业理念提高自身可持续发展能力。在社会组织的孵化过程中引入社会企业理念，引导这些社会组织朝社会企业方向迈进。进行发展社会企业的试点工作，在登记审批、融资服务、场地支持、营销与管理咨询，政府购买服务、志愿者管理、资产锁定监督等方面大胆创新，探索政府支持和规范社会企业发展的有效形式。探索启动“顺义社会企业创业计划”，吸收大学生、社会各界热心公益的人士参与，优秀的“社会企业项目”将获得种子资金用于创办社会企业，改善民生，推动社会服务发展。在居民迫切需要的民生领域，支持培育相关的社会企业，如在老旧无物业管理的居民区发动有修理特长的居民，组建具有社会企业性质的维修服务队，开展维修服务。在顺义区大型企业中开展社会企业理念的推广，探索驻区大型企业履行社会责任，创办社会企业或支持社会企业发展的做法。发挥街道社区服务中心的作用，探索把街道社区服务中心打造成为各个街道培育社区服务类社会企业的孵化器。建立社会企业发展协调机制，探索设立顺义区促进社会企业发展联席会，适时支持组建顺义区社会

① 社会企业以解决社会问题为宗旨，以追求社会和谐为基本理念、以社会公益为使命，以满足市场经济不能满足的社会需求和为就业困难群体提供工作机会为主要目的。社会企业以追求社会效益最大化为主要目标，对社会企业的投资是一种公益性投资，不以营利为目的，即不要求资本的保值增值。虽然社会企业不以营利为目的，但只有盈利的社会企业才能够持续地实现其社会目标。社会企业不同于传统公益组织的突出特点就是其借助成功的商业模式，注重创新，实现社会资源的优化整合，以高品质的服务和产品赢得市场，使项目能够自我运转起来，创造社会效益与经济效益共赢，实现自我造血。

企业协会，并把其培育发展成枢纽型社会组织，强化行业自律，促进自我发展，更好地服务民生。加强资金保障，把培育发展社会企业列入社会建设专项资金使用范围，探索采用社会化方式成立顺义社会企业建设基金会，支持社会企业发展。适时出台《北京市顺义区培育发展社会企业的意见》，加强对全区社会企业发展的指导。加大培育力度，力争到2020年，培育10个左右较为成熟的社会企业，努力打造首都发展社会企业样板区。

（七）加强基层治理，提升治理水平

创新社区治理、促进社会和谐，要求把人力、物力、财力更多投到社区，努力健全基层组织、壮大基层力量、整合基层资源、夯实基础工作，强化城乡社区自治和服务功能，健全新型社区管理和服务体制。

1. 加强基层自治，提高自治程度

深入贯彻村民委员会组织法、城市居民委员会组织法等基层群众自治法律法规，深化城乡居民自治，提高居民的自治程度，促进社会协同与公众参与。深入开展以居民会议、议事协商、民主听证为主要形式的民主决策实践，以自我管理、自我教育、自我服务为主要目的的民主治理实践，以村务公开、居务公开、民主评议为主要内容的民主监督实践，全面推进居民自治制度化、规范化、程序化。努力培养居民的社区意识，引导和鼓励参与社区民主自治。完善社区自治机制，推动基层民主协商，拓宽公众参与机制渠道，建立利益冲突协调机制。深度挖掘社区资源潜力，整合资源，完善共驻共建机制，实现资源共享，形成多方互利共赢的利益格局。

进一步做实社区居民委员会六大委员会，充实社区居民委员会下属的委员会设置，建立有效承接社区管理和服务的人民调解、治安保卫、公共卫生、计划生育、群众文化等各类下属的委员会，促进居民参与，切实增强社区居民委员会组织居民开展自治活动和协助城市基层人民政府或者它的派出机关加强社会管理、提供公共服务的能力。加强顺义区现有社区自治经验的推广。

切实减轻社区居委会负担，区职能部门凡涉及社区的具体工作，必须征

求所属街道意见，由街道统筹安排。探索建立居委会负面清单制度，建立居委会减负的长效机制。探索建立社区统一的信息平台，改变目前社区的信息平台过多，相同的信息需要在不同的平台上录入，增加社区重复工作量的现状。减少对社区不必要的考核、评比、迎检等工作，确保社区有更多的精力从事社区自治工作。

规范居委会职能事务，紧紧围绕居委会“自我管理、自我服务、自我教育”的主要职责，积极发挥组织、协调、主导社区服务的作用。鼓励居民参加社会组织活动，动员居民参与社会治安综合治理，开展群防群治，调解民间纠纷。支持居民协助基层政府或其派出机关、服务机构做好劳动就业、社会保险、社会救助、社会福利、优待抚恤、计划生育、文教体卫、消费维权等工作，依法保证居民对基层社会治理的知情权、参与权、决策权、监督权。深入推进“七型”社区建设，“十三五”期间城市社区“七型”社区达标率达80%以上。

加强社区硬件建设，“十三五”期间实现每个社区办公和服务用房面积450平方米以上。加强对居住小区公共服务设施竣工验收环节的管理，确保小区公共服务设施落到实处。探索对部分小区公共服务设施如托老所、老年活动场站、残疾人康复托老所等委托社会组织管理。

加强群众自治意识的引导，培育群众权利意识、责任意识，不断提高参与能力。拓宽社区居民参与民主管理的渠道，完善居民代表大会例会制度、社区党组织、居委会成员定期听取居民意见制度、社区重大事项票决制度、邀请居民代表列席居委会会议制度、社区党组织党务公开制度、居务公开制度、社区重大事项通报制度、社区居民民主评议居委会成员制度等一系列制度，努力形成居民代表参与社区管理的长效机制。“十三五”期间，社区选举中户代表选举的达60%以上。拓宽居民参加社会治理的范围和途径，丰富居民参加社会治理的内容和形式，让居民能够依法办理自己的事情，发挥居民在基层社会治理中的主体作用，促进政府治理与居民自治良性互动。

2. 推动基层协商，促进基层治理

进一步在基层自治中发挥协商民主，在民主选举的过程中进一步发挥协商民主作用，在候选人选上进行充分的协商，确保民主选举公开、公平、公正、有序进行，保证居民选出能代表自己利益的代表。

在决策过程中充分听取各方面意见，采取通过居民代表上交建议案，居委会干部走家访户、上门征集居民意见、召开座谈会、听证会、协调会、评议会等形式，充分发扬协商民主作用，倾听各方意见，把解决群众呼声高的热点难点问题作为社区的工作重点。

推进基层协商制度化。发挥社区居民会议、社区听证会、社区议事协商会议、社区党建工作协调委员会分会、社区党组织与社区居民委员会联席会议等协商载体作用，推动这些协商载体议事的制度化。充分发挥基层党组织在推动基层民主协商发展的过程中的政治领导、思想引领、组织保障的作用。通过发扬协商民主，社区各方面的愿望和建议及其利益诉求都能得到充分反映，每个居民和其他治理主体的民主权利都得到充分尊重。推动村（居）协商议事厅建设，适时出台《关于推进顺义区基层协商民主的意见》，促进协商民主在社区的开展，以协商民主促进基层治理。

3. 完善社区服务，便利群众生活

加强基层公共服务提供方式改革，推动多居一站建设，就近相邻的社区可以共用一个社区服务站，提高社区服务站使用效率，促进社区居委会更多的人员从事自治工作，扩大社区居委会居民活动空间。推动居民公共服务事项的预约办理，提升居民满意度。“十三五”期间，100%完成社区服务站标准化建设，完成50个市级社区示范点和100个农村社会服务管理创新试点创建工作。

继续推动“一刻钟服务圈”建设，“十三五”期间覆盖70%以上的城市社区。加强回迁小区物业管理和配套服务，推进向成熟社区转化。增加村级公共经费投入，促进农村环境整治、安全管理和社会服务不断提升。

进一步完善智慧社区基础设施，推进智慧社区服务体系、智慧社区管理体系建设。推动“互联网＋”与社区服务的融合，充分利用物联网、云计算、移动互联网、信息智能终端等新一代信息技术，通过对各类与社区居民生活密切相关信息的自动感知、及时传送、及时发布和信息资源的整合共享，推动社区服务的便捷化。

根据城乡社区发展特点和社区居民需求，分类推进社区社会工作服务。在城市社区重点开展针对老年人、未成年人、外来务工人员、残疾人和低收入家庭的社区照顾、社区融入、社区矫正、社区康复、就业辅导、精神减压与心理疏导服务。

大力发展社区志愿服务，加强社区志愿者登记工作，研究志愿服务激励制度，制定志愿服务的长效机制，促进志愿服务与社区居民需求的有效对接。建立健全社区社会工作专业人才引领志愿者服务，建立社区社会工作专业人才定期、定向联系志愿者制度，对社区志愿者开展社会工作专业知识与技能培训，提升志愿服务水平。探索在社区志愿者组织中配备社会工作专业人才，负责志愿者的招募、组织、管理、培训和监督，引导和带领志愿者协助实施社区服务项目，参与社区建设。

4. 推动社区治安，促进社区和谐

加强社区警务室规范化建设，发展居民义务巡逻队伍，加强驻区单位保安队伍管理与发展，形成公安干警、社区单位保安和治安志愿者共同参与的专群结合的社区治安防范体系，打击、防范和控制各种违法犯罪活动，提高防恐怖能力。加强对社区矫正对象的监督、管理，提高教育矫正质量，确保刑罚的有效执行。进一步做好刑释解教人员社区就业和社会保障工作，有效预防和减少重新违法犯罪，维护社会稳定。加强硬件投入，推动科技创安工作。

加强减灾示范社区建设。经常进行减灾宣传教育，定期开展避灾救灾演练，使城乡社区居民熟悉灾害知识，掌握救灾自救技能。坚持平时宣传、灾前预防与应急处置并重，健全部门协同、基层组织负责、居民参与的社区减灾体制机制，提高城乡社区的防灾减灾救灾能力。

5. 化解基层矛盾，维护社区稳定

发挥社区预防和化解社会矛盾的基础作用。在城乡社区建立有效的利益协调机制、诉求表达机制、矛盾调处机制、权益保障机制，探索化解社区矛盾、维护社区稳定的新方法、新途径和新机制，努力把矛盾化解在基层社

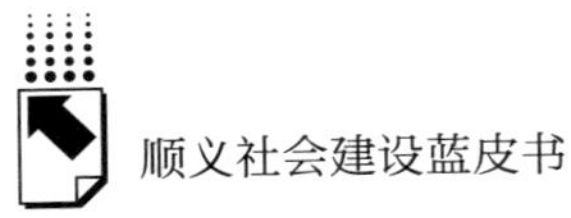

区、把问题解决在萌芽状态，切实维护社会和谐稳定。

以群众关心的热点和难点问题为工作重点，善于运用说服教育、示范引导和提供服务的方法，推动社会矛盾化解、疏解居民情绪，把群众工作做深、做细、做实。建立社会矛盾源头治理机制，扎实为群众办实事、解难题，化解基层的矛盾，进一步密切群众与党和政府的关系。

把人民调解工作作为稳定社区的基本抓手。促进基层社区人民调解委员会依据法律、法规、政策和道德规范，教育、疏导纠纷当事人自愿达成和解协议，消除隔阂。创新调解方式方法，积极开展各类调解工作，化解各种矛盾，维护社区稳定。积极发挥人民调解委员会职能，构建新的群众工作网络，使矛盾纠纷在基层有人问、有人管、有人帮助解决，实现各类矛盾纠纷早发现、早处理、早解决，把各种矛盾纠纷及时化解在基层。探索设立“社区疑难纠纷听证制度”，对疑难纠纷，邀请居民代表进行听证，共同探讨解决办法。

推动城乡社区工作者深入每家每户，知民情、解民意，贴近群众、贴近生活，拉近社区干部与居民群众的空间距离、时间距离和心理距离，通过串门走户，进一步掌握本社区的基本情况，协调利益，化解矛盾，密切党和政府和人民群众的联系。

6.发展社区社会组织，推动社区共治共享

加强社区社会组织培育，引导居民有序参与社会治理，提高社区组织化程度，增强社会动员能力。充分发挥社区居民委员会在培育和发展社区社会组织过程的作用，挖掘人才，围绕居民的特长、爱好作为培育和发展社区社会组织的切入点，培育发展社区社会组织，促进居民通过社区社会组织参与社区事务，共同推动社区建设。积极探索社区、社会组织和专业社工“三社联动”运行机制，引入专业社工机构，规范发展社区社会组织，密切社区社会组织与居民的关系，实现自身专业化水平的提升，促进社区社会组织从自益向互益、公益的转型发展，实现社区居委会六大委员会下都有一个以上有效发挥作用的社区社会组织，更好地支持和配合社区居委会工作，更好地激发社区社会组织活力，促进居民参与，实现多元参与、共治共享。

（八）加强社会领域党建工作，提升基层党组织服务水平

1. 深入推动城乡社区党建创新，加强与社区治理结构的融合

在推进基层社会治理中推进社区党建创新。促进城乡社区党组织与社区治理结构的融合，加强基层党建工作保障。坚持资源向基层倾斜，不断拓宽经费来源渠道，保证和激励基层党组织日常活动的开展，对党建创新项目和专项工作进行奖励，增强基层党组织开展党建工作的积极性。探索城乡社区党支部书记任期制，加大对优秀基层干部的提拔力度，提升基层党组织干部保障水平，增强基层工作岗位的吸引力。

完善和创新城乡接合部党员参与党内事务的民主制度，探索建立党员定期评议基层党组织领导班子、党员旁听基层党委会议等制度。加强党员教育管理，提高党员队伍素质。加大党员培训的广度和深度，推动学习型党组织的创建。加强基层党组织书记教育培训和监督管理，分级负责、分类培训，用2至3年时间，把全区各领域基层党组织书记轮训一遍，提高为民服务本领，强化廉洁履职意识，增强治理能力。

加强和改进流动党员的教育管理和服务。根据流动党员的分布情况、职业特点和居住地点等情况，加强流出地党组织和流入地党组织间的沟通协作，积极创新党组织的设置方式，实现对流动党员的有效覆盖。建立健全流动党员联络员制度，通过选派指导员、协管员、联络员来加强对流动党员的管理和服务，努力做到流动党员与当地党员同教育、同管理、同服务。

建立信息化管理体系。在具备条件的基层党组织探索建立基于现代信息通信手段的党员管理体系。规范建立基层党支部、党员信息化管理服务系统，做到城乡接合部党员群众教育、管理和服务的数字化，实现基层党组织服务党员群众方式的转型升级。探索建立网络党组织，通过QQ群、微博客、微信等开展党的活动，拓宽党建工作网络阵地。

2. 推进社会组织和非公有制经济组织党组织建设，扩大社会领域党建覆盖面

对于具备建立党组织条件的社会组织和非公有制经济组织，都必须建立党的组织，开展党的活动，力争社会组织和非公有制经济组织党组织覆盖率

达 100%。从社会组织和非公有制经济组织的实际出发，分类指导，灵活设置党组织。社区党组织要支持商用楼宇建立党组织，把支部建在楼上，把党建落到实处。要把楼宇党建工作纳入社区党组织建设总体规划，推进楼宇党组织组建工作，不断扩大党的工作覆盖和组织覆盖。凡具备建立党组织条件的企业，都应及时建立独立的党支部，可以纳入大厦党委统一管理。

创新社会组织和非公有制经济组织中党建工作，根据党员的兴趣、爱好、从事的职业不同的特点，改变党员以前以地域划分的管理方式为行业教育管理，设立不同的行业党小组，激发党员队伍的活力，进一步增强党组织的凝聚力、向心力和战斗力。对暂不具备单独建立党组织条件的，建立联合党组织，通过设立党员联络服务站、选派党建工作指导员，以及帮助建立工会和共青团组织等办法，把党的工作开展起来。

按照属地管理的原则，理顺社会组织和非公有制经济组织党组织的隶属关系。根据便于管理、便于工作、便于指导的原则，实行行业管理、属地管理、对口管理、挂靠管理、指定管理等不同的管理体制。对一些规模较小、政策性和专业性不是很强，与社区关系紧密的社会组织和非公有制经济组织，以及行业关系隶属于地方的社会组织和非公有制经济组织，其党组织关系一般实行属地管理。对一些政策性、专业性强的社会组织和非公有制经济组织，其党组织关系一般由业务主管（或指导）单位党组织直接管理。对已成立行业协会的社会组织，其党组织关系一般由业务主管（或指导）单位依托行业协会组织管理。对一些不具备单独建立党支部条件的社会组织和非公有制经济组织中的党员，挂靠到社区或主管部门党组织管理。把社会组织和非公有制经济组织中发展党员工作作为工作重点，积极开展工作，大力培育入党积极分子队伍，通过做好发展党员工作，努力提高党的工作的影响力和渗透力。

3. 深入推动区域化党建，形成基层党建工作新格局

深化区域化党建工作，在街道、社区、乡村等一定的地域、区域内将农村、社区、非公有制经济组织、社会组织等各类组织最大限度地纳入区域性党组织范围，以网格化方式构建全覆盖、广吸纳、开放式的基层党建工作新

格局，实现党建管理向社会基层治理的延伸。以区域化党建为主要载体，拓展各类议事会、恳谈会、党员聊天室等民主途径，畅通民意诉求的表达渠道，准确、全面把握基层党员、群众的各种诉求。

探索建立大社区党委，将社会组织和非公有制经济组织党组织负责人、驻区单位党组织负责人纳入社区党委，突破原有条块分割的党建格局。大力推进党员服务中心建设，整合区域内办公资源，或单独成立，或依托社区办公场所，建立综合性的党员服务中心，巩固区域化党建工作平台。探索开展社区物业党建联建工作，社区党组织和物业公司党组织设立联席会议，共同解决社区物业管理中存在的问题。

强化区域党组织的服务功能。加强基层党组织对企事业单位、群团组织、中介组织、自治组织等各种服务主体的指导和引导，汇聚区域内党务性、行政性和社会性资源，依托不同组织体系和服务载体开展分层分类服务，实现服务从浅层次、物质的、零散的党员志愿服务到高效的、全面的、系统的公共服务转变。

4. 推动基层服务型党组织建设，增强基层党组织服务能力

坚持服务改革、服务发展、服务民生、服务群众、服务党员，强化服务功能，深入推动基层服务型党组织建设。以服务型党组织建设引领基层党建工作，推动基层党组织在强化服务中更好地发挥领导核心和政治核心作用。围绕群众多样化需求，坚持立足实际、尽力而为，运用多种形式和手段开展服务。深入开展党员示范岗、党员责任区、党员承诺践诺等活动，为服务群众创造条件、提供动力。推动党员参与社区建设，区管党员回社区报到率达95%以上，实现参与率进一步提升。

“十三五”期间，力争使100个基层党组织达到“六有”目标：一是有坚强有力的领导班子，建设服务意识强、服务作风好、服务水平高的党组织领导班子；二是有本领过硬的骨干队伍，培养带头服务、带领服务、带动服务的党员干部队伍；三是有功能实用的服务场所，建设便捷服务、便利活动、便于议事的综合阵地；四是有形式多样的服务载体，创新贴近基层、贴近实际、贴近群众的工作抓手；五是有健全完善的制度机制，形成规范化、

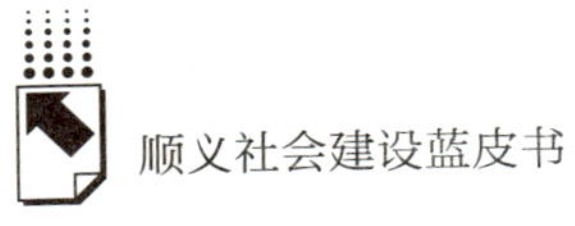

常态化、长效化的工作制度；六是有群众满意的服务业绩，取得群众欢迎、群众受益、群众认可的实际成效。

（九）推动各类学习型组织建设，提升社会治理现代化水平

1. 加强社会工作人才队伍建设，提高治理水平

加强社会工作人才队伍建设，对城乡基层居（村）民自治组织、社区服务组织、公益服务类事业单位、公益慈善类社会组织、基层社会服务部门直接从事社会服务的人员进行大规模、系统化的社会工作专业知识培训，逐步用专业社会工作理念丰富社区工作理念，用专业社会工作制度创新社区管理服务制度，用专业社会工作方法提升社区管理服务水平，培养造就一支职业化、专业化的社会工作人才队伍。“十三五”期间，力争持（助理）社会工作师证书的社区工作者占60%以上。到2020年广大城乡社区自治组织成员、基层党组织成员、社区专职工作者、社区服务人员能够普遍掌握应用社会工作专业理念、知识与方法参与社区管理与服务，有效满足社区居民服务需求，促进社区和谐发展。积极开发社会工作专业岗位，扩大就业范围，吸纳更多社会工作专业人才到社区服务。推动成立社会工作者协会、社工工会等组织，调动社区工作者开展自我管理、自我服务。关心社区工作者工作和生活，不断完善薪金、福利待遇政策，健全规范全区社区工作者体检、带薪休假等福利待遇。建立健全社区、社会组织和社会工作专业人才联动服务机制。

对涉及社会管理和公共服务工作的党政部门、人民团体、相关事业单位、部分执法单位的干部特别是领导干部有计划、有步骤地进行社会工作基础理论、专业知识和方法技能培训，提高其开展社会服务、管理社会事务、协调利益关系、做好群众工作、提升社会治理的能力。

实施社会治理干部队伍素质能力提升工程。在全区社会治理干部队伍中加强依法治理的培训，加强各级干部运用法治思维和法治方式治理的能力，在法治轨道上推进各项工作，善于运用法治思维和法治方式开展工作、解决问题，将社会治理工作全面纳入法制化、制度化、规范化轨道。与在京知名

高校合作，开办顺义区社会治理能力建设高级培训班，每年培训 100 名干部。建立领导干部学法用法制度，把领导干部依法行政作为日常考核和提拔使用的重要标准。全面提高执法人员政治业务素质，牢固树立法大于权、法律权威的观念、行政权是公权力的观念、法律面前人人平等的观念和“有权必有责、用权受监督”的观念。

2. 建设学习型机关，推动社会治理问题创新性解决

推动学习型机关建设，把转变政府职能、完善社会治理方式与创建学习型机关统一起来，坚持把抓好干部素质教育作为提升队伍战斗力的关键环节常抓不懈。以政治理论学习为核心，以业务知识学习为重点，以解决社会治理中存在的问题为导向，有针对性地制定学习计划，全面提高机关干部政策理论水平和处理工作、解决问题的能力。推动顺义学习网学习卡的使用普及。在建设学习型机关的过程中进一步转变治理理念，提高各级干部对社会治理的认识，坚决破除不适应社会发展的旧观念、旧思想的束缚，进一步明确社会化治理的思路。建立与社会治理要求相适应的思维方式和思想观念，变单纯自上而下的管理方式为自上而下与自下而上相结合的治理模式，由单纯的管治向依法治理、以德治理、以学治理转变，由政府单向管理向多元治理主体转变。通过学习型机关的创建，提升干部的思念认识和治理能力现代化建设水平，推动社会治理问题的创新性解决。

3. 建设学习型村（居），全面提升居民素质

推进学习型社区建设。统筹各类教育资源，充分发挥社区学院、市民学校的作用，面向社区居民开展多种形式的教育培训和科普活动，建立覆盖各类人群的多渠道、全方位的社区学习服务体系，推动学习型社区的建设。通过学习，提高综合素质，引导居民养成文明生活习惯。开展形式多样的宣传教育活动，加强物业管理有关政策法规宣传，强化城市生活消费观念教育，倡导文明生活方式，引导拆迁居民及租住人员改变原有生活习惯，纠正各类违章行为和不文明习惯，使崇尚文明、崇尚清洁、崇尚和谐成为广大回迁居民及租住人员的普遍追求，以学习型社区促进外来人口和本地人口的融合。适应顺义新城建设的需要，继续实施顺义新居民角色转化工程，从风俗习

惯、生产方式、生活方式、价值取向、审美观念、人际关系方面，推动拆迁进城农民更快更好地适应角色转换，成为顺义新市民。

加强学习型农村建设。从提高个人素养、强化邻里和谐、推崇文明健康的生活方式等方面入手，为村民开展健康知识、礼仪常识等免费培训班，逐步提升村民的文明意识。依托活动搭平台，营造氛围促和谐。通过鼓励村民积极参与评选和读书系列活动，为广大村民营造崇尚科学、健康和谐的家庭氛围。

五 “十三五”时期顺义区社会治理能力现代化的保障措施

（一）加强党建引领

充分发挥党在社会治理中“总揽全局”和“协调各方”的功能。牢固充分发挥党组织的政治优势、组织优势和思想政治工作优势，整合各种资源，营造和谐的发展环境，把党建工作同社会治理工作有机结合，使党建工作渗透到社会治理各项工作的全过程。建设学习型、服务型、创新型党组织，提升党组织的治理能力，坚持党领导下的多方参与、共同治理，发挥政府、市场、社会等多元主体在社会治理中的协同协作、互动互补、相辅相成作用，形成推动社会和谐发展、保障社会安定有序的合力。

（二）强化组织领导

进一步完善现有社会建设的领导小组机制，加强对社会治理和治理能力现代化提升的指导和服务。建立顺义区社会治理专家智库或研究基地，为顺义区社会治理和治理能力现代化建设的重大决策、重大思路提供政策咨询、理论指导和智力支持。

（三）细化实施方案

根据规划内容，各部门根据职责，进一步细化实施方案，制定相关行动计划，将规划内容落到实处，建立健全责任机制，确保任务落实到位、责任分工到位、组织领导到位、跟踪检查到位，确保规划目标的实现。适时开展对《规划》实施情况的评估，及时帮助研究解决《规划》实施中出现的问题，确保《规划》顺利实施。

（四）建立考核机制

综合管理督查考核机制。把社会治理工作纳入各部门、各级领导班子和干部年度综合检查的考评之中，以群众满意不满意为基本标准，考评结果实行备案制，与领导班子评价和干部奖惩相挂钩，进一步提高政府治理能力和服务群众的水平。加强实施中的中期评估和检查，确保规划目标落到实处。探索制定社会治理考核机制和指标体系，确保责任到位、政策到位、工作到位。

（五）保障资金投入

加强对全区社会治理和治理能力提升的资金投入，切实增加财政预算，在社会组织培育发展、解决民生问题、干部队伍治理能力建设等方面设立专项资金，并根据全区财政收入的增长逐步增加投入，促进资金的合理有效使用，提高资金使用效益。

附　　录

Appendix

B.16
附录一：顺义区社会建设大事记（2008～2017）

2008年

10月23日　顺义区委社会工委区社会办成立大会暨揭牌仪式在顺义宾馆举行，市委常委梁伟、市委副秘书长王翔、市委社会工委书记、主任宋贵伦、市政府副秘书长侯玉兰、市委社会工委副主任赵小卫、市编办副主任周凯、顺义区委书记夏占义出席。梁伟常委代表市委、市政府对顺义区社会工作机构的成立表示热烈祝贺并做了重要讲话。区委、区政府各部、委、办、局、公司、中心、人民团体行政正职；各镇、街道办事处党委书记；区城市社区党支部书记；区内规模以上非公企业独立党组织负责人；新社会组织负责人共400人参加了成立大会。

2009年

3月12日　顺义区召开大会，对社区党组织、社区居委会换届选举工作进行统一安排部署。全区 21 个社区首次采取户代表选举方式，分三个阶段顺利完成选举工作。

6 月 10 日 顺义区召开社会建设大会。北京市委常委、市总工会主席梁伟，市委副秘书长王翔，市委社会工委书记、市社会建设办公室主任宋贵伦，以及顺义区领导张延昆、马庚良、陶宝金、胡尚云、雷显武、陈光浩参加。会上，顺义区副区长陈光浩传达了北京市社会建设大会会议精神；区委常委、组织部部长雷显武作《加快推进以改善民生为重点的社会建设为构建和谐顺义而奋斗》的报告，部署了顺义区社会建设工作；顺义区劳动和社会保障局、卫生局、综治办、胜利街道分别做了典型发言。顺义区委书记张延昆从全面把握社会建设内涵，明确“什么是社会建设”和“为什么要抓社会建设”两个角度，就如何开展社会建设工作进行了强调。梁伟做重要讲话，充分肯定了顺义区在社会建设工作中取得的成绩，并就进一步加强社会建设工作提出要求。

8 月 12 日 顺义区召开社区规范化建设试点工作推进会。顺义区委常委、组织部部长雷显武出席会议并讲话，要求街道办事处和试点社区要勇于创新，积累试点建设的经验，对照试点建设的要求，找出差距和不足，以开拓创新精神解决好新形势下出现的各类问题。

9 月 9 日 区委常委、组织部部长雷显武在天竺镇召开了推进商务楼宇党建工作座谈会。雷显武对推进商务楼宇党建工作提出了具体要求：一要找准在商务楼宇建立党组织的模式，不断研究新情况，采取依托产权单位、楼宇物业管理部门、属地街道社区、派驻指导员等途径，建立党组织。二要坚持以党建促服务、促管理、促发展，以“服务党员、服务群众、服务发展”为着力点，以建立党组织工作站为载体，以实现党建工作和经济发展互动共进为目标，不断增强党的影响力。三要紧密结合企业生产经营开展工作，在企业发展中树立党组织形象，确立党组织的地位。

10 月 办公场所迁至顺建大厦。

10 月 17 日 社区、“两新”组织学习实践科学发展活动正式启动，通过认真完成各阶段任务，提高了党员干部贯彻落实科学发展观的执行力，实现了党员干部受教育、科学发展上水平、居民群众得实惠的目标。

11 月 23 日 ~26 日 社区先进人物事迹报告团在胜利、光明、石园、旺泉、双丰、空港 6 个街道进行了巡回演讲，用身边的人讲身边的事，在基层引起热烈反映，对社区党员干部起到了教育和鼓舞作用。

11 月 12 日和 12 月 16 日 区委书记张延昆在副区长车克欣等的陪同下，先后深入光明、双丰等街道进行调研。张延昆听取了街道关于社区建设的情况汇报，查看了社区服务站、图书室、台球厅、乒乓球室等居民活动场所，询问了街道社区在联系服务群众、外来人口管理等方面存在的问题，并强调指出：要围绕社会管理精细化，积极探索完善城市管理和公共服务机制，加强社区便民配套设施和文体娱乐设施建设，不断推动社区社会组织和“两新”组织党组织建设，通过部门联动，着力构建平安社区、和谐社区。

2010年

1 月 5 日 中央非公有制经济组织学习实践科学发展观活动巡回指导一组组长甘国屏及市委副秘书长王翔等领导到顺义区牛栏山镇江河幕墙集团、百强家具调研，顺义区委副书记胡尚云陪同。

2 月 4 日 市社会办副主任周开让带队检查验收顺义区社区规范化建设工作，检查组对顺义区 2009 年 13 个规范化建设试点社区进行检查，实地察看了西辛北社区和宏城花园社区新建成的办公用房，听取了顺义区社区规范化建设试点工作的情况汇报，对顺义区社区规范化建设的工作给予认可。

2 月 23 日 副区长车克欣召开街道办公用房、居委会配套设施建设协调会，区社会办、住建委、财政局、规划局主管副职参加会议。

4 月 28 日 在区委第 13 次常委（扩大）会上，顺义区认定了第一批 9 家区级“枢纽型”社会组织，分别是：团区委、区科协、区文联、区民办教育联合会、区职业培训学校联合会、区福利慈善协会、区体育总会、区商业联合会、区农村专业合作组织服务中心。第一批 9 家区级“枢纽型”社会组织共联系社会组织 151 家，再按照分类管理原则，初步明确由这 9 家

“枢纽型”社会组织再进行业务联系的社会组织有32家，划转后所联系的社会组织总数达183家，占顺义区社会组织总数的82.5%。

6月28日 为进一步规范社会组织的管理，区委社委工委、区社会办起草了《关于加强社会组织管理的实施意见》，在6月28日的区委第21次常委（扩大）会议上获得通过。

7月21日 北京市社会服务管理创新推进大会召开，会上公布了《北京市社会服务管理创新行动方案》，确定了全市三个社会服务管理创新综合试点区，顺义区是其中之一。

7月27日 顺义区首个社会工作事务所正式注册成立，业务范围包括社工课题研究、政策宣传、学术交流、咨询服务等，社工事务所的成立，为推进顺义区社会服务的专业化水平开辟了新的领域。

8月5日 区社会办组织召开社会服务管理创新试点工作研讨会，副区长车克欣同志主持，中国社会科学院博士生导师、研究员辛向阳教授参会。会议结合顺义区经济社会发展现状，对找准社会服务管理创新试点工作的切入点，并如何开展工作等问题展开讨论。

8月17日 区委社会工委组织17家主责单位召开“顺义区社会服务管理创新实施方案部署会”，会议安排部署了各主责单位关于开展《顺义区社会服务管理创新实施方案》工作的具体落实。

8月27日下午 顺义区委、区政府召开顺义区社会服务管理创新推进大会，市委副秘书长王翔同志，市委社会工委书记、市社会办主任宋贵伦同志，市委社会工委副书记、市社会办副主任赵小卫同志出席了会议。全区各部、委、办、局、公司、中心、人民团体，各镇街党政一把手到会参加。会上印发了《中共北京市顺义区委北京市顺义区人民政府关于推进社会服务管理创新的意见》和11个配套实施方案。会上，顺义区委书记张延昆同志、市委副秘书长王翔同志做了重要讲话。

8月27日 《顺义区关于加强社会组织管理的实施意见（试行）》在区社会服务管理创新推进大会上作为《关于推进社会服务管理创新的意见》的配套文件之一下发。该意见的出台，使顺义区社会组织监督管理和培育发展机制得到进一步完善，标志着顺义区社会组织培育发展和监督管理新的体系框架基本形成。

9 月 12 日 顺义区首届社会工作专业本科学历培训班正式开班。该班由北京广播电视大学顺义分校开办，目的是全面提升社区工作者的知识水平，培养专业化、职业化的社区工作者人才队伍。经街道、社区推荐，共40 名社区工作者成为首批本科学历培训班学员。

9 月 17 日 区委社会工委下发关于在全区“两新”组织党组织的摸底调查的通知，全区展开新一轮的社会领域党建摸底工作。

9 月 19 日 召开第一批“枢纽型”社会组织工作会，会议下发了顺义区《关于认定第一批“枢纽型”社会组织的决定》。区委常委、组织部部长雷显武做了重要讲话，从“枢纽型”社会组织的性质、职责和下一步工作等方面提出了具体要求。副区长车克欣同志参加并主持会议。

10 月 15 日 顺义区召开社会服务管理创新专题汇报会，区委常委、组织部部长雷显武，副区长车克欣出席会议，听取了民族宗教侨务、网格化管理等 15 个方面的工作汇报后并就下一步工作提出具体要求。

10 月 19 日 区社会办组织街道干部和社区居委会主任共 32 人，分别参观了朝阳区八里庄街道华贸中心社区和建外街道南郎家园社区，详细察看了社区办公服务用房和各项制度建设情况，听取了朝阳区委社会工委及街道领导关于工作进展情况的介绍，并就如何服务社区群众、组织居民开展活动、搞好社区规范化建设及推进社区服务管理创新等问题进行了座谈交流。

11 月 25 日 召开社会组织服务管理创新工作交流会，团区委、三农研究会、大方职业学校、京顺医院、律师协会、商业联合会 6 家社会组织代表就本社会组织在社会服务管理以及社会经济政治生活中作用发挥的不同角度进行了交流发言。市委社会工委委员、市社会办副主任刘轩对顺义区的社会组织工作给予肯定，区委常委、组织部部长雷显武同志做了重要讲话，区政府副区长车克欣出席了会议，区委社会工委、区民政局、区“枢纽型”社会组织所在单位等部门主要领导，区“枢纽型”社会组织以及区内社会组织的负责人 160 余人参加了会议。

12 月 20 日上午 市委社会工委委员、市社会办副主任周开让带队检查顺义区社会服务管理创新工作。检查组听取了顺义区社会服务管理创新工作汇报，并深入怡馨家园第二社区、石园东苑社区、鸿城大厦、京顺医院和晓东顺太阳能研究所，实地检查了社区规范化建设、商务楼宇党建和政府购买社会组织服务项目情况。

2011年

1 月 6 日 顺义区委社会工委召开商务楼宇党建工作经验交流会，社会工委副书记申志红同志主持会议，区内 8 家商务楼宇党组织负责人参加会议并围绕 2011 年工作重点交流座谈。

1 月 19 日 顺义区委社会工委组织召开街道办事处年度工作总结会，区委常委、组织部部长雷显武，副区长车克欣参加会议。

1 月 20 日 北京市顺义区社会组织服务管理中心批准成立，该中心为正科级事业单位，经费形式为全额拨款，核定编制 4 人。该中心的主要职责是：协助做好社会组织培育发展；负责社会组织的信息发布、政策咨询、培训交流、典型推广等事务性和服务性工作；参与开展社会组织的考核评价。

2 月 22 日 在成立 6 个街道社会工作党委的基础上，19 个镇全部成立社会工作党委，全区社会工作党委成立大会暨“两新”组织党建工作推进大会召开，大会为 19 个镇社会工作党委举行了揭牌仪式，北小营镇、石园街道社会工作党委及金九鼎公司、京顺医院、宏远物流等“两新”组织党组织分别做了典型发言。区委常委、组织部部长雷显武做了重要讲话，对街（镇）社会工作党委工作提出了具体要求，为加强“两新组织”党建工作指明了方向。

3 月 18 日 区社会办组织召开 2011 年政府购买社会组织服务项目征集工作会议。会议部署了顺义区 2011 年度政府购买社会组织服务项目征集工作，并详细介绍了项目申报的具体要求。

4 月 8 日 北京市构建网格化社会服务管理体系调研组到顺义区调研。

调研组在听取顺义区委常委、组织部部长雷显武的专题汇报后，实地考察了顺义区市政管委地下管线综合管理信息系统、北小营镇北小营村村庄网格化管理和胜利街道怡馨家园第二社区社会服务管理情况。

4月11日　顺义区召开城乡一体化建设专家研讨会，北京大学社会学教授及区委社会工委领导参加了会议。会上，绿港社工事务所就城乡一体化建设调研工作进行了汇报，大家对调研过程中可能产生的问题进行了广泛的讨论，北京大学社会学教授根据调研情况进行了专业指导。区委社会工委书记、区社会办主任巩维国就城乡一体化建设调研工作提出了意见建议。

5月17日至20日　顺义区以全国社会工作职业水平考试为契机，聘请国家民政部从事多年社会工作教研的专家教授，对全区报考助理社会工作师的318名社区工作者进行为期4天的培训。

5月30日　为加快构建和完善“枢纽型”社会组织工作体系，顺义区第21次区委常委（扩大）会议通过决议，认定区总工会、区妇联、区工商联、区残联、区律师协会、区道路运输协会6家单位作为第二批“枢纽型”社会组织。至此，顺义区共有15家“枢纽型”社会组织，联系管理社会组织达206家。

6月14日　为进一步动员社会单位参与社区建设，强化社会单位的驻社区建设责任，着力形成社区工作的整体合力，顺义区召开全区社区共驻共建工作会议。会议下发了《顺义区关于推进社区共驻共建工作的意见》（京顺发〔2011〕16号），明确了社区共建的形式、内容和要求，全面启动了社区共驻共建工作。

6月14日　顺义区召开了全区“枢纽型”社会组织工作座谈会，副区长车克欣同志主持会议。区委社会工委书记、区社会办主任巩维国同志首先宣读了《顺义区认定第二批“枢纽型”社会组织的通知》。会上，区文联、区体育总会代表第一批“枢纽型”社会组织介绍了认定以来工作的开展情况；区妇联、区道路运输协会代表第二批“枢纽型”社会组织做了表态性发言。区委常委、组织部部长雷显武同志就“枢纽型”社会组织如何做好下一步工作提出了具体要求。

6月21日 顺义区社会服务管理创新工作公共服务类汇报会举行，副区长车克欣出席并分别听取了区体育局、卫生局、环保局、住建委等13家单位关于推进社会服务管理创新工作开展情况的汇报。

6月22日 北京市委社会工委副书记、市社会办副主任周开让同志带领市社区用房规范化建设试点项目核查组对顺义区第一批社区用房规范化建设试点项目进行了核查验收。核查组在听取了相关汇报、实地察看之后，对顺义区第一批社区用房规范化建设工作所采取的做法、取得的成效给予了充分肯定。

7月20日 顺义区召开政府购买“一街一社工”工作会。区社会办相关领导、六个街道办事处负责人及绿港社工事务所人员参加了会议。

6至7月 组织举办了全区社会领域“知党爱党跟党走”纪念建党九十周年演讲比赛，来自全区各镇、街道300名选手参赛，通过初赛、复赛和决赛，最终有10名选手获得一、二、三等奖。

8月3日 副区长车克欣同志主持召开部分居委会干部座谈会，旨在加强社会服务管理创新基层组织建设。区社会办、民政局主管领导及裕龙五、胜利社区等居委会主任参加座谈。

8月20日 2011年北京市社会建设领域信息化工作第二季度例会在顺义区召开。市委社会工委委员、市社会办副主任王丽竹，市社会办信息中心主任王森林及全体信息中心干部，各区县社会领域信息化主管领导及工作人员共计40余人参加了会议。会后，全体参会人员到胜利街道怡馨家园第二社区参观了顺义区社会网格化管理系统。

8月29日 北京市发展改革委对顺义区第二批社区用房规范化建设项目进行了批复。按照批复，55个社区办公和服务用房项目全部采用购买的方式完成。项目总建筑面积23600.9平方米，总投资3.42亿元，安排市政府固定资产投资8609万元，其余资金2.56亿元将由区财政自筹解决。

9月27日至29日 顺义区举办社会组织负责人建设专题培训班，对全区15家“枢纽型”社会组织负责人、130余家社会组织负责人进行了培训。

10月11日至14日 全区社会领域基层党组织负责人专题培训班举办，

对全区 81 个社区党支部书记、130 多名“两新”组织党组织负责人进行了集中培训。

11 月 4 日 召开区第二批社区用房规范化建设启动大会，会上全面总结了第一批 13 个社区用房规范化建设工作，部署了第二批 55 个社区用房规范化试点项目建设相关工作。区发改委、区社会办等职能部门及街道（镇）、社区等 140 余人参加会议，区委常委、区政府副区长于庆丰出席并做了重要讲话。

12 月 27 日 顺义区召开购买“枢纽型”社会组织管理服务工作部署会，区委常委、副区长于庆丰同志主持会议。会上，区委社会工委书记、区社会办主任巩维国同志部署了政府购买“枢纽型”社会组织管理服务相关工作。区委常委、组织部部长车克欣同志就如何做好下一步工作提出了要求。

2012年

1 月 13 日 区委社会工委机关举行“践行北京精神履行青春责任”贯彻北京精神演讲比赛，旨在营造机关浓厚学习氛围，提高机关人员自身修养。机关副处级以上领导干部 5 人为评委，科级及以下干部 17 人参加比赛。经过激烈的角逐，最终评选出一等奖 1 名，二等奖 2 名，三等奖 3 名。

1 月 22 日（除夕夜） 区委常委、区政府副区长于庆丰带领区委社会工委、区政府办、区应急办、区公安分局等部门主管领导分别到光明街道滨河二社区、石园街道石园北一社区、胜利街道建南二社区、双丰街道富力湾社区、旺泉街道宏城花园社区、空港街道裕祥花园社区慰问街道、社区值守干部和工作人员，为大家送去节日问候。

2 月 7 日 顺义区召开社会服务管理创新核心指标体系研讨会，区委常委、组织部部长车克欣，区委常委、副区长于庆丰，区社会建设工作领导小组 72 家成员单位主管副职，各镇、街道主管副职，83 家社区居委会主任参加会议。

2月29日 顺义区召开社区“两委”换届选举工作会。区委常委、组织部部长车克欣出席会议并讲话，区委常委、副区长于庆丰主持会议。区社区“两委”换届选举工作领导小组成员单位负责人及各街道工委书记、主任，相关镇党委书记、副书记等100多人参加会议。

3月2日 顺义区召开2011年使用北京市社会建设资金购买社会组织服务项目考评工作部署会，各项目的承接单位参加会议。

3月7日 区社区“两委”换届选举工作领导小组办公室召开组织实施阶段工作培训会。区委社会工委书记、区社会办主任巩维国主持会议，6个街道、11个相关镇的组织委员、主管业务科室科长和社区“两委”换届选举工作领导小组成员单位负责人、领导小组办公室成员共80人参会。会上，区社会工委委员、区社会办副主任郑建阳对社区党组织换届选举组织实施阶段的工作进行专题部署。

3月9日 顺义区召开成立社区社会组织联合会工作座谈会，各街道主管领导及科室负责人参会。会上各街道就辖区内社区社会组织发展情况及成立社区社会组织联合会工作进行了座谈。

3月19日 顺义区召开社区党组织换届选举工作调度会。区委组织部、区社会工委、区民政局有关领导出席。会上，6个街道工委、11个相关镇党委有关负责同志汇报了辖区换届选举工作进展情况，并就工作中遇到的问题进行了交流探讨。

4月16日至4月27日 顺义区聘请北京市民政教育管理学院教师开展了150学时的考前培训工作。为了确保培训质量和效果，培训分3期开设，其中初级培训班2期，中级培训班1期，培训530人。

5月11日下午 上海市社会工作党委书记、上海市社会建设委员会办公室主任崔明华等领导组成的社会建设考察团来到马坡镇石家营村，考察学习城乡接合部村庄社区化建设情况。

5月14日上午 市委社会工委委员、市社会办副主任刘占山一行4人到顺义区调研社会工作人才队伍建设情况，实地察看了旺泉街道西辛北社区“活力社区、和谐社区”建设情况。

5月19日 顺义区“爱心互传递、公益大家行”社会组织公益展示、青少年社团文化节、第二十二次全国助残日活动启动仪式在光明文化广场举行，正式掀开了全区社会组织公益大家行系列活动。

5月 按照顺义区社区“两委”换届选举工作领导小组办公室部署，全区新一届社区党组织广泛开展了公开承诺活动，通过公开栏等形式，共向社区居民承诺412项，其中涉及民生问题84项、为老服务80项、文化活动74项、组织建设90项、社区环境43项、社区治安41项，强化了社区党组织认真履职、干事创业的责任意识，密切了社区党群干群关系。

5月28日至6月1日 2012年全市社区党组织书记示范培训班在昌平区阳坊大都饭店举办，顺义区共8名社区党组织书记参加了培训。

6月1日 顺义区举办政府购买社会组织服务项目专题培训班。全区15家“枢纽型”社会组织负责人、100余家社会组织负责人参加培训。

6月25～26日 2012年北京市社会领域党组织负责人第三期统战教育二级培训班在北京社会主义学院举办，顺义区共60名社会领域基层党组织负责人参加了培训。

7月2日 民政部“全国农村社区建设实验全覆盖”示范单位检查组到顺义区进行检查验收，检查组实地到北小营镇前礼务村、马坡镇庙卷村、马坡镇马卷村检查农村社区建设情况，查看了农村社区服务站、“百合家园”、文体活动中心、卫生服务站，走访了部分村民。检查组听取了顺义区开展“全国农村社区建设实验全覆盖”示范单位争创工作的情况汇报，并与区相关部门负责人进行了交流。经过检查组集体研究决定，确认顺义区达到了“领导协调机制、社区建设规划、社区综合服务设施、社区各项管理和服务全覆盖”的标准，同意顺义区通过“全国农村社区建设实验全覆盖”示范单位的评估。

7月6日 顺义区召开2009届期满大学生社工续聘工作会议。按照大学生社工与社区双向选择原则，各街道（镇）与52名考核合格人员签订了协议，协议期限仍为3年，此次续聘率达到76.5%。

7月13日 顺义区召开“一街一社工”派驻工作协调会，各街道主管领导及绿港社会工作事务所社工参加会议。

7月27日 市委社会工委副书记赵小卫、市委社会工委综合处处长唐志华一行3人到顺义区调研网格化社会服务管理推进情况，区委社会工委书记、区社会办主任巩维国，区委社会工委委员、区社会办副主任李兴存陪同调研。

8月6日 顺义区召开《社会组织培养发展资金》项目绩效考评会，对政府购买“枢纽型”社会组织管理服务项目进行绩效考评，北京中平建华浩会计师事务所、绩效评价专家组及区财政局主管领导参加考评。项目主责单位汇报了项目进展情况，专家对项目的各项指标进行了考评，并对项目的完成进度、达标情况给予了总体意见及建议。

8月23日 顺义区召开网格化社会服务管理创新指标体系信息系统设计方案会，会议由区委社会工委书记、区社会办主任巩维国主持，国研中心汇报了顺义区网格化社会服务管理创新指标体系相关情况并与区市政市容委、区社会办、区城管监察大队、区信息中心等参会单位进行讨论，区委常委、副区长于庆丰参会并讲话。

8月28日 区委社会工委召开顺义区社会组织服务管理专项行动部署会，区民政局、区公安分局、区维稳办及15家“枢纽型”社会组织的主管领导参加了会议。会上宣读了《顺义区关于开展社会组织服务管理专项行动的工作方案》，并对专项行动的重点任务和责任分工做了详细部署。

8月30日 市委社会工委委员、市社会办副主任刘轩带领市委社会工委社会组织处相关人员到顺义区调研社会组织建设工作。

9月6日上午 区委组织部、社会工委召集工商联、地税局、统计局、工商局等单位有关同志召开区非公企业党建工作座谈会，区委常委、组织部部长车克欣出席。会议通报了中央和北京市对非公企业党建工作要求和任务，与会同志就相关业务进行了交流。

9月21日 北京市迎接党的十八大“党在百姓心中”百姓宣讲团第六分团走进顺义，5名来自通州区和3名来自怀柔区的百姓宣讲员用发生在自己身上的故事，讲述百姓心中的党、心中的党员、心中的事迹，表达自己一心一意跟党走的愿望。北京市委社会工委领导出席，顺义区6个街道共计200余名代表聆听了本次报告会。

9月24日 上海市闵行区古美路街道及部分社区（村）党支部书记、社区居委会主任一行32人到旺泉街道西辛北社区考察学习。

9月27日 市委常委陈刚一行赴顺义区调研网格化社会服务管理创新工作，先后到旺泉街道西辛北社区和北小营镇北小营村实地查看社区服务站和村“三站两室”等建设情况。陈刚常委对顺义区的网格化社会服务管理模式给予肯定，认为顺义区将网格化社会服务管理模式与实际结合紧密，在社区以楼门、在村庄以村小组为单元网格的网格化管理模式，建立了“有平台、有网格、有机制、有系统、有队伍”的工作体系，实现了基层各种力量的协调配合、整体联动，服务管理效能得到提高。

10月16日至10月26日 为推进社会组织服务管理专项行动的深入开展，按照《顺义区社会组织服务管理专项行动工作方案》的要求，区委社会工委作为牵头单位对区民政局、区公安分局、区维稳办及15家“枢纽型”社会组织进行了专项督查，检查范围覆盖200余家社会组织。从检查情况看，各“枢纽型”社会组织非常重视社会组织服务管理专项行动工作，各社会组织总体情况良好，安全工作平稳可控。

10月25日 顺义区召开网格化社会服务管理创新指标体系暨创建文明城区测评体系动员培训会。会上，首先由中国人民大学公共管理学院方振邦教授介绍顺义区网格化社会服务管理创新指标体系的创建意义和主要内容；其次，由区委社会工委书记、区社会办主任巩维国宣读《2013年度顺义区网格化社会服务管理创新指标体系实施方案》，并就相关重点问题进行答疑；最后，由区文明办副主任宁宝和宣读《顺义区创建文明城市实施意见》，介绍《顺义区创建文明城区测评体系》编制情况。

10月26日 顺义区举行社区社会组织联合会成立挂牌仪式暨社会组织发展研讨会。区委常委、副区长于庆丰出席会议并为六个街道的社区社会组织联合会颁牌，专家学者、相关业务主管单位、各镇（街道）负责人及社会组织代表100余人参加会议。

11月7日 区社会建设工作领导小组办公室召开政府购买社会组织服务项目实施工作部署会，就2012年度使用北京市社会建设专项资金购买社会组织服务项目及首次利用区社会建设专项资金购买社会组织公共服务进行部署。2012年度北京市社会建设工作领导小组办公室核准批复顺义区项目资金共227万元，同时，区投入配套资金100万，市区共购买28个社会组织服务项目，涵盖了社会基本公共服务、社会公益、社会管理等多个方向。

12月13日 顺义区召开学习贯彻十八大精神，推进“枢纽型”社会组织建设工作座谈会，北京社会科学院马仲良教授，区委组织部副部长田庆江，15家“枢纽型”社会组织、6个街道社区社会组织联合会的相关负责同志参加了会议。

2013年

1月29日 顺义区召开社会组织服务项目申报工作部署暨专题培训会。会议部署了2013年北京市政府购买社会组织服务项目的申报工作，围绕市区重点工作、特殊群体、社会热点问题及技能培训等四个方面，结合典型案例和顺义实际，从项目选题、框架设计、项目论证、注意事项等4方面进行专题培训。“枢纽型”社会组织及百余家社会组织负责人参加了会议。

1至2月 社会工委开展了“十八大”系列学习活动。一是认真组织学习文件精神，组织机关工作人员认真学习《十八大报告》《十八大报告辅导读本》，通过自学、集体讨论、文件解读等方式，加强理解与认识。二是与马克思主义经典著作相结合，加强对马克思主义经典著作的学习与导读，引发深入分析与思考。三是邀请十八大代表燕京啤酒集团公司员工王莉娜为机关工作人员做报告解读，从不同的视角加强对党的十八大精神的理解与感悟。四是推进工作创新，各科室先后提出社会服务管理创新指标14条，为顺利推进2013年社会建设各项重点任务奠定了坚实基础。

3月7日 在纪念向雷锋同志学习50周年之际，顺义区1.9万名社区志愿者广泛开展“扬雷锋精神　展义工风采　建和谐顺义”六大主题服务活动。活动包括“绿色行动”扫出美丽擦亮家园、“霞光行动”关爱银龄老人、“春雨行动”社区便民服务、“蓝盾行动”防灾减灾进社区、“春蕾行动”青少年社区实践等六大项目，旨在发挥社区义工在增强居民互助意识、打造文明宜居社区、促进社区和谐共融中的作用，使其为传播志愿理念、构建和谐顺义做出积极贡献。

3月18日　顺义区社区消费维权联盟成立。该联盟由工商分局和社会工委共同发起，下设协调委员会，成员为工商分局、社会工委和顺义城区4个街道办事处，协调委员会办公室设在工商分局。联盟各成员单位将以“聚集社会力量、畅通投诉渠道、服务社区百姓、促进消费和谐”为共同宗旨，积极引导百姓科学消费、理性维权，全面提高消费维权意识和知识水平，督促企业提升商品品质和服务质量，主动承担维护消费者合法权益的社会责任，不断推进消费维权工作的社会化进程，努力营造健康和谐的消费环境。

4月2日　顺义区7个老旧小区综合整治工作开展，整治小区包括东兴一、二、三区，幸福东区，义宾南、北区，胜利小区，等7个社区。整治内容包括住宅楼外墙保温、热计量改造及小区环境整治，涉及156栋住宅楼8733户，建筑面积63万平方米；外窗改造涉及胜利小区24栋住宅楼1564户，改造面积1.71万平方米。

4月12日　顺义区委组织部、区委社会工委、区老干部局联合召开非公企业党建专项工作部署会。会议传达了中央、市委、区委对非公企业党建工作的一系列要求，分析了全区非公企业党建工作面临的新形势、新任务，总结了非公企业党建工作的总体情况，指出当前存在的问题，并就下一步顺义区非公企业党建工作提出了具体要求。

5月6日～10日　顺义区举办第一期“万人社区工作者”培训班，主要针对社会领域党建、社区建设、社会组织建设、社工队伍发展等方面进行系统的讲解，并针对顺义区社区工作者的实际情况，开设了顺义区新时期的功能定位、发展阶段性特征和发展思路等课程。

5月8日　北京市政府购买社会组织服务项目绩效考评组检查顺义区政

府购买社会组织服务项目实施情况。听取了顺义区关于项目实施情况的汇报，并到区饮食服务行业协会和大方职业技能培训学校检查了食品安全教育训练推广及“班随人走，上门送技能”等项目。

5月11日 顺义区举办“北京公益行”——2013顺义区社会组织公益系列活动启动仪式。启动仪式播放了2012年顺义区“爱心互传递 公益大家行”社会组织公益系列活动专题片，为获得2012年“北京社会组织公益行”优秀公益活动及“组织奖”的单位颁奖，现场展示了2012年顺义区社会组织公益系列活动成果。区委社会工委等相关部门负责同志和相关社会组织近200人参加仪式。

5月13日 为期6天的社会工作师考前培训班正式开班。此次培训由顺义区委社会工委主办，聘请来自北京民政干部管理学院多年从事社会工作专业教学的专家教授授课。全区报考社会工作师职业水平考试113人参加培训。

5月14日 顺义区委社会工委组织召开社会领域党建数据库信息录入工作培训会。全区各镇、街以及14个经济功能区和社区党组织工作人员分两批进行培训。

5月15日 顺义区成立全市首家律师行业人民调解委员会。该社会组织专门负责本区范围内村居、街乡调解组织调解不了的法律关系复杂的重大民间矛盾纠纷，并首次将专业律师资源与人民调解工作结合，整合全区14家律师事务所130名律师，轮流值班，免费向社会提供法律咨询、纠纷调解、文书起草、法律援助等服务。

5月22日～23日 顺义区委社会工委召开非公企业党建工作汇报会。全区各镇、街社会工作党委以及14个经济功能区党委汇报了贯彻落实非公党建专项部署会精神情况。

6月 区社会办采取招投标方式投入268万元全面推进统一社区服务标识工作，从门楣楼体、背景墙、职责制度、导引牌、宣传栏、工作牌6方面进行了全面规范，工程历时2个月全面完工，有效地提升了全区社区服务站的规范化建设水平。

7月13日 顺义区举办第五届社会组织人才专场招聘会。此次招聘会共有44家社会组织参加，提供办公室文员、教师、医生、研发、维修等240余个岗位，涉及行政、管理、服务等多个领域。专场招聘会效果显著，连续5年累计提供工作岗位1840余个，为促进就业做出了积极贡献。

8月 区财政投入66万元制作“一图一册”（“一刻钟社区服务圈”平面示意图和“一刻钟社区服务圈”便民服务手册），方便社区居民生活，共制作平面示意图71套，便民服务手册42000册。

8月1日 为便于“枢纽型”社会组织开展工作，顺义区统一协调，为“枢纽型”社会组织和街道社区社会组织联合会开通专用政务邮箱，并就政务邮箱的使用进行培训，并对邮箱使用提出具体要求。

8月2日 顺义区首家村级居家服务中心正式投入使用。该中心位于张镇驻马庄村，中心占地2000余平方米，以服务老人为主，专门为老人设定集中式照料、入户式照料、老年餐桌3种服务，采取半公益性服务方式，为周边老人提供价格实惠、老有所依、老有所养、老有所乐的场所。

8月29日 截至8月29日，全区39个镇、街、功能区党群活动服务中心全部成立。党群活动服务中心实行一站式服务和规范化管理，公开服务项目，逐步健全承诺服务、接待登记等工作制度，探索建立区域党建活动轮值制，将年度党建活动分解到各企业党组织轮流承办。

9月2日 顺义区6个街道与绿港社工事务所签订“一街一社工”派驻工作三方协议，项目预计在2014年12月底前完成。

9月4日 顺义区政府购买社会组织服务项目实施工作部署会召开。会议就2013年度使用区社会建设专项资金购买社会组织公共服务进行部署，全区投入配套资金120万，购买12个社会组织服务项目。

9月12日 顺义区社区社会组织负责人培训会召开。6个街道的社区社会组织联合会负责人和所辖社区社会组织负责人200余人参加培训。

9月25日 为推动智慧社区建设，不断提升城市社区的服务管理水平，顺义区印发实施了《北京市顺义区人民政府办公室关于印发顺义区推进智慧社区建设实施方案的通知》（顺政办发〔2013〕25号）文件，对工作目标、工作原则和职责分工等做了详细的规定，为智慧社区建设工作的进一步开展提供了指导和参考。

9月26日 为规范社区社会组织专项资金的使用，更好的发挥专项资金作用，顺义区召开社区社会组织专项资金拨付会。会议下发了《顺义区社区社会组织专项支持资金使用暂行规定》，确定了资金的支持标准为每年按照每个社区支持10个社区社会组织，每个社区社会组织支持1万元的标准进行资金拨付，共660万元，并从资金支持方向、资金使用规定两方面进行了具体要求。6个街道社区社会组织联合会主管领导参加会议。

10月18日 顺义区社会服务管理创新指标体系试点工作部署会召开。会上，首先观看了《顺义区社会服务管理创新指标信息系统说明》专题片。区委社会工委书记、区社会办主任张友生做试点工作部署，明确体系试点工作将分三批展开。区委常委、副区长于庆丰出席会议并就做好试点工作提出具体要求。

10月21日 为期一周的社区工作者培训班正式开班。此次培训是社会工委按照万人社工培训计划组织的第二期培训班。培训对象为全区六个街道的322名一线社区工作者。

10月29日至10月31日 为稳步推进全区社会服务管理创新指标体系实施第一批试点工作，提高试点工作质量，区社会建设工作领导小组办公室分三批对社会办、民政局、广电中心、北小营镇、牛栏山镇、北小营镇北小营村、牛栏山镇张庄村、城区6个街道及所属71个居委会的主管领导、具体负责人和工作人员共计252人进行了试点工作培训。

11月1日 全区非公有制企业党建指导员培训班举办。培训采取政策讲解和经验交流相结合的方式进行。培训传达了中央、市委、区委关于加强非公企业党建工作的系列精神，介绍了顺义区非公企业党建工作的基本情况、存在的问题和下一阶段工作；现代汽车党委和牛栏山镇党委分别介绍了非公企业党建工作经验，来自全区各镇、街道、功能区和离退休党支部90名非公企业党建指导员参加培训。

12月13日 全区社会领域基层党组织负责人培训班举办。培训采取政

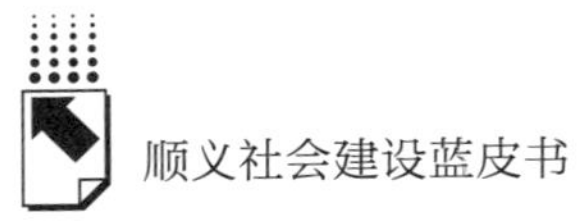

策讲解的方式进行。培训详细解读了党的十八届三中全会精神以及顺义区经济社会发展的“三个阶段性特征、四个转型升级”。来自全区各镇、街道、功能区的150名社区、非公企业、社会组织党组织书记参加了培训。

2014年

2月8日 顺义区被民政部确认为“全国社会组织建设创新示范区”。

2月19日 区社会办召开2014年社区建设工作部署会议，区社会办及6个街道的主要领导、主管领导共20人参会。会议对社区建设5项重点工作进行了部署。一是完成19个市级社区示范点创建工作，确保市级验收达标率达到80%以上；二是按季度、分批次完成39套社区办公和服务用房购置工作；三是完成26个社区办公和服务用房装修改造工作；四是深入开展“社规民约”专题调研，不断提升社区民主自治水平；五是完成150学时的社区工作者岗位培训及职业资格考前培训工作，加快推进顺义区社区工作者队伍专业化、职业化水平。

2月21日 区委社会工委组织全体机关干部召开党的群众路线教育实践活动动员部署会议暨第一次集中学习。会上学习讨论了区委教育实践活动实施方案和《人民日报》相关文章，使大家对党的群众路线理论基础和历史由来有了全面认识，明确了活动方法步骤和相关要求。

2月24日 第3期社区工作者培训班开班，200名社区工作者参加开班仪式。本次培训共设置40学时，聘请多位国内知名专家、学者授课，内容涵盖社区、社会组织、志愿服务、公共服务及社会领域党建等当前社区建设的重要工作。

2月25日 顺义区社会服务管理创新指标体系第一批试点工作例会召开，会议由区社会办组织，各试点单位主管领导、科长等参加。会议通报了指标体系第一批试点指标征集阶段总体情况，中国人民大学教授方振邦就指标规范化进行说明讲解，国研信息科技有限公司项目经理就指标提交审批及指标拓展考评工作进行演示说明，区社会办主管领导对试点村、居委会指标台账研提工作进行了部署。

2月25日 购买社会组织服务项目申报工作部署暨培训会召开，21家“枢纽型”社会组织及3家镇级社会组织联合会负责人参会。会议部署了年度市政府购买社会组织服务项目申报工作，就申报流程、项目选题、项目论证、注意事项等进行培训指导，并责成各“枢纽型”社会组织和镇级社会组织联合会组织本领域本辖区内的社会组织进行申报培训，参与政府购买服务项目申报工作。

3月 区义工联合会号召各义工分会开展“爱心相伴 携手成长”“真情敬老 春风暖心”“扶残助残 有你有我”“温馨社区 共筑家园”系列主题服务活动。25个分会168个工作站设立社区义诊、法律咨询、义务理发、妇女维权咨询服务、流动人口安全知识宣传、手工编织讲授、修车服务、巡逻服务等近20个义工服务岗，并为困难群体提供上门服务。活动参与义工8000人，受益群众达5万人。

4月9日 区16家律师事务所的125名律师与25个镇、街道的517个村（居）委会签订《顺义区“村居法律顾问”结对协议书》，按照双方协商，每月确定一天为“法律顾问服务”活动开展日，律师到村（居）委会所在地提供法律服务。至此，全区健全了政府主导、律师参与、村居实施、常态持续的法律服务活动长效机制。

4月21日至24日 党的群众路线教育实践活动非公有制经济组织、社会组织党组织书记专题培训班开班。全区非公经济组织、社会组织党组织书记参加培训。培训学习了《北京市委关于进一步加强和改进非公有制企业党的建设工作的意见》等有关文件，并就如何开展好教育实践活动、如何做好非公有制经济组织和社会组织党建工作等进行了分组讨论。

4月21日 区社会办与北京社会工作协会合作的2014年（助理）社会工作师培训班开班，共开设3个班次培训，对全区550名报考（助理）社会工作师职业水平考试人员进行培训。

4月28日 经区民政局批准，区婚姻家庭建设协会正式成立。该协会面向全区60万居民，由专业婚姻家庭辅导师、律师、心理咨询师及社工师为居民提供婚姻关系辅导、心理疏导等服务，并在相关部门指导下，制定行业服务标准，规范服务流程。这是全市成立的首家区县级婚姻家庭建设协会。

5 月至 7 月 区民政局与驻顺部队配合，面向驻顺部队随军家属招考社区工作者。通过笔试、面试、体检等环节，15 名军嫂脱颖而出，纳入全区社区工作者范畴，并于 9 月走上社区居委会工作岗位。

5 月 21 日 区委党的群众路线教育实践活动领导小组审议通过《顺义区关于推进非公有制经济组织和社会组织党组织开展党的群众路线教育实践活动的指导意见》。《意见》包括总体要求、解决问题、重点工作和工作要求四部分，旨在强化组织领导、推进组织覆盖、统筹兼顾活动与经营的关系等方面，切实发挥“两新组织”中党组织的作用。

5 月 27 日 全区首支专业心理咨询志愿服务队——“放飞心羽 心灵港湾”由团区委组织成立，弥补了全区专业心理疏导志愿服务领域空缺。队内志愿者全部具备二级、三级心理咨询师资质，将进入社区、校园、企业等开展心理卫生知识宣传、心理疏导知识讲座等活动，指导群众了解心理健康知识，促进社会公众心理健康发展。

7 月 10 日 区社会事业改革专项小组第一次会议召开，区委常委、副区长于庆丰出席会议，区社会办、区卫计委、区教委、区住建委主要领导等参加会议。会议决定，区社会事业改革专项小组办公室设在区社会办。

7 月 22 日 顺义区社区社会组织工作座谈会召开，各社区社会组织联合会负责人、6 个街道办及社会办相关领导参加。6 个社区社会组织联合会分别介绍了联合会和社区社会组织工作开展情况，围绕联合会和社区社会组织作用发挥、专项资金使用等问题进行了重点交流讨论。

9 月 12 日 全市首家见义勇为人员权益保护协会成立，该协会在区民政局正式注册。协会为全区见义勇为工作保驾护航，缓解见义勇为人员后顾之忧，帮助他们解决具体生活困难，保障见义勇为人员的正当权益。这是全市首家见义勇为人员权益保护协会。

9 月 28 日 由区民政局、区人才服务中心等单位联合举办第六届社会组织人才专场招聘会召开，20 余家社会组织参加，提供办公室文员、教师、医生等 100 余个岗位，涉及行政、管理、服务等多个领域，吸引了 1500 人应聘，初步签订招聘意向书 300 余份。

11 月 2 日 区发改委制定的《顺义区“十三五”规划研究编制工作方案》出台，《方案》确定了 33 项规划前期研究课题，其中涉及社会发展、城市治理的前期研究课题 14 个，包括基本公共服务提升对策研究、社会治理能力现代化对策研究两个重点研究课题；确定 35 项专项规划，其中涉及城市建设、社会建设、城乡区域规划 24 项，占比达 68.6%。

12 月 8 日 第 4 期“万名社区工作者培训班”培训班开班，历时 1 周，培训对象为全区 12 个镇、6 个街道的 200 名一线社区工作者。培训内容涵盖社区、社会组织、志愿服务、公共服务及社会领域党建等当前社区建设重要工作。至此，全区所有在岗社区工作者全部轮训一遍。

2015年

1 月 14 日 顺义区召开了 2015 年度政府购买服务项目专题培训会。会议本着“熟悉政策、拓宽思路、提升能力”目的，邀请了北京师范大学教授围绕政府购买服务的趋势与现状、项目涉及的逻辑框架等方面，针对如何撰写项目申报书进行深入细致地指导。21 家“枢纽型”社会组织负责人、100 余家社会组织负责人参加培训。

2 月 顺义区广泛动员社会组织积极参与市级政府购买社会组织服务工作。专门聘请专家围绕项目策划、包装、设计进行了具体指导，并安排专人对申报过程中的疑难问题进行细致答复。各社会组织积极申报，项目内容涉及社会公共服务、公益服务、社会治理服务及社会建设决策咨询等四大领域。

3 月 18 日 北京市顺义区社区治理创新专题研讨会在顺义区委党校召开。研讨会邀请了中国社科院、北京社科院、北京市委党校的专家学者与顺义区各街道社区工作者共 40 余人，围绕社区治理的理念创新、实践创新、社区共治与居民自治的新路径以及国际社区治理经验等议题进行了深入的研讨与交流。

3月 顺义区进一步推进“枢纽型”社会组织工作体系建设，在全区19个乡镇成立镇级社会组织联合会。通过整合和激发各镇区域内的社会组织资源，拓展农村社会组织的服务范围，提升其服务综合能力，来推动实现农村社会组织健康有序发展，全区区、街道、乡镇三级工作体系初步形成。

3月 顺义区加快推进社区社会组织孵化中心建设工作，选定光明街道为孵化中心建设试点，投入市级社会建设资金30万元，用于加强光明街道社区社会组织孵化基地建设，完善基地六大平台功能。

4月14日 区社会建设工作领导小组办公室召开2015年度社会服务管理创新指标体系工作部署会。区社会办、民政局、广电中心、光明街道、胜利街道、石园街道、空港街道、旺泉街道、双丰街道、北小营镇、牛栏山镇主管领导及工作人员参会。会上，区社会办对指标体系第一批试点工作情况进行了总结，对2015年指标征集工作进行了部署。各试点单位就本单位试点工作进行了发言并对区社会服务管理创新指标体系建设提出了意见和建议。

4月15日上午 副区长盛德利带领市政市容委、社会办、综治办、环卫中心、城管执法监察局、马坡镇、南彩镇及6个街道行政正职到丰台区调研学习，一行人先后来到丰台区城市管理监督指挥中心及丰益花园、东滨河路两个社区实地了解了网格化服务管理系统的建设和使用情况，听取了丰台区委社会工委、城市管理监督指挥中心、右安门街道和社区等不同层面的情况介绍，并进行了讨论交流。

4月 顺义区举办了市、区2014年度社会组织优秀公益活动评选和公益服务品牌创建活动，共有26个公益活动参加评选。其中：区级优秀公益活动10个；市级优秀公益品牌4个。三农研究会的“助力三农”获银奖，烹饪协会的“便民餐饮居家行”、区妇联的“巾帼亲情服务”、志愿者联合会的“青春暖心行动”均获铜奖。

5月12日下午 朝阳区社会办及其街道社区工作人员一行三十余人来

到顺义区参观学习居民公约制定执行工作。参观团一行先后来到光明街道裕龙六和胜利街道建北二两个社区实地了解居民公约修订和执行情况，听取了两个社区就居民公约的制定方法、制定流程、公约内容和公约执行等方面的经验做法，并进行了讨论交流。

5月5日至22日 区民政局、区委组织部、区社会办、区委党校联合举办了“2015年社区工作者培训班”，全区400余名社区工作者参加。培训从社区党建工作经验、基层民主协商与社区自治工作、京津冀一体化发展形势下开展社区治理工作等方面，深入分析了社区工作中存在的问题，对如何做好社区工作进行了系统阐述，有效促进了广大社区干部了解社区工作形势，掌握社区工作方法和技巧，提高工作能力。

7月24日下午 区委社会工委和空港街道联手在空港街道中粮祥云社区举办了社会服务管理政策宣讲会，区委宣传部副调研员张自富、两家单位的主管领导和机关干部、空港街道所辖社区两委班子共计一百二十余人参加。

7月30日上午 顺义区“三社联动”社区服务全覆盖活动启动仪式在龙湾屯镇焦庄户村举行。此次活动推出三个服务项目，分别是华龄颐养精神关怀服务中心的“为老服务全覆盖体系项目”、绿港社工事务所的“搭建三社联动服务平台”项目、80后义工社的“我爱我家，幸福石园”一老一小服务项目，包括社工培训、为老服务等内容，涉及全区6个街道和4个镇，近万人可享受到服务成果。

8月 顺义区组织开展年度购买专业社工岗位、专业社工社区服务督导试点部署工作。通过征集街道需求、提供“点菜菜单”、采取“项目化运作”、签订“三方协议”等方式，有序推动专业社会工作创新项目稳步开展。

9月23日 区教委召开教育系统社会服务管理创新指标体系试点工作启动会，来自顺义区委社会工委、顺义区教委、顺义区试点学校、国研信息科技公司等12位相关工作人员参加会议。

9月29日上午 以“拥抱自然，幸福我心”为主题的顺义区首届心理嘉年华大型公益心理活动在北京国际鲜花港举行。

10月1日 顺义区启动了“关爱独居、温暖老人”96156独居老人日问候项目。项目通过政府购买服务的方式，借助96156社区服务平台，为城区511位60周岁及以上独居老年人免费提供“打扫卫生、洗衣做饭和精神慰藉”三项为老服务。

10月19日 顺义区养老行业协会正式成立，继2月北京市养老行业协会正式成立后，首个成立的区县级养老行业协会。

10月23日 顺义区空港街道联合上海市陆家嘴街道举办“智慧社区建设”宣讲会。陆家嘴街道办事处有关负责同志介绍了智慧社区建设的典型经验，从智慧社区的认知、建设内容、公共管理平台以及典型案例等方面做了精彩讲解。

10月1日至10月31日 顺义区在全区开展“敬老月”活动。活动主题为“培育敬老家风，建设和谐家庭”，各单位、各街道和社区开展形式多样的为老服务活动，打造系列老年活动品牌，让老年人度过一个愉快祥和的重阳佳节。

10月 顺义区加强对社区社会组织孵化基地规范化建设，制定并出台了《顺义区社区社会组织孵化中心建设指导意见》，从功能定位、主要功能、提供服务的形式、孵化对象、运行机制等方面对孵化中心的建设进行了具体规定，并投入专项经费730万元，用于支持6个街道社区社会组织联合会建设服务（孵化）中心。

11月3日 为期三天的新入职社区工作者培训班正式开班。全区6个街道、12个镇的社区工作者共240余人参加培训。此次培训旨在提升新入职社区工作者的实务能力、专业素养和理论水平，使他们尽快适应社区工作岗位要求，提高履职尽责能力。培训内容涵盖了社区、社会组织、志愿服务、公共服务以及社会领域党建等当前社区建设的重要工作领域。

11月11日 顺义区2015年社区工作者心理服务技能培训班正式开班。培训班为期6天，共104课时，为全区6个街道58名社区骨干进行了心理服务技能的系统培训，提高了社区工作者对社会心理工作重要性的认识，熟知或掌握主要的应用技能，学会运用心理学基本知识开展社区工作的方法。

11 月 16 日 市网格化工作联席会议办公室成员单位市流管办、首都综治办、市经信委、市质监局、市民政局等组成联合检查组对全区贯彻落实《关于加强北京市城市服务管理网格化体系建设的意见》等“1+3”系列文件精神情况进行全面检查，听取了情况汇报、参观了区网格化指挥中心、南法信镇政府和高丽营镇政府网格化现场。

11 月 17 日 顺义区在职党员回社区活动现场推进会在旺泉街道召开，会议首先观看了题为“红色手拉手社区添动力”的宣传片，随后教育工委和旺泉街道工委分别从各自角度介绍了试点集体报到形式开展在职党员回社区活动的情况，区委组织部副部长张国宇对机关企事业单位以集体报到形式推进在职党员回社区活动进行部署，市委组织部组织处李萌介绍了全市此项工作推进情况。

11 月 18 日 顺义区旺泉街道西辛第一社区党总支利用共建单位顺义区邮局无偿提供的一个废旧报刊亭建立的社区党员志愿服务驿站正式启用。作为党员志愿服务基地，服务驿站共计招募了 20 名志愿者，实行 2 人一组，工作日期间每天坚持 4 个小时执勤，开展信息咨询、应急服务、义务指路、义务打车气、免费借阅报纸杂志五大类活动。

12 月 16 日 顺义区石园街道举行“工作在单位，活动在社区，风险双岗位”在职党员回社区报到集体签约仪式，签约仪式上，各企事业单位代表和社区党组织书记一一签订承诺书。此次签约，在拓宽党建工作内涵的同时，也延伸了社区联系服务群众的触角，形成了区域联动、共建共享的社区党建新格局。通过前期的动员、摸底、沟通等工作，社区党组织共与 37 家企事业单位达成对接意向，接收在职党员 3015 人。

12 月 25 日 区社会办副主任郑建阳在光明街道裕龙四社区开展“回首十二五　展望十三五”社会建设专题宣讲，从“社区的群儿”“管事的人儿”“活动的地儿”“顺心的事儿”“居民的队儿”五个方面深入浅出、生动形象地介绍了街道社区相关的社会建设领域的发展成果，并提出了“十三五”时期的努力方向和工作建议。来自光明街道、社区的干部和群众共一百余人参加了此次宣讲。

2016年

1月12日 顺义区首个“社区党员e智能服务管理系统”在旺泉街道望泉家园社区正式上线。该系统利用网络软件、云端服务器、固定输入终端、手持PDA等，对社区党员等群体和服务项目进行智能化管理，实现党员身份亮化、社区活动量化管理、日常信息无纸化发布。

1月14日 顺义区召开以村规民约为抓手创新农村社会协同共治模式改革工作推进会，全面部署村规民约改革试点工作。区领导王刚、车克欣、肖承继、霍光峰、张晓峰、盛德利出席。区村规民约改革工作的各牵头单位、各镇、试点推进村党组织负责同志参加。

1月14日 顺义区召开“枢纽型”社会组织工作会，总结部署了“枢纽型”社会组织工作，并投入220万元购买“枢纽型”社会组织“管理服务”项目及服务岗位，解决部分“枢纽型”社会组织缺乏专职工作人员的问题，进一步探索规范“枢纽型”社会组织运行和发挥作用的途径，进一步加强对所属社会组织的服务和管理。

1月中旬 顺义区牛栏山镇“智慧社区”App正式上线运行，这是顺义区首个投用的镇级“智慧社区”App，集生活资讯、便民服务、社区互动等功能于一体。

3月5日 顺义区街道管理体制改革推进会议召开，总结了全区街道管理体制改革试点经验，部署了下一阶段改革工作任务。区领导王刚、高朋、车克欣、于庆丰、肖承继、张晓峰、盛德利出席。区委书记王刚就推进街道管理体制改革工作强调，全区各部门、各单位、各镇、街道要加强顶层设计，注重解决城市化进程当中“撤村建居”工作，坚持以人为本，着力提升群众的幸福感和获得感，全面提升城市管理和服务水平；要进一步强化统筹协调，明确责任分工，加强组织领导、舆论引导和工作保障，确保改革工作扎实推进、取得实效。

3月初 在“爱满京城”——2016年首都学雷锋志愿服务推动日活动

中，首都文明委发布了第二批首都学雷锋志愿服务示范站（岗）的命名决定。其中，顺义区多家义工组织荣获了志愿服务站（岗）、示范站（岗）荣誉称号。石园街道义工分会等5家义工工作站被评为首都学雷锋志愿服务示范站，空港街道万科社区银发关爱志愿服务岗等5个志愿服务岗被评为首都学雷锋志愿服务示范岗，胜利街道建南二社区老兵志愿服务站等46家义工工作站被评为首都学雷锋志愿服务站，光明街道裕龙三区“老有所乐”书画志愿服务岗等47个志愿服务岗被评为首都学雷锋志愿服务岗。

4月8日 顺义区2016年“春风送暖”社会捐助活动正式启动。区委副书记、区长高朋，区人大常委会主任胡尚云，区政协主席周颖博等区委、人大、政府、政协四套班子成员以及天竺综保区管委会、区检察院、法院和总工会的干部职工踊跃捐款、奉献爱心，累计捐款81200元。本次活动所捐款项主要用于援助对口支援的内蒙古、江西、新疆、西藏、四川、青海等贫困地区、京津冀协同发展和本区救灾、救济、助老、助残、助学、助医等公益项目。

4月中旬 顺义区首家儿童福利院项目开工建设。项目位于顺义新城马坡地区，占地9500平方米，总建筑面积9568平方米，其中地上建筑面积7668平方米，地下建筑面积1900平方米，设计床位272张。项目建成后将成为北京郊区县中规模最大且服务保障能力最强的儿童福利机构，将为顺义区孤残儿童提供设施齐备功能完善，集抚养、医疗、康复、教育、培训为一体的生活学习场所。

4月26日 市委社会工委、市社会办副巡视员张青之一行到顺义空港街道天竺新新家园社区，就社区标准化心理服务站试点工作进行实地调研。调研会上，顺义区拟定天竺新新家园社区作为区内首家社区标准化心理服务站试点单位，进行有针对性的培养和建设，及时总结成功经验，并进行复制和推广。

5月15日 顺义区天竺镇互联网移动办公平台上线。该平台根据“智慧天竺”发展规划，以物联网、移动互联网、云计算为核心技术打造，可通过手机App和电脑进行访问。平台初步利用大数据手段汇总分析各类数据，按场景分类呈现，为政务决策提供数据依据，并实行全过程痕迹管理，使工作详情、处理结果、批示意见可通过手机终端随时查询，办事更规范。

5 月 19 日 区人大常委会组织部分人大代表察看了宏城花园小区和牡丹苑小区物业管理情况，听取了相关部门关于全区住宅小区物业管理情况的汇报。区人大常委会副主任赵贵恒参加。视察中，代表们对全区社区物业管理工作表示肯定，认为去年出台的《顺义区社区物业管理办法》进一步规范了物业服务企业经营行为，并就缴费率低、物业企业服务不到位等问题提出了有针对性的意见和建议。

5 月 23 日 顺义区“展望‘十三五’开启新征程”系列宣讲活动在空港街道分会场拉开序幕。此次顺义区共组织 10 场“十三五”规划干部宣讲会，社会工委、教委、卫计委、环保局等部门副职领导结合本系统、本行业“十三五”发展等内容深入相关镇和街道开展宣传。

6 月 顺义区委社会工委利用市级专项资金，采取统一标准、统一建设的模式，为全区 27 个试点社区（村）开设微信公众号，于 2016 年 6 月全部上线运行。微信公众号开通了“一刻钟服务圈”“便民电话”“办事指南”等在线服务栏目，使便民服务更加高效。

6 月 3 日 顺义区社会办与北京城市学院合作协议签约仪式在北京城市学院顺义校区举行。副区长盛德利、区长助理蔡派、北京城市学院院长刘林出席，区政府办、区民政局、各街道办事处、杨镇地区办事处主要领导及城市学院的相关领导参加。根据协议，北京城市学院将充分发挥自身学术优势，为顺义区提供社区工作者素质培养、公共服务项目规划设计等服务；区社会办将统筹街道社区为城市学院师生搭建社会锻炼和社会服务实践平台。

6 月 7 日 由区社会办主办的顺义区街镇系统“绿港清风　克己奉公”主题演讲比赛在旺泉街道党群活动中心举行。全区 25 个街镇通过组织推荐、预赛选拔等方式推选出 22 位选手参加此次比赛。整场比赛选手们从身边事例、重大案件入手，旁征博引，深入剖析，诠释了在党风廉政建设及反腐败工作中的所思、所想、所悟。

6 月中旬 顺义区老旧小区治理一期工程进入公开招投标阶段。工程拟对光明、胜利、石园、旺泉、双丰、空港6个街道的14个社区、401栋居民楼，实施道路维修、社区内弱电和安防系统升级、环境改造等。预计工程7月下旬动工，年内完成，将惠及百姓6.1万人。

6月15日 《顺义区“十三五”时期社会治理规划》经顺义区政府批准，正式发布实施。

6月23日 顺义区党建电教示范站在博纳顺景影院揭牌成立。来自机关、社区、非公企业和社会组织的150余名党员代表参加了授牌启动仪式，并观看了影片《南口1937》。

6月下旬 顺义区养老助餐服务工作启动配餐试运营。首先在南彩镇彩俸小区和旺泉街道宏城花园社区开展，覆盖彩俸小区、河北村、宏城花园、牡丹苑和石门苑小区5个社区，满足2000余名60岁及以上老年人的用餐需求。服务采取“中央厨房＋社区助餐点＋义工送餐”的运营模式，按照成熟一个、启动一个的原则，三年内实现满足1万名老年人配送餐需求的目标，其中确保困难失能、低保、优抚、重残、高龄老年人覆盖率达85%。

7月10日 顺义区石园街道办事处志愿服务“爱心积分银行”公众微信平台系统正式上线。该系统分为志愿者管理、服务项目管理、服务商家、物品管理、积分兑换、风采展示六大模块，先期在石园东区、西区进行试运营。志愿者通过关注“幸福石园爱心共筑”微信号，注册扫码认领岗位，开展志愿服务，进行相应的积分储蓄，积分可兑换由“爱心商家”提供的服务与礼品。

8月 顺义老旧小区治理一期工程通过调查问卷等形式充分了解社区居民需求，签订意见书后正式实施，8月陆续开工。工程对6个街道的8个老旧小区（14个社区）进行综合治理，内容包括建筑室内、外设施改造工程，建筑防水工程，社区内给排水工程，社区内安防系统改造工程，社区内环境改造，消防设施改造，建筑物内供电系统改造以及隔音工程。

8月9日 区民政局举办了为期4天半的社区义工服务管理培训活动，全区6个街道、19个镇的义工分会会长及义工工作站站长约410人参加培训。

8 月 25 日 顺义区旺泉街道召开老旧小区改造一期工程开工启动会，这标志着将惠及铁十六局社区、西辛一社区、西辛社区、西辛北社区四个社区 6640 余户居民的民心工程正式开工。一期工程将对以上四个社区所涵盖的 129 栋楼进行整体改造，施工面积近 10 万平方米，主要包括室内外装饰改造、防水改造、给排水改造、安防系统改造、环境及采暖系统改造等内容。

10 月 10 日 顺义区召开“以村（居）规民约为抓手创新基层社会协同共治”工作培训推进会，就深入推进村（居）规民约工作进行培训和部署。区委副书记车克欣，区委常委、组织部部长禹学垠出席。浙江省绍兴市委政法委副主任戴大新应邀为各镇街党（工）委书记、副书记，部分村（社区）党组织负责人等参会人员介绍了绍兴市运用村规民约推进基层社会治理的做法和经验。

11 月 4 日 顺义区以区委组织部、社会工委、社会办、民政局、财政局、人力社保局 6 部门联合行文形式，出台《顺义区关于调整社区工作者待遇保障实施方案》，建立了待遇水平按照上一年度全市职工平均工资 90% 的标准进行动态调整的机制，并以市级标准为基础，将助理社会工作师、社会工作师、高级社会工作师的工资标准分别提高 30%、50% 和 100%，探索设置社区工作者专项事业编制和探索研究优秀社区工作者进入行政编制，拓宽发展渠道。

11 月 24 日 顺义区石园街道社区社会组织服务（孵化）中心正式挂牌运行，中心作为区域社区社会组织专业服务和日常管理的综合服务基地，具备组织创意、孵化、能力建设、培训交流、展览展示、信息发布、政策咨询、资源对接、考核评估、典型推广等系列配套功能，为社区社会组织长期发展提供强有力的专业技术支撑。以石园街道社区社会组织服务（孵化）中心正式挂牌运行为起点，相继还有五个街道的社区社会组织服务（孵化）中心将陆续挂牌运行，使全区社区社会组织建设发展达到一个新的水平。

11 月 25 日 顺义区首家社区标准化心理服务站——心语轩心理服务站在空港街道天竺新新家园社区居委会挂牌成立。张青之、袁冬梅等多位国家级心理咨询师将不定期到该社区为居民提供心理健康服务。服务站面向辖区居民，为在学习、生活、工作等方面有心理困扰的来访者提供鉴别、咨询、疏导等服务，咨询不收取任何费用，是社区开展的公益性服务。

11 月 30 日 顺义区委办公室、顺义区政府办公室联合印发《顺义区加强城市服务管理网格化体系建设实施方案》，明确了全区网格化体系建设的总体要求、重点任务、进度安排、推进方式和保障措施，确定了符合区域特点的网格化体系建设“135N”重点任务。

12 月 27 日 顺义区双丰街道工委召开加强区域化党建在职党员回社区支部对接成果展示暨顺义新城地区区域化党建“新城芯”项目启动现场会。区委常委、组织部部长禹学垠同志出席，区委社会工委、区民政局、新城管委会负责同志，双丰街道各社区支部对接的 23 家单位、4 家区域化党建协作单位相关负责同志，双丰街道全体班子成员、15 个社区支部书记参加活动。

2017年

1 月 11 日 顺义区隆重召开全区 2017 年“枢纽型”社会组织工作会，全面总结了 2016 年“枢纽型”社会组织工作情况，对 2017 年“枢纽型”社会组织工作进行了部署，下发《顺义区“枢纽型”社会组织业务工作规范》，进一步明确了“枢纽型”社会组织工作标准。区委社会工委书记、区社会办主任王学武通报了第三届市、区社会组织公益服务品牌评比情况，副区长郑晓博为获得市级金奖、铜奖的单位代表颁发了奖牌，并从“怎么看、怎么想、怎么做”三方面为“枢纽型”社会组织有效发挥服务管理作用指明了方向。全区 20 家“枢纽型”社会组织主管领导及负责人、19 个镇社会组织联合会主管领导及 13 家获奖单位代表共 70 余人参加会议。

1 月 9 日至 12 日 顺义区委社会工委组织 45 家非公有制经济组织和社会组织党建联席会议成员单位、5 个商务楼宇、11 家社会工作事务所召开了非公企业和社会组织党建工作座谈会。会上，进一步核对了党建工作台账，了解尚未建立党组织的非公企业和社会组织的“五个清”情况，并就工作中的成功经验、存在问题以及意见建议进行了交流。

3 月 7 日下午　顺义区委社会工委组织召开 2017 年党风廉政建设工作会。会议总结了 2016 年机关党风廉政建设和反腐败工作，安排部署了下一步工作任务，传达了中央、市、区纪委全会精神，并在会上由“一把手”与班子成员、班子成员与科室负责人签订了《区委社会工委 2017 年党风廉政建设责任书》，将党风廉政建设责任压实到每个科室、每名干部。

3 月 14 日　区委社会工委组织全体党员召开机关党支部组织生活会。会上，机关党支部书记汇报了支部的对照检查材料，全体党员干部做了自身对照检查，分析了存在的问题及原因，并提出了下一步的改正措施。

3 月 16 日　顺义区启动了“顺义区公益行”主题系列活动。通过广泛征集、全面筛选、重点跟踪等形式，全年共征集公益活动 155 项，其中：全年性活动 37 项，特色活动 118 项，重点跟踪活动 33 项。内容涉及扶老助残、便民利民、法律援助、特殊群体帮扶等多个领域。3 月 17 日，区社会建设工作领导小组办公室召开 2017 年度社会服务管理创新指标体系工作部署会。区社会办、民政局、广电中心、光明街道、胜利街道、石园街道、空港街道、旺泉街道、双丰街道、北小营镇、牛栏山镇负责指标体系相关工作人员参会。

3 月 23 日　区社会办组织召开“顺义区老旧小区治理一期工程”复工部署会议。区社会办副主任李兴存从加强施工过程管理和做好居民工作两个方面，强调了加强施工引导、加强安全监管、督促施工企业合理安排施工时间、规划好施工期间车辆分流线路以及提前做好居民告知等方面的注意事项。

3 月 28 日　为进一步推进顺义区城市服务管理网格化体系建设，落实《顺义区加强城市服务管理网格化体系建设实施方案》，区社会办组织区综治办、区城管执法局和天竺镇、胜利街道等 8 个镇街召开网格化体系建设座谈会，重点围绕建立健全网格化组织机构、推进网格化信息平台建设、划分完善基础网格、组建网格员队伍四项工作分享试点推进经验，交流探讨工作难点，进一步推进全区网格化体系规范化建设。

3月29日 顺义区召开2017年政府购买社会组织服务项目申报培训会，全区“枢纽型”社会组织、各镇社会组织联合会、各社工事务所及其他社会组织的负责人近200人参加。

4月14日 顺义区委社会工委、区社会办组织全体机关干部学习国家安全相关知识，集中观看《全民国家安全教育影视资料》活动，并由主管领导传达顺义区“全民国家安全教育日”会议精神。会后向全体机关干部发放《全民国家安全教育日宣传手册》，并在机关显要位置张贴宣传海报，广泛深入宣传。

4月20日 区政府副区长郑晓博组织区社会办等单位赴天竺镇政府实地察看了天竺镇城镇运营指挥中心，随后，区社会办组织各镇（街道）行政正职和相关委办局主管副职召开了工作会，会议总结了全区网格化体系建设进展情况，部署了下一阶段工作任务，同时，就天竺镇、高丽营镇、旺泉街道等试点在网格化建设的作用发挥、微网格建设和联动处置等方面的工作经验进行了学习交流。

5月9日 顺义区社会办组织召开“社区志愿服务项目与市级专业社会工作机构对接”工作会。国安社区服务促进中心公共服务项目负责人与顺义区光明街道办事处裕龙花园社区“爱心传递·情暖夕阳”项目负责人、胜利街道办事处建新南区第一社区“社区平安志愿者”项目负责人进行了交流与对接，双方针对社区志愿服务项目当前面临的问题和今后发展的需求进行了深入的研究与讨论，并计划在“时间银行”“社区社会组织孵化”以及“社区领头羊项目”等方面进一步加强对接与合作。

5月10日 为期18天的（助理）社会工作师考前培训班正式开班。全区共有926名报考国家社会工作者职业水平考试的人员参加培训，为顺义区国家社会工作者职业水平考试历年报考人数的最高峰。为了保障培训期间社区工作的正常运行以及培训的良好效果，本次培训分4期进行，其中助理社会工作师培训班3期，社会工作师培训班1期。与往年相比，报名参加本次培训班的学员工作领域更加广泛，除744名社区工作者以外，还有来自教委、民政、残联、工会系统以及专业社工机构的182名社会工作者。

5月17日 顺义区举办网格化体系建设专题培训。市委社会工委委员、市社会办副主任王丽竹围绕“全市网格化体系建设的创新与实践”主题，分析了全市网格化体系建设的工作背景与发展历程，总结了全市网格化体系建设的工作方法、成效与经验，提出了全市网格化体系建设的工作任务和“十三五”时期工作目标。顺义区政府副区长郑晓博出席并做培训动员，要求各单位、各部门找准职责定位，明确工作任务，深入谋划、精心组织，切实把网格化体系各项任务完成好。全区各镇、街道、经济功能区以及相关委、办、局、中心主管副职共100余人参加培训。

6月1日 顺义区组织召开2017年度使用市、区两级社会建设资金购买社会组织服务项目实施部署会。会上，对21个市、区两级项目进行资金批复，涉及金额188万元。制定下发了《关于2017年度使用北京市社会建设资金购买社会组织服务项目的实施方案》（顺社领办发［2017］5号）、《关于2017年度使用顺义区社会建设资金购买社会组织服务项目的实施方案》（顺社领办发［2017］6号）等政策文件，加强对项目实施规范性引导。首次采用了第三方监管模式，对项目实施进行全程监管和指导，确保资金发挥应有效能。

6月2日 区委组织部、区委社会工委联合制定了《顺义区统筹协同推进“两新”组织党建工作暂行办法》（以下简称《办法》）。《办法》分为总则、目标要求、完善基本运行机制、加强基本制度建设、加强基本队伍建设、提升基本保障水平和附则共7章，围绕提高“两个覆盖”的中心工作，针对党建管理体制、组织覆盖、作用发挥、队伍建设、基础保障等方面存在的突出问题，提出思路、对策和举措，做实“点、线、面”工程。

6月8日 顺义区老旧小区治理二期（电力工程）完成立项批复。项目涉及石园、胜利、光明、旺泉等4个街道的19个小区，改造内容分为楼体内和楼体外两部分。为减少施工期对居民带来的不便，项目将与老旧小区治理二期工程同步、同期施工。项目的实施将有效解决线路、设备老化导致的跳闸、停电等问题，同时消除因电路故障造成火灾等安全隐患，受益居民约

6.7 万人。

6 月 30 日 市委社会工委、市社会办社区建设处副调研员罗建平一行来到顺义区检查 2017 年社区建设重点工作任务。检查组检查了光明街道滨河第二社区、裕龙六社区，石园街道石园西社区，旺泉街道铁十六局社区，胜利街道胜利社区，空港街道中粮祥云“一刻钟社区服务圈”、优山美地“社区之家”，听取了街道主管领导与社区负责人的工作汇报，并对社区服务设施、社区服务开展情况进行了查看。检查组提出要进一步加强“一刻钟社区服务圈”内商家与社区之间的联系，采取多种合作方式丰富为民服务，提高服务体验。

7 月 4 日～5 日 顺义区委社会工委举办了“两新”组织党建指导员专题培训班，为 2017 年度全区 133 名“两新”组织党建指导员、各镇街及功能区有关工作人员进行专题培训，市委社会工委、区委组织部、区委社会工委、区委党校等相关单位领导出席。本次培训通过专题授课、经验交流等方式，主要讲解了十八大以来党建思想、“两新”组织党建工作的发展形势与主要任务、党务工作基本方法与制度等方面的知识。

7 月 10 日 由市委社会工委两新组织党建处处长李明洪、市委组织部组织处干部陈康等一行三人组成的联合调研组赴胜利街道调研“两新”组织党建工作。调研组一行首先听取了胜利街道“两新”组织党建工作总体情况的工作汇报，然后深入胜利街道非公党建文化活动中心和顺义区首家智能化养老助残服务驿站进行现场调研。调研组一行对胜利街道“两新”组织党建工作给予了充分的肯定。

7 月 11 日 为了及时准确地掌握第一手资料，更好推进“两新”组织党建工作，区委社会工委制定了《顺义区委社会工委领导班子成员联系基层制度》，要求每个班子成员联系一街、一镇、一功能区，再由各单位确定一个有影响力、有典型推广价值的社区（村）、社会组织和非公企业作为基层联系点，确保制度真正落到实处、取得实效。区委社会工委组织各相关镇、街道、功能区的主管领导召开座谈会，介绍了制度内容和联系点安排，组织部副部长张洁讲话，充分肯定了联系基层的意义，并结合近期市区党建工作的任务要求和检查督导情况提出了意见。

7月19日 顺义区委社会工委举办“两新”组织党组织书记示范培训班，为68名“两新”组织党组织书记进行专题培训，区委组织部、区委社会工委、区委党校等相关单位领导出席。

7月20日 由市委社会工委委员、市社会办副巡视员卢建带队，市公安局、气象局、质监局等网格化联席会议成员单位组成联合督导组对顺义区网格化体系建设推进情况进行督导检查。区政府副区长郑晓博参加。督导组一行实地察看了旺泉街道宏城花园社区网格化终端管理平台、天竺镇城镇运营指挥中心，听取了区社会办、旺泉街道、天竺镇等单位关于网格化体系建设推进情况的汇报。对顺义区网格化体系发挥职能作用，服务辖区群众，提升城市服务管理水平给予了“定位高”“认识足”“措施实”“联动好”“搭载多”的高度评价。

7月21日 顺义区委副书记于庆丰同志为2017年“两新”组织党组织书记示范培训班进行了专题授课。各镇、街道、功能区、相关委办局的党政正职参加。

7月26日 顺义区社会办召开市、区级政府购买服务项目结项考评汇报会，区委社会工委书记、社会办主任王学武，区财政局相关领导及项目承接单位负责人参加。2016年度，顺义区共使用社会建设资金217.29万元，购买社会组织服务项目24个，项目涉及心理服务、青少年成长、为老服务、社会治理等10多个领域，项目服务覆盖了全区6个街道、10余个镇，累计提供各类服务千余场次，发放材料近2万余份，服务人群5万余人，直接受益人4万余人。

8月1日 区委社会工委组织召开了社会工作事务所党建工作专题会议，专题研究事务所建立党组织工作。由区社会办作为业务主管单位的9个社会工作事务所及1个便民社区服务中心的负责人参会。

8月7日至11日 为贯彻落实全面从严治党要求，进一步推进全区社会组织党建工作，区委组织部、区委社会工委、区民政局及33家相关委办局联合召开了社会组织党建工作系列专题会商会，专题研究社会组织建立党组织工作。

9月 《顺义社会建设蓝皮书》之《北京市顺义区社会建设发展报告（2017）》由社会科学文献出版社出版。

11月2日 为深入学习宣传贯彻党的十九大精神，全面准确把握十九大精神实质，区委社会工委召开了社会领域学习贯彻十九大精神辅导报告会，由市委党校的尹德挺教授做辅导报告。区工商分局、区民政局、各“枢纽型”社会组织主管领导，各镇、街、功能区副书记、相关科室工作人员、社区党组织书记、“两新”组织党组织书记、区委社会工委、区社会办全体人员，共计三百余人参加了报告会。

11月21日 全市基层社会组织工作交流座谈会在顺义区召开，市委社会工委、市社会办及各区县社会工委领导一行近40人参加。会上，顺义区介绍了“枢纽型”社会组织建设的经验，并深入“枢纽型”社会组织及旺泉街道社区社会组织服务（孵化）中心进行了实地考察了解。市委社会工委委员、市社会办卢建副主任及与会人员对顺义区“枢纽型”社会组织建设的做法及成效给予充分肯定和高度认可，并作为典型案例，在北京社会建设信息专刊上全文刊发，向全市进行宣传推广。

11月24日 顺义区委社会工委邀请区“学习贯彻党的十九大精神宣讲团”成员—区广电中心党委书记、主任宋森做专题辅导报告，区委社会工委全体机关干部和区纪委第二纪检监察组成员参加。

11月28日 市委社会工委、市社会办社区建设处副调研员罗建平一行来到顺义区对2017年社区建设重点工作任务进行年终检查。检查组检查了社区规范化示范点、老旧小区自我服务管理试点、社区之家试点、一刻钟社区服务圈示范点和村级社会服务管理创新试点等项目，听取了街道（镇）主管领导与社区（村）负责人的工作汇报，并对社区（村）服务设施、社区（村）服务开展情况进行了实地查看。同时，检查组提出要进一步加强村级服务用房整合，优化为民服务设施设置，采取多种合作方式丰富村民服务，提高服务体验。

11月 按照《关于加强网格化工作督导员队伍建设的工作方案》，制定

《顺义区网格化工作督导员聘用管理办法》，由区委社会工委、区社会办委托第三方专业机构招聘 28 名网格化工作督导员，统一派遣至各街道、镇，负责市、区网格化体系建设各项任务的推动实施工作以及网格员履职情况的考核评价工作。

12 月 18 日～19 日 顺义区委宣传部和区委社会工委在社会领域联合举办了 3 场学习贯彻十九大精神百姓宣讲活动。区委宣传部、区委社会工委、社会组织、非公企业、各街道社区相关负责人和社区居民共计 180 余人参加了宣讲活动。活动邀请了来自顺义区学习宣传贯彻十九大精神百姓宣讲团的优秀宣讲员，以自己或身边人的实例为切入点，生动、形象、具体地为大家诠释了十九大精神的实质。

B.17

附录二：顺义区委社会工委、区社会办历任领导一览表

时间	姓名	职务	任职时间	备注
2008 年 5 月 ~ 2008 年 10 月	雷显武	区委常委、组织部部长兼工委书记、社会办主任	2008 年 5 月	
	陈　凤	工委副书记	2008 年 5 月	
	李兴存	工委委员、副主任	2008 年 5 月	
2008 年 10 月 ~ 2013 年 5 月	巩维国	工委书记、社会办主任	2008 年 10 月	
	陈　凤	工委副书记	2008 年 5 月	2009 年 12 月任纪工委书记;2010 年 3 月调入其他单位
	申志红	工委副书记、纪工委书记	2010 年 3 月	2012 年 1 月调入其他单位
	刘相宏	工委副书记	2012 年 8 月	
	李兴存	工委委员、副主任	2008 年 5 月	2012 年 5 月任纪工委书记
	郑建阳	工委委员、副主任	2009 年 12 月	
	杜　颖	工委委员、副主任	2011 年 8 月	
	王海涛	副主任	2012 年 12 月	
	李恩雄	副调研员	2009 年 12 月	
	李　刚	社区科科长	2008 年 12 月	2011 年 7 月调入其他单位
	王　伟	综合科副科长	2008 年 12 月	2009 年 11 月任综合科科长;2011 年 10 月任社区科科长
	朱广娜	党建科副科长	2011 年 12 月	
	尹相南	综合科副科长	2011 年 12 月	
	仇凤荣	社会组织服务管理中心副主任	2013 年 3 月	

续表

时间	姓名	职务	任职时间	备注
2013 年 5 月 ~ 2014 年 10 月	张友生	工委书记、社会办主任	2013 年 5 月	
	巩维国	调研员	2013 年 5 月	
	刘相宏	工委副书记	2012 年 8 月	
	李兴存	工委委员、纪工委书记、副主任	2008 年 5 月	
	郑建阳	工委委员、副主任	2009 年 12 月	
	杜　颖	工委委员、副主任	2011 年 8 月	2013 年 10 月调入其他单位
	王海涛	副主任	2012 年 12 月	
	李恩雄	副调研员	2009 年 12 月	
	王　伟	社区科科长	2011 年 10 月	
	朱广娜	党建科科长	2013 年 12 月	
	尹相南	综合科科长	2013 年 12 月	
	伊廷伟	社会组织科科长	2013 年 12 月	
	仇凤荣	社会组织服务管理中心副主任	2013 年 3 月	
2014 年 10 月 ~ 2016 年 3 月	张守旺	工委书记、社会办主任	2014 年 10 月	
	巩维国	调研员	2013 年 5 月	2014 年 12 月退休
	刘相宏	工委副书记	2012 年 8 月	2015 年 8 月调入其他单位
	李兴存	工委委员、纪工委书记、副主任	2008 年 5 月	
	郑建阳	工委委员、副主任	2009 年 12 月	
	王海涛	副主任	2012 年 12 月	
	单继礼	调研员	2015 年 12 月	
	李恩雄	副调研员	2009 年 12 月	
	王　伟	社区科科长	2011 年 10 月	
	朱广娜	党建科科长	2013 年 12 月	
	尹相南	综合科科长	2013 年 12 月	
	伊廷伟	社会组织科科长	2013 年 12 月	2015 年 2 月调入其他单位
	仇凤荣	社会组织服务管理中心主任	2015 年 12 月	

续表

时间	姓名	职务	任职时间	备注
2016 年 3 月 ~ 2017 年 12 月	王学武	工委书记、社会办主任	2016 年 3 月	
	李兴存	工委委员、纪工委书记、副主任	2008 年 5 月	2017 年 5 月任社会工委副书记
	郑建阳	工委委员、副主任	2009 年 12 月	
	王海涛	副主任	2012 年 12 月	2016 年 10 月调入其他单位
	郝军英	工委委员、副主任	2017 年 8 月	
	聂冬妮	工委委员、副主任	2016 年 8 月	
	单继礼	调研员	2015 年 12 月	
	李恩雄	副调研员	2009 年 12 月	
	王　伟	社区科科长	2011 年 10 月	
	朱广娜	党建科科长	2013 年 12 月	
	尹相南	综合科科长	2013 年 12 月	2016 年 4 月调入其他单位
	仇凤荣	社会组织服务管理中心主任	2015 年 12 月	
	王　娣	社会组织科副科长	2016 年 8 月	
2017 年 12 月至今	马朝龙	工委书记、社会办主任	2017 年 12 月	
	李兴存	工委副书记	2017 年 5 月	
	郑建阳	工委委员、副主任	2009 年 12 月	
	郝军英	工委委员、副主任	2017 年 8 月	
	聂冬妮	工委委员、副主任	2016 年 8 月	
	单继礼	调研员	2015 年 12 月	
	李恩雄	副调研员	2009 年 12 月	
	王　伟	社区科科长	2011 年 10 月	
	朱广娜	党建科科长	2013 年 12 月	
	樊廷卉	综合科科长	2017 年 4 月	
	仇凤荣	社会组织服务管理中心主任	2015 年 12 月	
	王　娣	社会组织科副科长	2016 年 8 月	

B.18
附录三：2017年顺义区社会建设重要文件

顺义区"枢纽型"社会组织业务工作规范

第一章　总则

第一条　为进一步规范"枢纽型"社会组织工作标准，建立更加成熟、完善的"枢纽型"社会组织制度体系和运行机制，切实有效地发挥好"枢纽型"社会组织的引领作用，根据市委社会工委、市社会办的有关文件精神，制定本规范。

第二条　规范的"枢纽型"社会组织，在业务工作上具备6个要素，即：网络化集群、日常性联系、支持型平台、常态化机制、引导性规范、品牌化特征。

第三条　区社会建设工作领导小组办公室在加大政策引导、加强综合协调、提供相应支持的同时，逐步建立督导检查、考核评价等机制，引导和促进"枢纽型"社会组织进一步提质增效，全面提升整体效能。

第二章　构建网络化集群

第四条　"枢纽型"社会组织应进一步建立健全工作网络，不断扩大工作覆盖面，主动实现增量，适当调整存量，广泛吸纳同性质、同类别、同领域社会组织，形成有规模、有质量、有向心力的社会组织集群。及时与本领域"草根"社会组织加强联系与沟通，多渠道、多途径拓展"枢纽型"社会组织新成员，努力构建"枢纽型"社会组织网络化集群。

第五条 构建网络化集群的方法和形式包括：

（一）以会员制等形式广泛吸纳有意愿的社会组织加入体系；

（二）以政策解读、业务培训、项目实施、资源共享、举办活动、开展公益等多种形式为纽带，同非主管、非会员、非挂靠的社会组织建立工作联系；

（三）以形成价值认同和建立统一的利益诉求表达机制等为基础，达成合作意向；

（四）以群众需求和行业发展为导向，主动培育、孵化有发展潜力的社会组织；

（五）具有业务主管单位资格的群团组织，切实主动作为，将符合条件的申报机构纳入进来。

第三章　深化日常性联系

第六条 按照有领导责任制、有职能部门、有工作制度、有管理和服务体系的广覆盖、有党组织和党的工作的广覆盖、有业务和服务品牌项目的要求，紧密结合工作实际，将社会组织服务管理工作纳入所在单位议事日程，形成有效的领导责任制度，明确具体负责人员，建立健全日常联动机制，切实做好与本领域社会组织的沟通与联系。

第七条 积极探索社会组织分类管理，通过建立工作联盟、划分工作群组、建立“二级枢纽”等方式，及时了解掌握、收集整理社会组织基础信息和工作动态，不断完善社会组织数据库建设。

第八条 不断采取多种形式，同非主管的相关社会组织建立工作联系，贯彻落实好体制、机制改革，对“脱钩”后的社会组织进行有效联系和服务引导。

第四章　提供支持型平台

第九条 坚持服务导向，打造具有自身特色的支持服务平台，为社会组织提供专业性、多样化的服务，是“枢纽型”社会组织的重要工作职责。

第十条 树立“跨界合作”理念，借势、借力、借智，多渠道筹措优势资源：

（一）同党政部门保持良性互动，在政策、资金、项目等方面争取支持；

（二）充分挖掘自身资源，发挥内部各业务系统的综合优势，为社会组织开展工作创造条件；

（三）同相关志愿服务团体、专业社工机构建立伙伴关系，为本领域社会组织争取项目、策划、咨询、人力资源等要素支持；

（四）积极利用媒体、信息、公共关系等资源，帮助社会组织扩大“朋友圈”，获得多角度、多方位的支持。

第十一条 采取适当形式，搭建为本领域社会组织提供专业化、集约式服务的“一站式”平台，主要包括：

（一）积极创造条件，探索设立具有一定孵化、培育、指导及互动交流功能的服务机构和场所，特别是加快社区社会组织服务（孵化）中心建设和运行，为社会组织提供孵化、指导、互动等服务；

（二）引入专业社工机构，委托其为有需求的社会组织提供“托管式”、“陪伴式”等能力建设服务；

（三）成立内部专门机构，并组建专家智囊团，提供咨询、顾问、指导、评估等服务；

（四）依托本领域相关综合性社会组织，在集成资源、辐射带动、服务指导等方面发挥平台作用。

第十二条 积极拓展资金支持渠道，鼓励社会组织通过争取财政资金、社会化支持等多种渠道筹集经费，以购买服务、项目化运作的形式，支持本领域社会组织长效发展。

第十三条 有效搭建社会资源对接平台，通过举办“公益创投比赛”、“资源对接会”等活动，帮助本领域社会组织推介项目、匹配资源。

第十四条 强化社会组织能力建设，结合工作实际，开展多层次、多种类的培训，通过案例引导、专业辅导、政策指导等方式，帮助社会组织了解政策导向，培养创新工作思维、优化运营管理模式，增强自我“造血功能”；有针对性的培养重点领域社会组织发展，塑造本领域社会组织“新品牌”；引导和促进领域内社会组织“组团式”发展，通过项目合作、设施共享、经验借鉴、互动交流等方式，实现优势互补、规模发展。

第十五条 鼓励“枢纽型”社会组织结合本领域特色，主动研究和关注社会企业模式，支持有条件的社会组织向社会企业转型。

第十六条 “枢纽型”社会组织在实际工作中，应综合考虑本领域社会组织发展需要，本着公平、公开、透明的原则，提高资源配置效率，最大限度地惠及本领域广大社会组织。

第五章 提升常态化机制

第十七条 “枢纽型”社会组织应着力固化、提升已形成的常规性、基础性工作机制和服务模式，不断健全完善社会组织秘书长工作例会制度。基本要求是：

（一）原则上至少每个季度召开一次；

（二）可以以“联系会议”“工作沙龙”“专题研讨”等多种形式体现；

（三）会议内容以解读政策、通报情况、交流经验、研究问题等为主，或在征求社会组织意见基础上确定适当主题；

（四）及时将每次工作例会情况形成会议纪要，留存备案。

第十八条 制订、完善本领域社会组织建设的政策性文件，及时总结、提炼工作中的成熟经验和典型做法，可以以文件、通报等形式予以推广；根据区社会办要求，积极组织本领域社会组织参与政府购买服务项目，并通过项目化运作的形式，规范项目申报、资金使用、绩效评价等流程。

第十九条 高标准、常态化加强社会组织信息平台建设。主要包括：

（一）完善社会组织基础数据库建设，及时、动态掌握所联系的社会组织数量规模、组织类型、人员状况、业务开展等基本信息；

（二）建立信息联络员制度，及时收集、掌握本领域社会组织工作动态；

（三）有条件的单位应按照要求尝试建立本领域社会组织新闻发言人制度；

（四）以“服务提供”为着眼点，分类整理、汇编本领域社会组织有代表性的服务事项、服务项目、服务产品等，以社会组织服务“导览”、服务“地图”等形式向社会推介，提升社会组织影响力，有效促进社会需求对接；

（五）利用网站、刊物以及微信群、QQ 群、App 软件等信息载体，展示、交流社会组织工作动态；

（六）同社会建设等部门的信息联动，及时报送本领域社会组织相关信息。

第二十条 在鼓励“枢纽型”社会组织开展常规性业务培训基础上，探索具有本领域特色的社会组织培训模式、课程体系等，切实提高社会组织人才队伍建设的整体水平。

第六章 加强规范化引导

第二十一条 “枢纽型”社会组织对本领域社会组织进行规范化引导是政府依法监管的有效补充，主要通过倡导核心价值、形成共同理念、进行章程约束、推动诚信自律、履行社会责任等社会化方式进行。

第二十二条 结合工作实际，通过以下方式引导社会组织规范发展。

（一）推动加强本领域社会组织诚信自律建设，通过发布“自律公约”、建立“诚信档案”等形式，倡导诚信自律、强化规则约束、完善社会监督；

（二）探索建立社会组织“推优档案”，通过声誉评价、表彰先进等方式进行引导和约束；

（三）编辑发布本领域社会组织“工作指南”、“实务手册”等，提供法律规定、行业政策、典型案例等工作指引；

（四）积极研究、了解、掌握本领域、本行业的工作动态、最新政策法规、改革发展趋势等整体情况，切实做好对社会组织的业务指导；

（五）探索建立对本领域“草根”组织的引导机制。

第二十三条 鼓励“枢纽型”社会组织结合实际，在本领域开展社会组织建设试点工作，通过制定考核评价办法、发布业务规范标准等方式，引导和推动社会组织加强能力建设。

第二十四条 进一步完善“枢纽型”社会组织人才培养机制，将本领域社会组织人才工作纳入日常工作体系当中。鼓励本领域社会组织人才积极参与专业资格考试等，切实加大对社会组织人才自身能力建设，有效提升社会组织管理水平。同时树立“大人才”观概念，认真做好社会组织优秀从业人员的推介工作。

第二十五条 积极配合登记管理机关、行业主管部门以及相关职能部门，在开展行业协调、日常服务、登记、年检等方面发挥好协同配合作用。

第七章 打造特色化品牌

第二十六条 高度重视自身及本领域社会组织服务品牌的创建、传播与推广，增强竞争力、提高美誉度，更好地吸引合作伙伴、争取更多资源。

第二十七条 社会组织公益服务品牌应达到以下标准：

（一）品牌效应突出。在相应社会服务领域具有较高的知名度、美誉度；品牌名称明确，能标志化的凝练概括公益服务的内涵及本质特征，具有相应的标识系统，易于识别、宣传和推广；

（二）彰显公益特征。着力于提供社会所需、实效明显的公益产品和服务，能补充、完善社会服务领域的缺失和不足，服务对象评价良好；

（三）体现核心业务。能集中反映该社会组织的核心业务，突出体现该组织的工作理念、文化内涵、服务领域等要素，对本组织的整体工作有较强的引领和带动作用；

（四）发展基础牢靠。经过较长时间的运营和积累，具有专业性、公益性、稳定性等特征，已形成比较广泛的群众基础和稳定的服务对象，具有良好的发展前景和预期。

第二十八条 品牌创建应紧密围绕顺义社会发展实际，重点突出以下方面：

（一）为老年人、妇女、儿童、残疾人、失业人员、农民工、不良行为

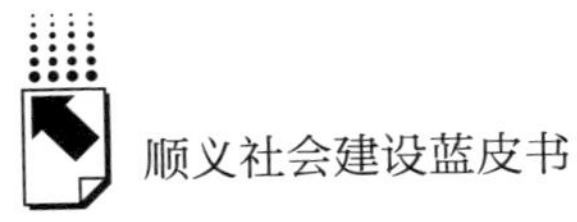

青少年、社区矫正人员等特定群体服务；

（二）在生态环保、矛盾调解、法律援助、心理疏导、应急求助、社区治理等方面提供专业服务。

第二十九条 建立健全与品牌创建相配套的工作体系，主要包括：

（一）以“顺义公益行”及本领域相关特色活动为载体，周密部署、广泛动员本领域社会组织参与公共服务和社会治理，力争在公益活动的形式、内容、广度、深度上有突破、有创新；

（二）结合本领域工作实际，制定、公布社会组织服务品牌的评价、遴选、认定流程及标准；

（三）制定激励措施和办法，对特色活动和优秀品牌予以适当表彰、奖励，营造良好社会服务氛围；

（四）搭建、参与综合展示平台或借助广播、电视、网络等媒体，对表现突出的品牌活动及项目，进行针对性的宣传、推广，有效扩大社会影响力。

第三十条 鼓励“枢纽型”社会组织积极采取措施、指导和帮助本领域社会组织强化品牌意识，定向培育、深入挖掘本领域社会组织公益品牌，争取每个领域都有一批“叫得响”的综合性或专业性服务品牌。

第八章　附则

第三十一条 各“枢纽型”社会组织可结合工作实际，参照本规范研究制定本领域工作的相关规范和标准。

第三十二条 本规范由区社会建设工作领导小组办公室负责解释。

顺义区“枢纽型”社会组织业务
工作考核评价办法（试行）

第一章　总则

第一条 为进一步加强对顺义区“枢纽型”社会组织规范化、精细化、科学化管理，根据市委社会工委、市社会办《关于印发〈北京市各区社会建设工作考核办法（试行）〉的通知》（京社领办发〔2017〕9号）和区委社会工委、区社会办《顺义区“枢纽型”社会组织业务工作规范》（顺社领办发〔2017〕2号）及《顺义区网格化社会服务管理创新指标体系实施办法（试行）》（京顺发〔2012〕15号）等文件精神，制定本办法。

第二条 考核评价对象为全区“枢纽型”社会组织。

第三条 考核评价形式：将“枢纽型”社会组织业务工作纳入社会服务管理创新指标体系中，依托社会服务管理创新指标信息系统，通过对其任务量化、全程监控，进行有效考核评价。

第四条 考核评价方式：采取以“枢纽型”社会组织单位自评和社会评价相结合的方式进行。

1. 单位自评。“枢纽型”社会组织依据指标完成情况进行自我评价，并形成单位自评打分结果。

2. 社会评价。采取第三方专业机构检查的方式，对指标完成情况进行评价，并形成社会评价打分结果。

第五条 考核评价原则：坚持公平、公正、定性与定量考核相结合的原则，保证考核评价的透明度。把“枢纽型”社会组织业务工作任务量化成指标，制定相应工作标准，明确完成时限、工作进度等，客观地考核评价“枢纽型”社会组织工作完成情况。

第二章 考核评价内容、指标及权重

第六条 考核评价内容：围绕“枢纽型”社会组织中心工作，结合每年工作要点，按照《顺义区“枢纽型”社会组织业务工作规范》相关要求，主要考核各“枢纽型”社会组织职责履行、规范管理、作用发挥、品牌创建等工作开展情况。

第七条 考核评价指标：在社会服务管理创新指标体系中的“扩大社会动员”领域，设定“推进‘枢纽型’社会组织体系建设”、“规范‘枢纽型’社会组织日常管理”、“发挥‘枢纽型’社会组织引导作用”等目标，将年度业务工作任务细化成考核评价指标。

第八条 考核评价指标权重：按照指标重要程度以及指标完成的难易程度，分别赋予每个指标5、3、1不等的权重。

第三章 考核评价计分

第九条 每条指标的单位自评和社会评价计分方式均采取定点计分法，按照百分制划分四个等次：100分、85分、70分、40分。

第十条 各“枢纽型”社会组织业务工作考核评价结果的计算采取加权平均法，其中：单位自评打分占总分的40%，社会评价打分占总分的60%。具体计算公式：

单位自评得分 = ∑（指标权重 × 指标自评打分结果）/∑指标权重；

社会评价得分 = ∑指标社会评价打分结果/指标个数；

各“枢纽型”社会组织业务工作考核评价得分 = 单位自评得分 ×40% + 社会评价得分 ×60%。

第四章 考核评价程序

第十一条 区委社会工委、区社会办按照市委社会工委、市社会办及区委、区政府的相关要求和工作部署，每年年初结合年度工作实际，统一制定业务工作考核指标，包括：评分标准、权重等，向各“枢纽型”社会组织派发。

第十二条 各“枢纽型”社会组织积极配合区委社会工委、区社会办，严格按照年度指标任务，有效抓好工作落实，确保任务按时完成。区委社会工委、区社会办根据各指标完成情况，委托第三方专业机构，不定期对各“枢纽型”社会组织进行检查。

第十三条 区委社会工委、区社会办在业务工作考核评价结果的基础上，根据各“枢纽型”社会组织工作实际，结合日常工作的完成情况进行年度综合评价。

第十四条 年度考核工作结束后，区委社会工委、区社会办向各“枢纽型”社会组织反馈年度综合评价结果。各“枢纽型”社会组织要及时梳理存在问题并撰写整改报告，确保整改工作高效、有序开展。

第五章　考核评价结果的效力

第十五条　区委社会工委、区社会办根据各单位年度综合评价结果，形成《“枢纽型”社会组织年度工作分析报告》，经会议审议通过后，呈报区领导，并在“枢纽型”社会组织工作大会或在适当范围内进行通报，同时作为“管理服务”项目批复与奖励资金分配的重要依据。

第六章　附则

第十六条　本办法自2018年1月起试行，考核评价工作由顺义区社会建设工作领导小组办公室牵头，区委社会工委、区社会办具体组织实施。

第十七条　本办法由区委社会工委、区社会办负责解释。

顺义区政府购买社会组织服务项目实施意见（试行）

为进一步转变政府职能，规范政府购买社会组织服务行为，提高政府购买社会组织服务的效益，充分调动社会组织参与社会治理和社会服务的积极性，根据顺义区人民政府办公室《关于政府向社会力量购买服务的实施意见》（顺政办发〔2015〕16号）精神，制定本意见。

一　主要目的

政府购买社会组织服务是指通过发挥市场化运作机制作用，把政府直接向社会公众提供的服务等事项，交由具备能力和条件的社会组织来承担，并根据社会组织提供服务的质量和效果，按照一定的程序和标准进行评估后，政府向其支付服务费用。其主要目的是：

（一）完善服务机制，创新服务模式。通过建立和完善政府购买社会组织服务机制，进一步增强社会组织的服务意识，创新服务供给模式，不断健全完善服务供给体系。

（二）促进职能转变，提升服务水平。进一步加快政府职能转变，充分发挥财政资金导向作用，有效调动社会组织参与社会治理、提供服务的积极性，切实提高服务的质量和水平。

（三）引导有效需求，扩大社会影响。进一步引导有效需求，积极创新服务模式，给社会组织创造有利发展空间，有效发挥其创造能力和带动作用，不断传播、弘扬公益服务理念，让更多人主动投身于社会公益服务当中，逐步扩大社会组织的区域影响力。

二　基本原则

（一）立足需求，注重实效。准确把握社会服务需求，有效整合社会服务资源，充分发挥社会建设资金最大效益，不断激发社会组织活力，为广大群众提供更优质、更高效的服务。

（二）公开透明，竞争择优。坚持公开、公平、公正原则，向社会公开服务项目、资金使用、服务效果等内容。不断完善竞争择优机制，切实发挥资金的引导作用和应有的使用效益。

（三）强化监督，协调推进。建立健全规范有序的购买流程和服务对象参与购买社会组织服务的监管机制，规范政府和社会组织合作关系，健全完善群众、政府和第三方共同参与的绩效考评机制，合理界定项目范围，进一步明晰政府、社会组织、服务对象在购买、提供公共社会服务过程中的权利和义务，确保服务项目协调推进。

三　工作主体

（一）购买主体

顺义区社会建设工作办公室（以下简称“区社会办”）作为政府购买社会组织服务项目的购买主体，负责组织开展政府购买社会组织服务项目工作。

（二）承接主体

政府购买社会组织服务项目的承接主体是依法在区民政部门登记成立或经批准免予登记的社会组织，同时具备以下基本条件：

1. 具有独立法人资格、年检达到合格及以上等级；

2. 具有独立、符合规定的财务管理、财务核算和资产管理制度；

3. 具备提供服务所必需的设备、场所和专业技术能力；

4. 在参与政府购买社会组织服务项目前3年内无重大违法违纪行为，社会信誉良好；

5. 具备项目实施所需的其他专业方面的资质。

四　工作内容

（一）购买内容

政府购买社会组织服务要以人民群众实际需求、解决社会实际问题为出发点，符合顺义区经济社会发展的需要，内容积极、健康、向上，适合采取“市场化方式提供、项目化方式运作”的形式，且社会组织能够承担的服务，重点突出其公共性和公益性。具体内容以每年发布的《顺义区政府购买社会组织服务项目申报指南》（以下简称《申报指南》）为准。

（二）购买方式

政府购买社会组织服务要结合区域内服务的具体内容、特点和服务特性，参照政府购买社会组织服务有关规定，采用“平台申报、专家评审、会议通过、政府立项”的形式，确定项目承接主体。

五　工作流程

（一）项目申报

区社会办于每年10月底发布《申报指南》，明确下一年度政府购买社会组织服务项目方向、申报流程等事项，公开面向全区社会组织征集服务项目。

项目申报单位按照《申报指南》的要求，登录“顺义区社会建设资金购买社会组织服务项目管理系统”，认真填写申报材料和项目信息，并于项目申报期限内提交项目各项资料。

（二）项目评审

项目征集时间截止后，区社会办对所有申报项目进行汇总整理，邀请项目专家对本年度所有申报项目进行评审。在专家评审的基础上，区社会办召开项目立项审核专题会，确定政府拟购买社会组织服务项目名单，并在区社会办门户网站进行公示，接受社会监督。经公示无异议后，对购买社会组织服务项目进行正式批复。

（三）项目实施

区社会办在正式批复10个工作日内，召开项目实施部署会，发布《购买社会组织服务项目的实施方案》、《购买社会组织服务项目实施指引》，明确项目实施安排、资金使用规定等事宜。以项目化运作的方式，聘请第三方项目管理单位对项目实施进行全程监管，进一步提升项目实施与监管的规范性与专业性。

项目承接单位根据批复金额，制定具体可行的项目实施方案和可行性报告，严格项目实施流程，把握项目实施节点，有效地开展项目实施。

为保证政府购买社会组织服务项目高效、合理运行，区社会办与各项目承接单位、第三方项目管理单位签订《政府购买社会组织服务项目合同》（以下简称《项目合同》），明确约定三方应尽的责任和义务。

（四）项目监管

第三方项目管理单位严格落实项目监管实施方案内容，定期对项目承接单位进行实地检查指导，及时发现项目实施中存在的问题，及时督促项目承接单位进行整改，并按时提交监管工作报告。在项目结项后，对照《顺义区政府购买社会组织服务项目结项评估标准》要求，对所有项目实施的整体情况进行综合考核打分，考核结果作为下一年度项目立项的参考依据。

（五）项目评估

项目实施结束后，第三方项目管理单位对本年度项目开展结项评估工作，对所有项目的结项材料进行审核，同时聘请专业审计机构对项目资金使用情况进行专业财务审计，并组织召开考评验收会，由专家对各项目进行评估验收，出具评估意见。

在专家验收的基础上，区社会办结合项目操作实际，最终公布评估结果。评估合格的项目，出具同意结项意见书，评估不合格的，由项目承接单位进行整改完善。

六　资金管理

（一）资金使用

政府购买社会组织服务项目资金属于财政资金，必须严格按照有关要求和预算编制使用经费，务必保证做到专款专用，不得随意改变资金用途，不得截留或挪作他用，确保财政资金安全和高效运行。

（二）资金拨付

区社会办根据《项目合同》约定内容，在签订一个月之内，向各项目承接单位拨付前期70%的项目资金，作为项目启动经费，待项目结项验收初步合格后，拨付剩余30%的项目尾款。

（三）奖罚措施

对按期保质完成项目任务的单位及建立党组织或在党建工作中考核优秀的组织，可在次年立项评审时，适当放宽条件，并作为给予优先立项的依据。对擅自更改项目内容、未按计划进度和质量要求完成任务、经费使用有违反财务制度等情况的项目，根据《项目合同》约定予以中止或撤销该项目，同时进行信用备案。凡被中止和撤销的项目，如已拨付经费的，予以追回已拨付资金，其承接单位次年不得再进行政府购买社会组织服务项目申报。

附件：1. 顺义区政府购买社会组织服务项目立项评审标准（略）

2. 顺义区政府购买社会组织服务项目结项评估标准（略）

顺义区社区社会组织专项支持资金使用规定

为进一步推进社区社会组织专项支持资金管理的规范化、精细化，充分发挥专项支持资金的引导作用，在《顺义区社区社会组织专项支持资金使用暂行规定》（社建领办〔2013〕4 号）文件基础上，结合工作实际，制定本规定。

一 支持标准

按照每个社区 10 个社区社会组织，每个社区社会组织支持 1 万元的标准拨付资金。

二 使用范围及用途

专项支持资金按照“分类扶持、突出重点、注重实效”的原则，主要用于培育发展志愿服务类、社区服务类、慈善公益类、健康（心理、身体）服务类、便民利民类、专业社工服务类、绿色环保类、就业培训类、社会治理类、文体服务类等公益服务活动和项目，专项支持资金主要用途包括：

（一）用于在区域内为社区居民提供各类服务的社区社会组织，实施相关社会服务项目（包括人员劳务费用在内的成本费用）等支出。

（二）用于建立各街道社区社会组织联合会、社区社会组织信息交流平台及日常维护和运行。

（三）用于对社区社会组织管理人员、专职工作人员和财务人员的业务培训。

（四）用于开展社区社会组织培育发展和规范管理的政策调研和信息咨询工作。

（五）用于建立社区社会组织负责人工作、服务、活动等相关场所及为区域内相关各类人才提供的活动平台。

（六）用于区域内社区社会组织开展社区服务、社会公益活动及相关法规的宣传和典型推介工作。

（七）用于表彰奖励在参与社区治理、服务社区居民中作用发挥比较好的社区社会组织、活动团队及个人。

（八）用于表彰奖励品牌服务项目和优秀公益活动。

（九）用于完善社区社会组织服务（孵化）中心建设和日常运行及维护管理。

（十）其他有利于社区社会组织建设发展的合理开支。

三　使用方式

由各街道社区社会组织联合会通过项目化运作或以奖代补等方式，对专项支持资金进行统筹使用。

（一）项目化运作方式

（可以采取与专业组织或其他社会组织合作的方式实施）

1. 以满足社区需求、解决社区实际问题为主要切入点，根据本区域内重点发展和支持方向制定年度《项目申报指南》。

2. 按照政府购买社会组织服务项目的相关要求，制定年度《项目申报书》，广泛动员、积极组织，做好区域内社区社会组织项目的征集、遴选和申报工作。

3. 制定必要的《项目实施方案》，明确项目具体负责人和专项支持资金的使用范围，规范项目实施的具体流程。

4. 按照项目化运作方式，签订项目合同，约定支付时间、方式、比例。

5. 在项目实施过程中，建立逐层审查机制，及时把握资金动向，做好项目全过程跟踪；定期收集、整理项目实施的图文资料；通过实地走访、资料调阅等方式，形成项目进展报告，并做好项目结题的绩效评估工作。

（二）“以奖代补”方式

1. 根据区域实际需求情况，制定“以奖代补”的奖励内容、标准及条件。

2. 按照扶持发展的重点方向，明确“以奖代补”的具体实施流程及预算安排。

3. 把握好“以奖代补”资金的使用方向，编制好重点扶持的社区社会组织类别目录，形成具有区域特色的活动品牌。

4. 收集、整理好相关票据和活动开展的图片、文字资料，定期进行资金和活动检查。

四 使用规定

（一）社区社会组织专项支持资金属于区级财政专项资金，须严格遵守区级财政专项资金使用的相关规定，在项目结题时应有重点地做好财务审计和绩效评估等工作。

（二）专项支持资金实行专款专用，专项核算。建立健全项目资金专项财务管理和会计核算制度，纳入单位财务统一管理。

（三）列为项目资金的，应当用于服务对象和服务活动，不得用于承接单位发放人员工资、租赁办公场所和进行与社区社会组织活动、服务无关的基础设施建设，不得购置与社区社会组织活动、服务无关的固定资产，不得用于缴纳罚款罚金、偿还债务，不得以任何形式挤占、截留、挪用。

（四）项目资金可以列支项目开展过程中产生的劳务费和志愿者补贴。临时聘用工作人员的劳务费原则上按天数计算，也可按小时计算，每人每天不超过 150 元；志愿者补贴按天数计算，每人每天不超过 50 元（包括：餐费、交通费、水费等）；若提供餐、水、交通的，原则上不给补贴；专家费按区级财政有关政策执行；以人力成本为主的服务活动，如专业社工服务、心理服务等，劳务费和志愿者补贴原则上不超过项目总经费的 70%；其他服务活动，劳务费和志愿者补贴原则上不超过项目总经费的 40%；鼓励更多地采取志愿服务方式。

（五）会议（培训）费标准为每人每天不超过 450 元（包括食宿费、场租费、讲课费、资料费、交通费等），不住宿的每人每天不超过 270 元。讲课费标准（税后）为：副高级技术职称专业人员每半天不超过 1000 元，正高级技术职称专业人员每半天不超过 2000 元，院士或全国知名专家每半天不超过 3000 元，其他人员参照执行。

（六）每一笔资金须经各街道社区社会组织联合会分管领导和本单位财务制度规定的领导签批，并留存备查。严格控制大额现金支出，单笔2000元以上开支，提倡使用支票、汇款、银行卡等方式进行结算。

五　使用要求

（一）高度重视，严密组织。要严格按照专项支持资金的使用范围及用途、使用方式、使用规定的要求，有效地抓好落实。以项目化运作实施的资金，要严格按照项目化运作的操作流程和《项目实施方案》的内容，有计划、有步骤地组织好项目开展，确保项目实施的实际效果。

（二）分级负责，严格管理。区社会办负责对社区社会组织专项支持资金使用的监督指导；各街道社区社会组织联合会要严格按照财务制度和相关规定做好专项支持资金的统筹、监管，制定专项支持资金使用的具体管理办法和制度；各分会要结合活动开展的实际情况，加强督促检查工作，做到责任清、任务明。

（三）加强督导，打造品牌。各街道社区社会组织联合会要按照相关要求，积极做好项目执行、资金使用情况的检查督导工作，及时发现和纠正资金使用过程中存在的问题；积极配合相关部门，努力做好专项支持资金的财务审计和绩效考评工作；树立品牌宣传意识，有重点地培育和打造具有区域特色活动品牌和品牌项目。

顺义区统筹协同推进“两新”组织党建工作暂行办法

第一章　总则

第一条　为贯彻落实全面从严治党各项要求，落实中央巡视组“回头看”反馈意见，着力补齐短板，构建“大党建”工作格局，进一步提高全区非公有制经济组织和社会组织党建工作科学化水平，特制定本办法。

第二条　本办法所指“两新”组织，即新经济组织和新社会组织的简称，包括在本区实体经营的非公有制经济组织和依法登记的社会团体、民办非企业单位、基金会以及社会中介组织。

第三条 “两新”组织党建工作是党的工作和群众工作的重要阵地，是增强党的阶级基础、扩大党的群众基础、夯实党的执政基础的现实需要，是全区“大党建”工作格局的重要组成部分。区非公有制经济组织和社会组织党建工作联席会议在区委领导下开展工作，由区委组织部牵头抓总，区委社会工委具体负责日常工作，各成员单位各司其职，协同推进。

第二章 目标要求

第四条 “两新”组织党建工作，突出思想建党和制度建党的统一，以发挥党组织实质作用为主线，以完善基本运行机制、加强基本制度建设、加强基本队伍建设和提升基本保障水平为工作重点，以体制机制运行更加顺畅、“两个覆盖”更加广泛、基础保障更加有力、作用发挥更加明显为着力点，发挥基层党组织在职工群众中的政治核心作用和在单位（组织）发展中的政治引领作用，实现党组织活动与单位管理、发展有机融合，目标同向，履行更加充分的社会责任。

第五条 “两新”组织党建工作，始终贯彻服务思想，本着“强化顶层设计、坚持问题导向、分类精细指导、稳步整体提升”的工作原则深入推进，真正实现“有形覆盖”和“有效覆盖”的统一。

（一）强化顶层设计。把“两新”组织党建工作纳入全区“大党建”格局中来谋划、实施，注意分析把握“两新”组织党建工作的特点规律，探索符合实际的工作方式方法，不断丰富完善工作内容。

（二）坚持问题导向。围绕破解组织体系不够健全、组织覆盖不够全面、作用发挥不够充分等难题，按照“解剖麻雀”的工作方法，找准工作着力点。

（三）分类精细指导。加强调查研究，摸清摸准不同类型不同规模社会组织和非公有制经济组织情况，坚持“一把钥匙开一把锁”，尊重基层首创精神，从大处着眼、小处着手，精准发力。

（四）稳步整体提升。尊重“两新”组织的发展规律，坚持发扬“一张蓝图绘到底”的精神，既加强既有制度落实力度，抓实基础工作，又倡导机制创新，突出特色引领工作，提高工作针对性和有效性。

第六条 严格执行“两个覆盖”要求，解决“建起来”的问题。凡是有党员的都要单独或联合建立党组织，实现党的组织覆盖。提高单独组建率，实现50人以上的非公企业有党员、100人以上的非公企业建立党组织，从业人员30人以上的民办学校、民办医院、律师事务所、会计师事务所、社工事务所等实体性社会组织建立党组织。按照行业相同或相近、地域相连或相邻、便于管理和开展组织活动的原则，通过联建、区域建、孵化建等形式，强化组织覆盖措施。合理控制联合党组织的单位数量，一般不超过15家。“两新”组织中党员较多的党组织，要及时升格。没有党员的，要通过选派党建工作指导员或建立工青妇群团组织等形式，实现党的工作覆盖。下大力气提升组织覆盖面，相应减少工作覆盖面。2017年底，非公企业党组织覆盖率达到90%以上；社会组织党组织覆盖率提升到70%以上，以后逐年稳步提升。

第七条 加强重点组建。真正做实抓“源头”工作，区民政局、区工商分局落实“三同步”要求，即在社会组织和非公有制企业登记时，同步采集从业党员信息；年检时，同步检查党建工作；评估时，同步将党建工作纳入重要指标，及时清理注销“僵尸型”“两新”组织，定期向区委组织部、区委社会工委反馈登记、注销、撤销、吊销等情况。做实“点、线、面”工程，从“点”上加快推进园区、规模以上非公有制企业和商务楼宇党建工作全覆盖，形成商务楼宇工作站支撑的工作体系；从“线”上加快推进“枢纽型”社会组织党建工作广泛覆盖；从“面”上加快推进社区区域化党建工作广泛覆盖。重点填补小微企业、社会组织和文化创意、快递等新兴领域存在的党建“空白点”。

第三章 完善基本运行机制

第八条 健全党建工作机制。不断丰富完善“区委统一领导、区委组织部牵头抓总、区委社会工委具体指导、相关职能部门密切配合、镇和街道及经济功能区具体落实”的领导体系的工作内涵。各成员单位主动适应新形势，本着“分级负责、分类管理、条块结合、属地为主、区域兜底”的党建工作机制运行要求，坚持问题导向，纳入全区“大党建”格局中统一谋划、统一要求、统一部署、统一推进，确保有人抓党建、有人管党建。

第九条 建立党建责任体系。“两新”组织党建工作，要紧紧抓住宣传教育、关系协调、作用发挥三个关键环节，建立以组建率、活动率为核心的“两新”组织党建工作基本指标体系，将“两新”组织党建重点任务进展情况作为年底基层党建述职评议考核、城乡党的建设“三级联创”和日常督查调研的重要内容，推动“两新”组织党建工作责任规范化、明晰化和具体化。

第十条 发挥党支部主体作用，切实解决“转起来”的问题。各成员单位指导“两新”组织党组织把握党员登记、支部组建、规范管理和活动开展四个重点。各成员单位立足管理职责，对照“六星”基层服务型党组织标准，指导帮助“两新”组织找准党建工作在单位发展中的切入点，指导“两新”组织党组织规范设置、规范管理，推进“两学一做”学习教育常态化制度化，严格落实“三会一课”等基本组织生活制度，围绕纪念、教育、服务、实践等不同类型活动，明确活动规范，创新活动载体，强化整体效果，激发“两新”组织党组织活力。

第四章　加强基本制度建设

第十一条 工作例会制度。联席会议原则上每季度召开一次会议，也可根据工作需要适时召开；可邀请涉及相关工作职能的其他区直有关部门和单位参加会议；根据工作需要，可召集部分成员单位研究有关问题。各成员单位，可根据自身工作需要，落实工作例会制度，倡导召开“短平快”的工作调度会。

第十二条 专题研究会制度。各成员单位结合职责，每年及时召开“两新”组织党建专题研究会，制定党建工作年度计划，细化落实举措，确定年度重点任务清单，充分发挥镇街党建工作协调委员会、园区非公有制企业综合党委以及区域化党建工作平台的积极作用，形成工作合力。

第十三条 台账更新制度。各成员单位要定期组织摸排底数工作，对尚未建立党组织的要做到“五个清”，每半年（每年6月中旬、11月中旬）更新一次党建工作台账，形成本属地或本部门主管的“两新”组织党建工作汇总台账和“一企一表”“一社一表”的党建工作统计表，并向区委组织部和区委社会工委及时反馈。

第十四条 直接联系点制度。每年围绕党建工作重点难点问题，各成员单位要建立班子成员直接联系点制度，联系点要从规模较大、影响力大、工作开展困难、新兴领域等“两新”组织中至少确定1个联系点，其中区委组织部、区委社会工委、区民政局的联系点不少于5个。

第十五条 调查研究制度。认真研究“两新”组织党建工作的现实情况，盯住“硬骨头”想招法。发挥联席会议办公室的牵头作用，围绕党建工作重点难点，组织有关成员单位联合开展调研，了解情况，分析问题，制定政策。各成员单位也可根据各自职责和任务需要或围绕联席会议指定课题，自行组织调研。联席会议办公室适时汇编调研成果，供各成员单位参考。

第十六条 信息交流制度。及时汇总党建工作方面的动态信息、经验做法、调研报告、情况反映等内容，不定期编发简报信息，在一定范围内通报党建工作进展情况。加强理论研究，注意成果运用，及时把具有普遍意义的经验做法固化，甚至上升为规范性要求。

第十七条 督查考评制度。联系会议办公室结合《中共北京市顺义区委党建工作专项督查办法》，定期对各成员单位履行抓“两新”组织党建职责情况以及完成联席会议议定事项、领导批办事项情况等进行跟进督查，并向有关单位党委（党组）通报，作为考核单位党委（党组）抓基层党建工作的重要依据。各成员单位根据实际落实督查反馈制度。以全区党建工作指标绩效考核系统建设为抓手，落实考评结果运用，为构建全区“大党建”格局工作助力。

第五章　加强基本队伍建设

第十八条　对照顺义区《进一步加强非公有制企业和社会组织党的建设工作方案》有关要求，各成员单位加强领导力量和工作力量配备。区委组织部、区委社会工委统筹建立党务工作者人才库，为“两新”组织党建工作提供人才支撑。

第十九条　各成员单位采取多种形式，畅通与“两新”组织法人、出资人或负责人的沟通渠道，发挥镇街党建工作协调委员会的作用；注重推荐优秀的“两新”组织法人、优秀党组织书记作为各级党代表、人大代表和政协委员的人选，为开展党建工作奠定基础。

第二十条　通过各成员单位党务工作者兼职、购买服务岗位等形式，加大选派力度，拓宽选派渠道，扩大党建工作指导员队伍。区委社会工委统筹落实市、区两级党建工作指导员的补助经费，按照每名兼职党建工作指导员联系 10 个左右“两新”组织的标准做好选聘工作，并做好工作对接，逐步实现对“两新”组织的工作全覆盖。

第二十一条　按照市级示范培训、区级重点培训、基层普遍轮训的原则，各成员单位抓实党务工作者和“两新”组织党组织书记轮训工作，重点培训党务基础知识，提升党组织书记和党务工作者“两支队伍”的履职能力，着力解决抓基层党建工作“不会干”、“干不好”的问题。

第六章　提升基本保障水平

第二十二条　按照《北京市 2016～2020 年基层党建工作基础保障规划》等相关文件要求，建立健全人向基层走、钱向基层投、政策向基层倾斜的保障机制。建立健全以财政投入为主，党费支持为辅，基层党组织自筹、项目整合、社会各方支持为补充的党建基础保障资金投入机制，强化资金的有效使用和绩效管理。

第二十三条　建立由区财政支持的对“两新”组织党组织书记、党务工作者岗位补贴机制。

第二十四条 建立新建“两新”组织党组织经费补贴机制。按照单独建立基层党委不低于2万元/年、单独建立党总支不低于1.5万元/年、单独建立党支部不低于1万元/年的标准，为新建立“两新”组织党组织连续2年提供启动经费机制。规范商务楼宇工作站建设管理，参照北京市商务楼宇中心站认定标准，研究确定商务楼宇工作站经费保障工作。2018年底前，“两新”组织党组织工作和活动经费标准提高至每人400元/年。

第二十五条 推进“两新”组织党组织活动场所规范化建设，大力推动党群活动服务中心建设。2020年底前，按照有场所、有设施、有标志、有党旗、有书报、有制度的要求，加强“两新”组织党组织的阵地建设。区级和各镇、街道、功能园区统筹建设1处党群活动服务中心，区级建筑面积一般应在1500平方米以上，镇级层面的建筑面积一般应在1200平方米以上，街道层面的建筑面积一般应在800平方米以上，功能园区必须建立与开展党建活动相适应的党群活动服务中心。鼓励在具备条件的社区及规模较大的“两新”组织和商务楼宇建设党群活动服务中心。

第二十六条 加强信息化建设。坚持“互联网+”的党建理念，以平台建设为基础，以系统建设为重点，实现“两新”组织党建平台与全区党建平台对接，提高信息化和智能化水平，构建良好的双向服务机制。

第二十七条 深化党建成果。立足区域特点，加强指导，提供服务，鼓励创新，重视引进、创建优秀党建项目；发挥典型示范效应，促进形成“一街道（镇、园区）一特色”“一社区（村、楼宇）一品牌”的良好格局，真正实现资源共享、活动共抓、效果共显，引领“两新”组织履行社会责任。落实激励保障机制，每年对表现突出的党组织和党务工作者予以表彰，大力营造强抓“两新”组织党建工作的良好氛围。

第七章 附则

第二十八条 本办法自发布之日起施行。

顺义区社会领域党建阵地规范化建设的实施意见

按照《北京市2016～2020年基层党建工作基础保障规划》《顺义区统筹协同推进“两新”组织党建工作暂行办法》等相关文件要求，为进一步推动和规范顺义区社会领域党建活动阵地建设，不断提升服务“两新”组织党组织的效能，特制定本办法。

一　指导思想

深入贯彻习近平总书记系列重要讲话精神和治国理政新理念新思想新战略，遵循首都城市基层党建工作的特点和规律，牢固树立创新、协调、绿色、开放、共享的发展理念，从巩固党的执政地位的高度出发，为进一步提高全区社会领域党建工作科学化水平提供坚实的基础保障。

二　工作原则和目标

按照区域统筹、资源整合、统一管理、多方使用的理念，整体推进全区社会领域基层党建活动阵地建设、管理和使用，形成点线面有机结合的活动阵地体系。

在点上，支持鼓励在具备条件的社区及规模较大的非公有制企业、社会组织，建设与开展党建活动相适应的党群活动服务中心或党建活动站。

在线上，支持鼓励商务楼宇、“枢纽型”社会组织整合优化、统筹利用现有各类设施和党建工作阵地。

在面上，以调整存量建筑使用性质和内容为主，大力推进党群活动服务中心建设，建设与区域特点相适应的区级、镇（街道）级和功能区党群活动中心。

按照有序推进、重点支持和共建共享的原则，从根本上实现社会领域党建活动阵地一体化建设，把党群活动中心（或党建工作站）打造成红色基因传承教育中心、党员教育基地、党员活动阵地、党性体验课堂、学习交流场所、党建成果展示窗口，为不断增强社会领域基层党组织的凝聚力和战斗力助力。

三　阵地建设的基本标准

党建活动阵地建设要符合“六有一免费”的基本标准，标准如下：

（一）有场所

1. 党群活动服务中心：由各镇统筹建设的党群活动服务中心，建筑面积一般应在1200平方米以上；由各街道统筹建设的党群活动服务中心，建筑面积一般应在800平方米以上。功能园区建立与开展党建活动相适应的党群活动服务中心。

2. 党建活动站：30平方米以上。

（二）有设施

配有电脑、投影仪等电教设备，配备足量的桌椅、资料柜等。

（三）有标志

有门牌，名称为“××党群活动服务中心”或“××党建活动站”，室内布置突出党建元素。

（四）有党旗

配备党旗，在举行入党宣誓、重大庆祝和纪念活动等时机时使用。

（五）有书报

设置书报架，订阅党报、党刊，配备各类党建书籍、学习教育读本等。

（六）有制度

制度上墙，包括党章有关规定、“三会一课”制度和“两学一做”教育等内容。

（七）一免费

有专人负责管理党建活动阵地，定期免费向周边非公有制企业和社会组织开放。

四　支持原则和标准

本着先申请后支持、集中审统一办的原则，区委社会工委统筹安排支持经费，经验收合格后给予经费支持，确保专款专用。党群活动服务中心支持经费20万元，党建活动站支持经费5万元。对代表性强、急需增建的大型党群活动中心，区委社会工委每年将给予相应资金支持。

按照试点先行的原则，2017年计划在全区建成5个党群活动服务中心，30个党建活动站，经区委社会工委验收合格后给予经费支持，党群活动服务中心支持经费20万元，党建活动室支持经费3万元。

五　实施步骤

区委社会工委于每年10月前，验收党建活动阵地建设并统筹谋划下一年度的阵地建设工作。主要实施步骤是：

（一）申报阶段（9月底前）

各镇、街、功能区党（工）委按照属地管理原则和建设标准，汇总研究党建阵地建设需求意见，报送至区委社会工委。

（二）汇总审查阶段（11月）

区委社会工委在汇总各方面需求的基础上，统筹把握建设重点和数量，做实做细经费预算工作。

（三）组织实施阶段（12月~第二年10月）

待经费预算审批后，区委社会工委通知相关单位组织实施阵地建设，并给予指导。

各单位要结合实际，因地制宜，按照相关标准开展社会领域党建活动阵地规范化建设工作。

（四）总结验收阶段（第二年10月前）

区委社会工委对党建活动阵地规范化建设工作进行验收，经验收合格后拨付支持经费。

六　组织领导

（一）切实加强领导

各镇、街、功能区党（工）委要充分认识社会领域党建活动阵地规范化建设的重要意义，把社会领域党建活动阵地规范化建设列入重要议事日程。

（二）精心组织实施

各镇、街、功能区党（工）委要结合实际，认真研究，制定切实可行的实施方案，明确责任分工和完成时限，有计划、有步骤地开展工作。

（三）严格检查验收

各镇、街、功能区党（工）委要定期对社会领域党建活动阵地建设工作进展情况进行自查，区委社会工委将按照相关要求进行检查验收。

B.19
后 记

在 2017 年 9 月出版《北京市顺义区社会建设发展报告（2017）》的基础上，本蓝皮书从 2018 年 1 月开始酝酿，在合作单位中关村长策产业发展战略研究院专家学者的配合下，成立了以北京市社会科学院原副院长马仲良研究员为组长的课题组，历时 6 个月，终于编写完成。在顺义区委社会工委、区社会办成立十周年之际，《北京市顺义区社会建设发展报告（2018）》出版，是顺义区社会建设中的一件大事。

出版蓝皮书的目的，在于系统总结近十年来顺义区社会建设成果，促进区社会建设工作领导小组各成员单位间的交流，进一步推进顺义区社会治理体系建设，促进全区社会治理能力现代化。

本书的编写得到顺义区社会建设工作领导小组各成员单位的大力支持，各成员单位提供了大量的资料，在此表示感谢！由于蓝皮书篇幅有限，很多材料未能编入，在此表示歉意！

本书的出版得到社会科学文献出版社曹义恒等编辑的指导，在此表示感谢！

皮书起源

“皮书”起源于十七、十八世纪的英国，主要指官方或社会组织正式发表的重要文件或报告,多以“白皮书”命名。在中国,“皮书”这一概念被社会广泛接受,并被成功运作、发展成为一种全新的出版形态，则源于中国社会科学院社会科学文献出版社。

皮书定义

皮书是对中国与世界发展状况和热点问题进行年度监测，以专业的角度、专家的视野和实证研究方法,针对某一领域或区域现状与发展态势展开分析和预测,具备原创性、实证性、专业性、连续性、前沿性、时效性等特点的公开出版物,由一系列权威研究报告组成。

皮书作者

皮书系列的作者以中国社会科学院、著名高校、地方社会科学院的研究人员为主，多为国内一流研究机构的权威专家学者，他们的看法和观点代表了学界对中国与世界的现实和未来最高水平的解读与分析。

皮书荣誉

皮书系列已成为社会科学文献出版社的著名图书品牌和中国社会科学院的知名学术品牌。2016 年，皮书系列正式列入“十三五”国家重点出版规划项目；2013~2018 年，重点皮书列入中国社会科学院承担的国家哲学社会科学创新工程项目;2018 年,59 种院外皮书使用“中国社会科学院创新工程学术出版项目”标识。

中国皮书网

（网址：www.pishu.cn）

发布皮书研创资讯，传播皮书精彩内容
引领皮书出版潮流，打造皮书服务平台

栏目设置

关于皮书：何谓皮书、皮书分类、皮书大事记、皮书荣誉、
皮书出版第一人、皮书编辑部

最新资讯：通知公告、新闻动态、媒体聚焦、网站专题、视频直播、下载专区

皮书研创：皮书规范、皮书选题、皮书出版、皮书研究、研创团队

皮书评奖评价：指标体系、皮书评价、皮书评奖

互动专区：皮书说、社科数托邦、皮书微博、留言板

所获荣誉

2008 年、2011 年，中国皮书网均在全国新闻出版业网站荣誉评选中获得“最具商业价值网站”称号；

2012 年，获得“出版业网站百强”称号。

网库合一

2014 年，中国皮书网与皮书数据库端口合一，实现资源共享。

基本子库 SUB DATABASE

中国社会发展数据库（下设 12 个子库）

全面整合国内外中国社会发展研究成果，汇聚独家统计数据、深度分析报告，涉及社会、人口、政治、教育、法律等 12 个领域，为了解中国社会发展动态、跟踪社会核心热点、分析社会发展趋势提供一站式资源搜索和数据分析与挖掘服务。

中国经济发展数据库（下设 12 个子库）

基于“皮书系列”中涉及中国经济发展的研究资料构建，内容涵盖宏观经济、农业经济、工业经济、产业经济等 12 个重点经济领域，为实时掌控经济运行态势、把握经济发展规律、洞察经济形势、进行经济决策提供参考和依据。

中国行业发展数据库（下设 17 个子库）

以中国国民经济行业分类为依据，覆盖金融业、旅游、医疗卫生、交通运输、能源矿产等 100 多个行业，跟踪分析国民经济相关行业市场运行状况和政策导向，汇集行业发展前沿资讯，为投资、从业及各种经济决策提供理论基础和实践指导。

中国区域发展数据库（下设 6 个子库）

对中国特定区域内的经济、社会、文化等领域现状与发展情况进行深度分析和预测，研究层级至县及县以下行政区，涉及地区、区域经济体、城市、农村等不同维度。为地方经济社会宏观态势研究、发展经验研究、案例分析提供数据服务。

中国文化传媒数据库（下设 18 个子库）

汇聚文化传媒领域专家观点、热点资讯，梳理国内外中国文化发展相关学术研究成果、一手统计数据，涵盖文化产业、新闻传播、电影娱乐、文学艺术、群众文化等 18 个重点研究领域。为文化传媒研究提供相关数据、研究报告和综合分析服务。

世界经济与国际关系数据库（下设 6 个子库）

立足“皮书系列”世界经济、国际关系相关学术资源，整合世界经济、国际政治、世界文化与科技、全球性问题、国际组织与国际法、区域研究 6 大领域研究成果，为世界经济与国际关系研究提供全方位数据分析，为决策和形势研判提供参考。

法律声明